Reconocimientos

Excelencia interior ha cambiado mi manera de ver el mundo, mi manera de pensar y mi manera de jugar al golf.

VAUGHN TAYLOR,
tres veces ganador del PGA Tour

Excelencia interior ha transformado mi vida: como *caddie*, como padre y como marido. Este libro es una obra maestra.

BRANDON PARSONS,
caddie veterano del PGA Tour

Excelencia interior ha afectado considerablemente a mi forma de enfrentarme a la vida y de jugar al hockey.

KEVIN CONNAUTON,
defensa de los Arizona Coyotes

Excelencia interior me ha cambiado la vida.

RYAN DODD,
número uno de esquí acuático
y actual récord del mundo

Excelencia interior es un manual de instrucciones que te enseñará a rendir bajo presión y a llevar la mejor vida posible. Es un libro al que acudiré el resto de mi vida.

TEDDY SCOTT,
caddie del PGA Tour durante veinte años,
catorce de ellos con Bubba Watson

He leído diez veces la primera edición de *Excelencia interior*. Prácticamente me lo he aprendido de memoria. Por increíble que parezca, esta edición es aún mejor.

JONATHAN MICHAEL,
profesor adjunto de la Trinity Western University
y ganador de la Medalla de Oro
del Gobernador General

Jim es un experto en su campo. *Excelencia interior* trasciende el ámbito deportivo y afectará profundamente a todo el que aplique estas técnicas en su vida.

JOHN KEHOE,
autor de *Mind Power into the 21st Century*

Excelencia interior ha influido enormemente en todos los aspectos de mi vida.

DAVID BENTALL,
presidente de Next Step Advisors y profesor
de la Universidad de la Columbia Británica

Excelencia interior

Excelencia interior

Entrena tu mente para
lograr el máximo rendimiento
y la mejor vida posible

JIM MURPHY

Traducción de
Teresa Jarrín Rodríguez e Ignacio Gómez Calvo

VINTAGE ESPAÑOL

Penguin
Random House
Grupo Editorial

Título original: *Inner Excellence*

Primera edición: agosto de 2025

© 2020, Jim Murphy
© 2025, Penguin Random House Grupo Editorial, S. A. U.
Travessera de Gràcia, 47-49. 08021 Barcelona
© 2025, Penguin Random House Grupo Editorial USA, LLC
8950 SW 74th Court, Suite 2010
Miami, FL 33156
© 2025, Teresa Jarrin Rodríguez e Ignacio Gómez Calvo, por la traducción
Gráficos de Armin Hekic. Dibujo de pipa (p. 19) de Vladimir Arabadzhi

La editorial no se hace responsable por los contenidos u opiniones publicados en sitios web o plataformas digitales que se mencionan en este libro y que no son de su propiedad, así como de las opiniones expresadas por sus autores y colaboradores.

Penguin Random House Grupo Editorial apoya la protección de la propiedad intelectual y el derecho de autor. El derecho de autor estimula la creatividad, defiende la diversidad en el ámbito de las ideas y el conocimiento, promueve la libre expresión y favorece una cultura viva. Gracias por comprar una edición autorizada de este libro y por respetar las leyes del derecho de autor al no reproducir, escanear ni distribuir ninguna parte de esta obra por ningún medio sin permiso previo y expreso. Al hacerlo está respaldando a los autores y permitiendo que PRHGE continúe publicando libros para todos los lectores. Por favor, tenga en cuenta que ninguna parte de este libro puede usarse ni reproducirse, de ninguna manera, con el propósito de entrenar tecnologías o sistemas de inteligencia artificial ni de minería de textos y datos.
En caso de necesidad, contacte con: seguridadproductos@penguinrandomhouse.com
El representante autorizado en el EEE es Penguin Random House Grupo Editorial, S. A. U., Travessera de Gràcia, 47-49. 08021 Barcelona, España

Impreso en Colombia / *Printed in Colombia*

ISBN: 979-8-89098-474-6

25 26 27 28 29   10 9 8 7 6 5 4 3 2 1

A mi padre, Donald C. Murphy,
que me influyó en gran medida para pensar en profundidad
sobre qué cosas amar y de qué cosas prescindir.
Te quiero. Hasta pronto

A mi madre, Michiko M. Murphy (de soltera, Koyama),
mi modelo a seguir.
Te quiero

A Naomi T. Murphy,
mi hermana, mi inspiración

Índice

Prólogo 15

Presupuestos de partida
(suposiciones y creencias) 19

Introducción 29

1. Maslow y el Maserati
   Perseguir más 37

2. En la frontera de lo conocido
   Orgullo y miedo en el centro del universo 57

3. Los mayores rivales a los que te enfrentarás
   El Crítico, la mente de mono y el Embaucador 73

4. Los que se atreven y los que se quedan en la penumbra
   Los tres pilares del rendimiento extraordinario 85

5. El código del samurái
   Cómo dominaba el ego un grupo de guerreros 119

6. Cambia de estado, cambia de vida
   Cómo controlar las emociones 153

7. La Tierra es plana
   Cómo desarrollar creencias en consonancia
   con tus sueños 185

8. Belleza presente
   Las cinco formas más efectivas de estar plenamente
   presente 205

9. Imparable
   Cómo superar bloqueos mentales, miedos y fobias 233

10. El héroe y el chivo
    Cómo tener aplomo bajo presión 259

11. Maslow, Michael Jordan y los Navy Seal
    Tres características de los líderes extraordinarios 295

Conclusión
   Un nuevo estilo de vida 313

Sobre el autor 319
Preguntas más frecuentes sobre la excelencia interior ... 323
Apéndice
   Los doce pasos de Alcohólicos Anónimos 329
Agradecimientos 331
Notas 335
Glosario 347

Y ahora, aquí está mi secreto, uno muy simple: solo se ve bien con el corazón; lo esencial es invisible a los ojos.

Antoine de Saint-Exupéry,
El principito

Por encima de todas las cosas, vigila el corazón, porque todo lo que haces mana de él.

Salomón,
tercer rey del antiguo Israel

Prólogo

Bunpachiro Koyama tenía que tomar una decisión difícil. ¿Estaba dispuesto a morir, sacrificar las comodidades y el placer, y dedicarse por entero a la senda abnegada del guerrero? ¿Sería capaz de honrar el código?

Ser samurái en el Japón feudal era honorable e inspiraba respeto, pues encarnaba toda una vida de preparación para el liderazgo moral, el deber y el arte. Bunpachiro, como cualquier otro samurái, se dedicaba diariamente a ejercitarse en el combate y el uso de la espada, así como en la práctica de la caligrafía, la poesía, la pintura y la ceremonia del té.

El código del samurái estipulaba un compromiso total. Implicaba poner el país y al señor feudal por delante de la propia persona, hasta el punto de pensar en uno mismo como si ya estuviera muerto. Implicaba despertarse cada mañana dispuesto a morir.

Bunpachiro eligió la senda del samurái… y la aceptación de la muerte que llevaba aparejada. Sin embargo, en 1867, su estilo de vida cambió por completo y de manera brusca. Tras dos siglos y medio de prevalencia, el reinado samurái tocó a su fin y Bunpachiro pasó de tener un poder increíble a sentirse impotente. Se esfumaron tanto su estatus de élite como todo aquello por lo que se había sacrificado. Tenía el corazón roto. Sin un propósito en la vida, la botella pasó a ser su indolente compañera.

Ojalá Bunpachiro hubiera sido consciente de lo que yo he descubierto: que cualquier corazón humano tiene el potencial de sentir una satisfacción, un gozo y una confianza profundos, y que ejercitarlo es lo más importante que se puede hacer en la vida. En tu corazón es donde florecen todas tus esperanzas y sueños, donde se disipan todos tus miedos y ansiedades. Es la fuente de la resistencia mental y la fortaleza interior. Si tu corazón gira en torno a algo transitorio que no puedes controlar, tu vida será inestable. Como Bunpachiro había vinculado su autoestima a su papel de samurái, cuando dejó de serlo, lo perdió todo.

Mientras leas este libro y vayas examinando tu corazón, lo que encontrarás es que tu mayor sueño no se cumplirá si algún día llegas a tener millones de dólares o quizá una casa con vistas al mar. En realidad, tu sueño consiste en cómo crees que te harán sentir esas cosas. Quizá esos logros te harían feliz porque te imaginas a la gente felicitándote por tu éxito, o te aportarían experiencias fantásticas porque tus amigos irían a visitarte para disfrutar de tu hogar frente al mar. Pero quizá no. Además, el dinero y las posesiones materiales no son realmente lo que estás buscando.

Si exploras tu corazón, más allá del deseo de cualquier tipo de éxito, creo que descubrirás que lo que realmente quieres es sentirte vivo de verdad, lleno de vitalidad, de propósito y de sentido: la plenitud absoluta. Para muchos, quizá sin saberlo, la vida es la larga búsqueda de esa plenitud. Queremos experiencias profundas y enriquecedoras, relaciones que nos llenen, una vida en la que no estemos siempre encogiéndonos, víctimas del miedo. Queremos vivir con coraje, aprender y crecer, fomentar una actitud valiente que contagie a otras personas.

Sin embargo, aunque ese estilo de vida está al alcance de cualquiera, nos enganchamos fácilmente a la persecución de símbolos de éxito, en lugar de a lo que realmente queremos; nos distraemos con el ajetreo, perdemos de vista nuestro auténtico objetivo. En lugar de buscar directamente la autenticidad sin complejos y el crecimiento personal, vamos detrás de una ilusión y no conseguimos más que sentirnos vacíos.

La búsqueda directa implica desarrollar una nueva mentalidad y nuevas capacidades que nos aporten fuerza interior, paz y confianza, independientemente de las circunstancias (es decir, los detalles específicos de las situaciones que vive cada uno). Es posible que tu corazón necesite reorientar su rumbo y redefinir el éxito dando valor a algo que sea más estable y poderoso que tus emociones o tu estatus, descartando la manera en que la sociedad evalúa tu vida.

Puedes aprender a rendir de forma extraordinaria bajo presión extrema y disfrutar de una vida plena de satisfacción, gozo y confianza. De hecho, te darás cuenta de que esta reorientación del corazón es el modo más eficaz y potente de hacerlo.

Yoshitaka Koyama (el hijo de Bunpachiro)[1] vio a su padre, que había sido un gran guerrero, perder su relevancia y convertirse en un alcohólico. Se fijó en que la identidad de su padre estaba vinculada al estatus y a aspectos que él no podía controlar. Yoshitaka empezó a pensar a fondo en su propia vida, en lo que quería de verdad y en lo que era más importante. Se dio cuenta de que no ansiaba poder o prestigio, sino una existencia plena. En consecuencia, Yoshitaka cambió el curso de su vida, pasó de centrarse en ejercer poder sobre los demás a empoderarlos y con este cambio consiguió satisfacción, gozo y confianza, y vivió una vida extraordinaria.

Este libro lo ha escrito su sobrino nieto.

Presupuestos de partida (suposiciones y creencias)

La calidad de tu vida se basa en tres elementos:[1]

1. Tu mundo interior de pensamientos, emociones, creencias y deseos.

2. La mentalidad (marco de referencia mental) que rige tu visión del mundo.

3. Las relaciones que tienes con los demás.

El modo en que piensas y sientes es el resultado de las suposiciones y las creencias que se hayan generado en tu corazón (y tu mente subconsciente, algo que examinaremos más adelante). Esas suposiciones y creencias conforman la mentalidad, que influye en cómo te relacionas contigo mismo, con los demás y con todo en tu vida.

La calidad de tu rendimiento también se basa en tres elementos:

1. Tu creencia en quién eres y lo que es posible para ti.

2. Tu capacidad de concentrarte e implicarte plenamente en el momento: corazón, mente y cuerpo (nota: en el libro utilizo indistintamente los términos «corazón» y «espíritu»/«alma»).

3. Tu libertad de jugar como un niño, explorar con curiosidad las distintas posibilidades y emocionarte por los retos que surjan.

Los elementos que determinan la calidad de tu vida y de tu rendimiento están profundamente entrelazados.

Comencé a escribir la primera versión de este libro en 2004 después de trasladarme al desierto de Sonora, en Arizona, a vivir en relativa soledad. Me deshice de la televisión y de más de la mitad de mis posesiones, con las siguientes palabras de Winston Churchill cruzando perpetuamente el protector de pantalla de mi portátil: «Aquellos destinados a la grandeza deben primero caminar solos en el desierto».

Fui allí para vivir deliberadamente en soledad y poder poner en práctica lo dicho por Churchill. Otras palabras que también anidaron en mi corazón fueron las de Henry David Thoreau, que asimismo acudió a la naturaleza.[2] Como Thoreau, yo quería:

> [...] afrontar solamente los hechos esenciales de la vida y ver si podía aprender lo que esta tuviera que enseñarme para no descubrir, llegado el momento de morir, que no había vivido verdaderamente. Siendo la vida algo tan preciado, no quería vivir lo que no fuera vida; tampoco quería practicar la resignación, a menos que fuera

estrictamente necesario. Quería vivir profundamente y llegar hasta la médula; vivir con tanta fuerza y tan espartanamente que prescindiera de todo aquello que no fuera vida; depurar todo lo que hiciera falta para apurarla al máximo; arrinconar la vida y reducirla a su esencia.

Al final pasé cinco años investigando, haciendo entrevistas y escribiendo a tiempo completo, de los cuales dos años y medio permanecí en el desierto. Estaba obsesionado con averiguar cómo se podía rendir al máximo bajo gran presión, sin perder la confianza y el aplomo, tal y como hacían los mejores del mundo. La principal cuestión que estudié, y que planteé a psicólogos deportivos de toda Norteamérica, fue esta: ¿cómo puede entrenar un atleta olímpico durante cuatro años para una prueba que quizá dure menos de un minuto y conservar la calma y la confianza bajo semejante presión?

A medida que fui profundizando en mi investigación, me di cuenta de que ayudar a los atletas a ganar un campeonato del mundo o una medalla de oro olímpica sería irrelevante si no mejoraba a la vez su calidad de vida, su vida interior. Así que empecé a estudiar dos conceptos principales:

1. Cómo tener una fuerza mental y un aplomo extraordinarios bajo una presión extrema.
2. Cómo vivir la mejor vida posible, plena de satisfacción, gozo y confianza.

En el desierto tuve una revelación asombrosa. Me di cuenta de que la búsqueda de un rendimiento extraordinario y la búsqueda de la mejor vida posible constituyen el mismo camino.

Esa revelación cambió mi vida.

Ojalá lo hubiera sabido cuando jugaba con los Chicago Cubs, pues podría haber rendido con mucha más confianza y desenvoltura. Estaba jugando el partido equivocado, pero no lo sabía.

La mayoría llevamos toda la vida jugando el partido equivocado. Nos hemos centrado en ganancias a corto plazo, felicidad temporal y logros a nivel superficial, cuando nos han creado para muchísimo más. Hemos estado inmersos en un juego de suma cero, finito, con un ganador y un perdedor, un principio y un final, cuando la realidad es que se trata de un juego infinito. La vida es un viaje para conectar con los demás, crecer juntos y descubrir cosas nuevas e increíbles, en lugar de un juego donde compitamos constantemente y estemos comparándonos unos con otros, siempre tratando de encajar o de tener éxito. Hemos puesto la mira demasiado baja, aspirando a recoger la fruta más cercana al suelo de un solo arbusto, cuando lo que nos aguardan son huertos enteros.

¿A qué has estado jugando tú?

La mejor vida posible, de absoluta plenitud, está llena de experiencias extraordinarias, relaciones profundas y enriquecedoras, y, sobre todo, de amor, gozo y paz. Estos tres «recursos» conducen a una abundancia de frutos que se multiplican y dan lugar a muchos más: la paz conduce a la paciencia, la paciencia a la afabilidad, luego a la bondad, la lealtad, la modestia y, por último, el dominio de sí.

Sea cual sea tu sueño, creo que lo que en realidad quieres es que tu vida esté llena de amor, paz y gozo, así como del resto de los poderosos recursos que llegarán detrás. Esta vida extraordinaria está al alcance de todos, pero su coste es alto. Requiere de tu parte una intención y una dedicación claras, y que estés dispuesto a ser vulnerable para poder desarrollar tu mundo interior.

Desarrollar el mundo interior implica transformar el corazón para que tienda a aquello que es más poderoso y enriquecedor. Así podrás fomentar los tres elementos clave de un rendimiento extraordinario: la convicción, el enfoque y la libertad. Podrás dirigir tus pensamientos y crear pautas mentales en torno a posibilidades extraordinarias y a lo que más te apasiona y te entusiasma (aquello para lo que naciste), en lugar de quedarte atrapado en la preocupación, el estrés o la ansiedad.

Muchos lo hemos hecho al revés: hemos tratado de tener éxito para ser felices. Sin embargo, si nos centramos en mejorar nuestro mundo interior, conseguiremos mucho más. Nuestra vida puede estar llena de paz y gozo, sentido y poder, lo que también llevará nuestro rendimiento al máximo. Pero tenemos que hacer las cosas en el orden correcto si queremos que nuestro rendimiento extraordinario sea duradero y nuestra vida excelente: primero el corazón, luego el rendimiento. Primero el mundo interior; a continuación, el exterior. Además, un mundo exterior extraordinario no sirve de nada sin un mundo interior rico, ¿verdad?

El viaje hacia la mejor vida posible comienza ajustando la lente a través de la que vemos el mundo. Según Darrell Johnson, profesor en Regent College:[3]

> Todos los seres humanos tienen una visión de la realidad; cada uno mira la vida según su marco de referencia. Todos partimos de unos supuestos firmemente asentados sobre la naturaleza de la realidad. Aunque quizá no sabríamos detallarlos, están ahí. Se reflejan en el modo en que tratamos a la gente, el modo en que pasamos el tiempo y gastamos el dinero. O, dicho de manera más sencilla, cada persona lleva unas gafas propias. Esas gafas las han conformado la familia que hemos tenido, las experiencias infantiles, los libros que hemos leído, las vivencias por las que hemos pasado, las películas que hemos visto. Estas visiones de la realidad afectan a nuestra vida por completo.

Cabe destacar que las personas que han sido capaces de logros extraordinarios perciben sus circunstancias de modo similar. La lente a través de la cual ven el mundo es muy parecida a la de otras personas extraordinarias, pero muy diferente de la del resto de la gente.

Este libro te ayudará a entender cómo han entrenado su mente (y orientado su corazón) estas personas sobresalientes, de modo que siempre están aprendiendo y creciendo, y cómo puedes entrenar tú tu mente y tu corazón para hacer lo mismo.

Si queremos ser capaces de mantener un rendimiento óptimo y alcanzar una vida plena, hemos de examinar quiénes somos, cómo nos hemos formado y qué es lo que nos mueve. En mis cinco años de investigación a tiempo completo (posteriores al doctorado), llegué a la conclusión de que había un componente común en el rendimiento óptimo y la vida plena: el corazón. Aprender que el corazón (o el espíritu) es el motor esencial de ambas dimensiones constituyó el punto de inflexión de mi investigación.

El corazón está ahí donde guardamos nuestras esperanzas y nuestros sueños, nuestras creencias y las cosas que asumimos como ciertas. El bien y el mal, el amor o el miedo provienen del corazón, que es la fuente de nuestras motivaciones más profundas y nuestro mayor poder. Si queremos desarrollar la capacidad de conservar la confianza y el aplomo cuando estemos sometidos a presión, y vivir con una satisfacción y un gozo plenos, tenemos que cuestionar las creencias que albergamos en el corazón para comprobar si son ciertas. Tenemos una historia que llevamos toda la vida contándonos y se basa en las creencias que hemos ido generando en el corazón. Algunas son verdaderas y nos dan fuerza; otras no. También tenemos creencias que nos permiten ver posibilidades y belleza donde otros no las ven.

Cuando tu vida se basa en la Verdad, con mayúscula, se expande cada día —como los rayos del sol que iluminan un cielo acogedor— y revela bellezas inéditas. En este viaje formidable de excelencia interior, vamos a dirigir las cosas que piensas y el modo en que las piensas hacia una meta de fortaleza y permanencia.

Sin embargo, primero tenemos que abandonar las creencias (lo que hemos asumido como cierto) que hayan limitado nuestra vida sin que fuésemos conscientes. Solo se puede alcanzar una existencia de posibilidades ilimitadas cuando las creencias que guían nuestra vida se liberan también de sus límites.

He aquí algunas creencias que vamos a abandonar (y las razones para ello):

- Soy lo que pienso.
  - Algunas veces se nos pasan por la mente pensamientos terribles o vergonzosos que no son ciertos ni tienen nada que ver con quienes somos realmente.
- Mi valía se basa en mis resultados.
  - Quizá hayas crecido en una cultura o con una familia que te haya imbuido esa creencia, pero tu valía no aumenta o disminuye en función de tu rendimiento.
- Las personas que alcanzan grandes logros nacieron así.
  - Sean cuales sean las dotes con las que naciste, se pueden mejorar mucho más de lo que imaginas, principalmente mediante el esfuerzo, la práctica intencionada de habilidades específicas (que descubrirás en este libro) y aprendiendo a dirigir y controlar tus deseos.

He aquí diez nuevas creencias fortalecedoras que constituirán la base de la mentalidad que irás desarrollando a medida que leas este libro:

1. Cada circunstancia y cada persona con las que te encuentres están ahí para enseñarte y para ayudarte. Todo va encaminado a tu bien.
   - Has venido al mundo para ser excelente (tu valía es infinita e inherente).
   - Se te ha dado la vida para desarrollar tu carácter y prepararte para esa excelencia.
2. Tu vida es un reflejo de tus creencias.
   - Tus creencias son los cimientos del rendimiento extraordinario, del gozo y la confianza, así como de la capacidad primordial de aprender.
   - Las creencias constituyen el panel de control de tu vida, un termostato subconsciente que la mantiene en consonancia

con tus niveles de confort. Para mejorar tu rendimiento (y tu existencia) de un modo sistemático y sólido, necesitas cambiar tus creencias sobre quién eres y lo que te es posible hacer.

3. La raíz del miedo consiste en estar demasiado centrado en uno mismo.
    - Esta actitud puede llevar a las personas a cohibirse, analizarse en exceso y, a la larga, a rechazarse a uno mismo.
    - La arrogancia o el rechazo a uno mismo (que provienen de estar demasiado centrados en nosotros mismos) constituyen el mayor obstáculo que nos ponemos.

4. Todos tenemos las mismas necesidades y deseos profundos.
    - Todo corazón humano quiere desesperadamente que lo amen y lo acepten; la mayoría de las cosas que hacemos son para satisfacer esa necesidad.
    - Nuestra necesidad más profunda es el amor incondicional y nuestro mayor deseo es que nos conozcan y nos amen plenamente.

5. Todo el mundo lo hace lo mejor que puede con lo que tiene (en su corazón).
    - Es decir, en función de su contexto, sus puntos de vista, sus creencias, sus miedos, sus heridas y sus vacíos.
    - Cuando alguien (incluido tú) actúa de un modo que causa daño o dolor, es porque carece de recursos como el amor, el gozo y la paz, y está mirando el mundo a través de una lente de miedo o de dolor centrada en sí mismo.

6. El mapa no es el territorio.
    - El mundo que ves y con el que interactúas no es la realidad, sino el que ha creado tu mente, y se basa en el modo en que has interpretado y procesado hasta ese momento los acontecimientos de tu vida.

- La pipa que has visto al principio de este capítulo no es una pipa real. Es el dibujo de una pipa. Podría parecerte una distinción un poco tonta, pero la verdad es que es bastante importante (tal y como René Magritte nos hizo ver en su pintura de 1929 *La traición de las imágenes*).
7. No eres tu mente.
    - Tu mente es una parte de ti que necesitas entrenar. Puedes aprender a dirigir y controlar los pensamientos del mismo modo que aprendes a controlar el cuerpo.
    - La mayor libertad de la que dispones es dónde colocar los pensamientos. A medida que seas consciente de que no eres tu mente, te apegarás menos a los pensamientos inútiles y negativos que tienes a diario y dirigirás esta hacia los que te fortalezcan.
8. El problema no es el problema; el problema es cómo piensas en él.
    - No estás feliz o triste a causa de tus circunstancias, sino por lo que piensas de ellas.
    - Tu estado emocional proviene casi enteramente de lo que piensas: el estado en el que entras a causa de cómo piensas en el problema es el verdadero problema.
9. No hay fracaso, solo enseñanza.
    - El éxito y el fracaso están muy interrelacionados; son igual de importantes, aunque se consideran opuestos en nuestra cultura.
    - La capacidad de aprender, de crecer y de aprovechar al máximo tu potencial está directamente relacionada con la capacidad de asumir el fracaso.
10. La persona que mejor controla su mundo interior es la que más poder tiene.
    - El mayor reto (y el principal rival) de una competición es dominar el ego.

- El desapego, es decir, la liberación completa de los vínculos, preocupaciones y miedos del ego es crucial tanto para lograr un rendimiento extraordinario como para generar creencias que nos conduzcan hacia una vida plena.

Nota: En el glosario encontrarás algunas definiciones de términos del método de excelencia interior que irán apareciendo en el libro.

La mentalidad que empezarás a desarrollar estará constituida en gran medida por estas creencias. Como vas a recibir mucha información nueva, quizá a veces te abrumes. No te preocupes: los deportistas profesionales a los que he ayudado han alcanzado un éxito extraordinario con este proceso y muchos se han sentido igual al principio. Recuerda que estamos hablando de un viaje que durará toda la vida. Este libro es un manual que puedes volver a consultar muchas veces.

Te aconsejo que marques la presente sección para tener en mente estos principios y creencias mientras lo lees. Apréndetelos de memoria y ve tomando notas, sobre todo mientras analizamos en los primeros capítulos los difíciles obstáculos que todos nos encontramos. Al hacerlo, empezarás a notar que estas perspectivas te ayudan a afrontar tus mayores retos; además, estarás sentando las bases para el uso de las herramientas y la aplicación de las técnicas que descubrirás en el resto del libro. Bueno, pues ¡vamos a empezar!

Introducción

> Somos criaturas acomodaticias que, a pesar de que se nos ofrece un gozo infinito, andamos jugando tontamente con la bebida, el sexo y la ambición, igual que el niño que quiere seguir haciendo pasteles de barro en un suburbio porque no puede imaginar lo que significan unas vacaciones en el mar. Nos conformamos enseguida con cualquier cosa.
>
> C. S. LEWIS,
> *El peso de la gloria*[1]

En la madrugada del 27 de junio de 2011, Ryan Dodd se despertó en un callejón, a la puerta de un bar de un barrio marginal de Flint, Míchigan, con una fractura de cráneo. Era su primera (y última) pelea de bar, y resultó que Ryan estaba en peor forma de lo que creía. Pocas horas antes se había subido al podio tras una de las mayores victorias de su vida, sosteniendo en alto la medalla de oro del torneo Rey de la Oscuridad.

Los saltadores de esquí acuático profesionales alcanzan velocidades de ciento diez kilómetros al llegar a la rampa y saltan distancias de sesenta metros. Ryan estaba acostumbrado a afrontar el peligro, pero nunca tanto como aquella noche. En el servicio de traumatología del hospital, le diagnosticaron fractura de cráneo y hemorragia en tres áreas del cerebro. Lo sometieron a una cirugía de urgencia para aliviar la presión craneal y, al cabo de doce horas, fueron capaces de detener la hemorragia.

Tras una recuperación milagrosa, Ryan no solo volvió a practicar esquí acuático, sino que lo hizo de manera sobresaliente. De vuelta al agua, ganó su primera prueba en mayo del año siguiente. Al cabo de varias semanas obtuvo la victoria en el posterior torneo del año, el más importante: el Masters, que nunca había ganado antes. Aquel fue el mejor año de su carrera.

Ryan continuó mejorando y en 2017 batió el récord mundial y se convirtió en campeón y número uno del mundo. Entre 2016 y 2019, ganó el 87 por ciento de los torneos en los que participó. En agosto de 2019, un domingo por la tarde, se proclamó campeón del mundo por tercera vez consecutiva en Kuala Lumpur, Malasia.

¿Cómo pasó Ryan de despertarse en un callejón con una fractura de cráneo a volver al agua y lograr cosas que nunca había soñado que fueran posibles?

Por curioso que resulte, la cantidad de ejercicios y de entrenamiento que realizaba siguió siendo prácticamente la misma. Sin embargo, entre el Ryan anterior a la lesión y el posterior había una diferencia fundamental que lo ayudó a propulsarse a lo más alto de las clasificaciones mundiales y al récord del mundo. Ryan encontró una manera distinta de vivir en el mundo, que cambió el modo en el que pensaba sobre su rendimiento y su vida entera.

Este libro explora esa diferencia.

Se trata de un modo completamente distinto de ver el mundo que transforma no solo cómo pensamos, sino también sobre qué pensamos. Es un estilo de vida diferente que renueva el corazón de tal manera que pasamos de aspirar a metas transitorias y superficiales a objetivos permanentes y sólidos. Y da un giro completo al modo en que perseguimos el rendimiento óptimo.

La vida y el rendimiento de Ryan cambiaron radicalmente porque modificó una cosa en su vida: aprendió a desarrollar la excelencia interior. Este libro te enseñará lo que han aprendido Ryan y otros atletas de primera línea: cómo entrenar la mente para alcanzar un rendimiento extraordinario y una vida plena.

Tanto si somos atletas como si no, todos necesitamos rendir. Todos «competimos» para tener días buenos, afrontar bien la adversidad, adoptar un ritmo que fluya sereno y encauzado, y conseguir resultados excelentes. También tenemos cierta mentalidad, que es donde se enmarca nuestro rendimiento y nuestra vida diaria.

La mentalidad es tu actitud global y modo de pensar, que proviene de cómo te percibes a ti mismo y cómo percibes el mundo. Estas percepciones crean ciertas actitudes y modos de pensar que se vuelven habituales. Orientan tu corazón en torno a lo que crees que es importante y posible en tu vida. Tu mentalidad sienta el tono de todo lo que haces.

La mentalidad de la excelencia interior es esta:[2]

Compito para elevar el nivel de excelencia en mi vida, para aprender y crecer, y para elevarlo también en los demás.

No perseguimos el rendimiento óptimo para conseguir el trofeo o la adoración de la gente, sino para descubrir algo en nuestro interior, para experimentar algo que no hemos vivido antes. Competimos por la propia competición, para experimentar el momento y sentirnos plenamente vivos. Lo hacemos para ayudar a otros —incluidos nuestros rivales— a hacer lo mismo, de modo que todos podamos aprender y crecer, y elevar el nivel de excelencia en nuestra vida. Anhelamos los retos y la adversidad porque nos permiten ver la verdad de quiénes somos en ese momento y, por tanto, de quiénes podemos llegar a ser.

No escalamos montañas para llegar a la cima, sino para comprobar en quiénes nos podemos convertir tratando de llegar a ella. La cima nos proporciona un objetivo en el que enfocar nuestro comportamiento, pero la razón de escalar o de competir es mucho más enriquecedora que contemplar unas vistas espectaculares o publicar la experiencia en redes sociales.

Reflexionemos sobre la siguiente entrada de diario de la patinadora de velocidad olímpica Clara Hughes después de ganar una medalla de oro:

> En mi corazón está claro por qué patino. Puedo asegurar que lo que busco no es una medalla alrededor del cuello. Las medallas son cosas que le envío a Winnipeg a mi madre, quien las enseña a los amigos y a la familia. No son lo que me aporta la profunda sensación de logro, lo que me da sentido y me enseña a vivir.

Hughes patina para aprender a vivir. El modo de vida más pleno consiste en elevar el nivel de excelencia en tu día a día para aprender y crecer a fin de elevarlo también en la de los demás.

He aquí una comparación de cómo ve el mundo la competición y el rendimiento, y cómo los ve la excelencia interior:

LA MENTALIDAD DEL MUNDO	LA MENTALIDAD DE LA EXCELENCIA INTERIOR
Ganar lo es todo.	Desarrollar la fuerza interior, experimentando plenamente el momento y creciendo continuamente es mucho más duradero y edificante.
Eres tus resultados.	Los resultados son una medida infundada del éxito y del fracaso: puedes rendir mal y ganar, igual que puedes rendir bien y perder.
El rival es el enemigo.	El rival es como nuestro compañero de baile.

Fracasar no es una opción.	El fracaso es un componente clave del crecimiento. No existe realmente el «fracaso», solo hay retroalimentación.
Los competidores encarnizados se enfadan cuando pierden.	Los mejores competidores desarrollan control emocional y usan los errores para mejorar.

El método de la excelencia interior es todo un estilo de vida y entrenamiento diseñado para ayudarte a rendir extraordinariamente y ser tú mismo, de modo que puedas vivir con total plenitud, tanto si eres un deportista profesional como un ciudadano medio.

En este libro veremos que los mejores deportistas olímpicos y campeones del mundo entrenan durante años para pruebas que a veces duran menos de un minuto y, a pesar de no tener control sobre el resultado y estar sometidos a una presión increíble, actúan con serenidad y confianza. Explicaremos cómo puedes hacer tú lo mismo, tanto si eres deportista como ejecutivo, panadero o bloguero.

En mi experiencia hablando y trabajando con profesionales del deporte y líderes de primer nivel, he descubierto que lo que realmente queremos todos, más allá de nuestros objetivos y búsquedas tangibles, es sentirnos totalmente vivos. Ansiamos tener experiencias formidables y relaciones enriquecedoras y aspiramos a alcanzar nuestro máximo potencial. Buscamos estímulos, creatividad. Queremos crecer. Queremos ser libres para vivir con pasión y perseguir nuestros sueños al margen de lo que piense la gente, del dinero que logremos amasar o del estatus que alcancemos. En definitiva, queremos tener la mejor vida posible, una vida plena.

Nos aparta de todo ello el miedo, que vive en los recuerdos dolorosos del pasado y en las experiencias desconocidas del futuro, alejándonos de las posibilidades ilimitadas del presente. A causa del miedo, en lugar de retos, vemos obstáculos; en lugar de oportunidades, reveses. En lugar de crecer, vivimos en el pasado. Si queremos vivir de verdad, tenemos que asumir los miedos y encontrar el valor de ser nosotros mismos.

Cuando jugaba con los Chicago Cubs, el concepto que tenía de mí mismo y de mi valía giraba en torno a mi rendimiento, principalmente en mi media de bateo. Cuando bateaba bien, me sentía fenomenal y llevaba la cabeza bien alta. Si bateaba mal, me hundía y mantenía la cabeza gacha. La vida era una montaña rusa de emociones. Yo era esclavo de los resultados, lo que afectaba a mi rendimiento. Tenía miedo de fallar y ese miedo proyectaba mi mente al pasado y al futuro.

Cuando empecé a ser coach de deportistas olímpicos vi lo mismo una y otra vez: deportistas que habían perdido el gozo y la pasión de vivir a causa de lo mal que llevaban la presión de rendir bien. El miedo a fracasar los abrumaba.

Este libro cuenta cómo han aprendido a alcanzar la excelencia interior algunos de los mejores deportistas del mundo; cómo, gracias a ella, han logrado un rendimiento extraordinario a pesar de estar llenos de dudas, y cómo puedes tú también despuntar así en tu vida. Pero hay algo aún más importante: aprenderás a vivir en tu día a día con plena satisfacción, gozo y confianza.

Comprobaremos que los principios básicos son los mismos tanto para el deportista como para el equipo olímpico, para el ejecutivo como para el grupo corporativo. Exploraremos el concepto de «autorrealización con desapego» y veremos que el estudio de personas extraordinarias nos puede enseñar a rendir mejor y a vivir de manera auténtica.

Lo primero que vamos a aprender es que este libro y el estilo de vida que propugna se basan en el siguiente supuesto:

El mayor obstáculo que afrontamos tanto en el rendimiento como en la vida es el egocentrismo.

No me estoy refiriendo al aspecto moral del egocentrismo. La cuestión principal es que, al estar siempre centrados en nosotros mismos, estrechamos nuestra visión, limitamos nuestro crecimiento y amplificamos los fallos que cometemos. La curiosidad y la pasión por los retos son reemplazadas por la ansiedad y el miedo a fracasar. Y así es como crece el potencial de autorrechazo.

El modo en que ves el mundo y, por tanto, lo que crees posible, es el resultado de las creencias que has asumido y de la historia que, consecuentemente, te has contado sobre quién eres. Esa historia tiene su origen en la evaluación que hace tu mente sobre tu pasado. Tu apego a esa evaluación es lo que te limita. El principal obstáculo, pues, está en la mente o, mejor dicho, en el programa que ella sigue según cómo nos hemos programado a nivel subconsciente.

La solución es la misma que ha dado alas a profesionales de primer nivel, a deportistas de élite y olímpicos, así como a algunos de los mejores equipos deportivos del mundo. Es un modelo basado en tres sencillas palabras: amor, sabiduría y coraje. El amor guía el corazón, la sabiduría amplía la visión, y el coraje es estar plenamente presente. En este modelo, el amor se convierte en pasión, la sabiduría en propósito y el coraje en aplomo.

Si, en pos de lo extraordinario, dedicas tu vida entera a aprender y crecer con amor, sabiduría y coraje, verás que tu corazón se irá transformando lentamente y empezará a valorar la experiencia por encima de los resultados. Adquirirás convicción, enfoque y libertad. Pronto, experimentar plenamente el momento se convertirá en una prioridad por encima de ganar o del resultado final, lo que, curiosamente, te permitirá ganar más a menudo. En lugar de centrarte en metas y deseos transitorios y superficiales, tu corazón irá alejándote de la excesiva preocupación por ti mismo y apuntará a metas permanentes que te fortalezcan. Tu rendimiento despegará. Tu vida cambiará. Adelante, te esperan cosas increíbles.

1
Maslow y el Maserati
Perseguir más

> Seducidos por el canto de sirena de una sociedad consumista que ofrece soluciones transitorias, a veces elegimos un curso de acción que solo nos depara la ilusión del logro, la sombra de la satisfacción.[1]
>
> GEORGE LEONARD,
> maestro de aikido

Si quieres libertad, podrías considerar vivir en la naturaleza. No tendrás hipoteca ni facturas que pagar ni césped que cortar. Si lo que buscas es estabilidad y seguridad, quizá te seduzcan las tres comidas diarias que te ofrecen tras las cuatro paredes de la cárcel. Pero si aspiras a una libertad diferente, la libertad de una vida con visión y coraje, paz y gozo, vas a tener que esforzarte. La libertad real tiene un precio alto.

Para ser libre de verdad, hay que tener el coraje de seguir ciertas disciplinas, afrontar los miedos y conectar con nuestro ser auténtico. El camino hacia el éxito real y la plenitud duradera es arriesgado: nos asaltan a diario los obstáculos del materialismo, el consumismo y la gratificación instantánea, que, al sumirnos en un adormecimiento seductor y una realidad falsa, entorpecen la consecución de una vida plena y libre. A medida que vamos adaptándonos a las expectativas de la sociedad y a su definición de éxito, empezamos a definirnos por nuestro rendimiento diario (y nuestros resultados), perdemos la libertad y, en último término, nos perdemos a nosotros mismos.

La contemplación del arriesgado camino de nuestros sueños auténticos puede resultar abrumadora. Es mucho más cómodo seguir la ruta sencilla y transitable de la autocomplacencia, con menos riesgos y fracasos. No nos gusta la senda desconocida de la posibilidad; nos da demasiado miedo. Es más fácil ceder ante esa parte de la mente que quiere la gratificación instantánea y los placeres temporales, y apartar la vista del panorama mayor de eso que nos da más miedo, pero es lo que queremos de verdad: los momentos sagrados que se experimentan cuando se está auténticamente vivo. Por eso acabamos usando nuestras aptitudes innatas para perseguir ídolos falsos —dinero, estatus, cifras concretas o aprobación—, tratando de saciar así nuestra profunda sed de enraizamiento y realización.

Todos hemos tenido momentos en los que nos hemos encontrado en perfecta armonía: momentos preciados en los que nos hemos sumergido por completo en la experiencia y nos hemos sentido plenamente vivos. Cuando ocurren, deseamos, aunque solo sea un segundo, tener el valor de seguir este camino arriesgado con todas nuestras fuerzas.

Pero es que ¡podemos hacerlo! Sin embargo, tendemos a ser tan injustos con nosotros mismos, amplificando nuestros fallos y remordimientos, que pasamos por alto lo que aún es posible: una vida de libertad, llena de satisfacción profunda, gozo y confianza, independientemente de las circunstancias. Somos humanos, con los mismos deseos y preocupaciones. Todos queremos vivir experiencias formidables y tener relaciones enriquecedoras; queremos formar parte de algo mayor que nosotros mismos. Queremos amar y reír y tener éxito. Así es la naturaleza humana.

No obstante, tenemos también una mente con pensamientos críticos, que genera deseos que nos hacen daño y creencias que nos limitan. Y esto ocurre por no haber entrenado la mente para manejar el componente en torno al que gira todo: los pensamientos.

Al perseguir un rendimiento extraordinario, es fácil sucumbir a la ansiedad y la presión porque hay muchas cosas que escapan a nuestro control. Sin embargo, si aprendes a vivir plenamente, podrás rendir al máximo y a la vez disfrutar de los retos. Cada prueba, cada presentación o cada problema que te toca afrontar no es más que una oportunidad de aprender, de crecer y de experimentar a fondo el momento. Si me acompañas en este viaje, verás que los mejores momentos se darán siempre cuando tengas la mente despejada y el corazón sereno, pues es así como podrás asumir los riesgos necesarios para convertirte en todo aquello para lo que fuiste creado.

La estrecha senda de la autorrealización con desapego

> No aspires al éxito; cuanto más lo hagas y lo conviertas en meta, menos probable es que lo alcances. Porque el éxito, como la felicidad, no pueden perseguirse; deben surgir, y solo lo hacen como efecto secundario incidental de la dedicación a una causa mayor que uno mismo, o como consecuencia de la entrega a otra persona distinta de uno mismo.
>
> Dr. Victor Frankl,
> superviviente del Holocausto,
> autor de *El hombre en busca de sentido*

En la búsqueda de una vida de libertad, existen dos sendas principales: la popular, espaciosa y apetecible, que ofrece alabanzas y admiración; y la estrecha que, aunque difícil, menos glamurosa y a menudo pedregosa, conduce a una satisfacción, un gozo y una confianza profundos. En este segundo camino se sacrifica mucho, pero contiene la llave del rendimiento extraordinario. En él encontrarás la libertad de un corazón íntegro, que no mira los resultados o lo que la gente podría pensar o decir.

El psiquiatra Abraham Maslow estudió esta senda de una manera muy interesante.[2] Analizó las características de gente exitosa como Abraham Lincoln, Thomas Jefferson o Albert Einstein: cómo pensaban y vivían, qué soñaban. Al hacerlo, descubrió que compartían ciertos rasgos comunes, incluido un concepto sólido de sí mismos, una conexión fuerte con los demás, y tanto curiosidad por resolver problemas como la capacidad de hacerlo. Se aceptaban a sí mismos en gran medida y se motivaban para tener experiencias cumbre. De estas personas, que no solo cambiaban el mundo sino que también disfrutaban de una vida plena, Maslow decía que se autorrealizaban, que eran plenamente humanos.

Según Maslow, las personas que se autorrealizan, con su visión superior, tienen una capacidad única de experimentar momentos en los que se sienten auténticamente vivos, creativos e integrados. Como los grandes triunfadores de Maslow persiguen desinteresadamente un propósito superior, podemos decir de ellos que se autorrealizan con desapego. Son personas que ven el mundo a través de una lente más amplia que ellos mismos y que, por tanto, disfrutan de la libertad de vivir plenamente. He aquí las nueve características que empleó Maslow para describirlos:

1. **Absorción total.** Aprenden a experimentar acontecimientos clave de manera plena, vívida, con total concentración y sin hacer girar la experiencia en torno a su persona.

2. **Crecimiento personal.** No se quedan atrapados en necesidades o deseos de nivel inferior (como la aprobación de los demás), sino que aspiran a aprender y crecer. Su meta es experimentar el momento en sí, más que cualquier cosa tangible que puedan obtener de él. Para ellos, el medio es el fin. Lo que les proporciona disfrute es el propio viaje, no la meta final.

3. **Conciencia de sí mismos.** Hacen el trabajo de descubrir sus auténticas motivaciones, emociones y capacidades. Les guía su propio código ético, que a menudo los lleva a sentirse extraños en su propia tierra.

4. *Gemeinschaft.* Este término alemán significa hermandad y comunidad. Maslow creía que el sentido de pertenencia es una necesidad humana y que conectar con los demás era esencial para la autorrealización.

5. **Gratitud.** Las personas que se autorrealizan con desapego tienen una capacidad excepcional de valorar una y otra vez, como si siempre fuera la primera, las cosas básicas de la vida; se sobrecogen, se maravillan, se deleitan e incluso se extasían con ellas, por muy manidas que estas experiencias les resulten ya a otras personas. Es decir, para estos individuos, cualquier atardecer puede ser tan bello como el primero que vieron en su vida, cualquier flor silvestre igual de hermosa, a pesar de haber visto millones de ellas. Incluso cualquier asunto cotidiano puede parecerles apasionante.

6. **Autenticidad/resistencia a la inculturación.** Están motivados para satisfacer su propio potencial interior, en lugar de aspirar a conseguir las recompensas externas que depara la sociedad. Tienen mayor autonomía y se resisten pasivamente a ser como los demás.

7. **Soledad.** Son capaces de estar a solas con sus emociones. Desean la soledad en mayor grado que la persona media. Disfrutan reflexionando tranquilamente y no necesitan tener siempre gente alrededor. Son capaces de estar cerca de alguien sin que les haga falta comunicarse con él o ella; la presencia les basta por sí sola.

8. **Propósito superior.** Estas personas tienen una misión en la vida, una tarea que cumplir, algún problema ajeno a sí mismas

al que dedican gran parte de su energía por el bien de la humanidad.

9. **No defienden su ego.** Maslow creía que los seres humanos construimos muros que creemos que nos protegen, pero que en realidad nos limitan. Las personas que se autorrealizan con desapego son capaces de identificar esas defensas internas y luego encontrar el valor necesario para descartarlas.

En las páginas que siguen comprobarás que centrarse en uno mismo conduce al miedo, mientras que no hacerlo conduce a la valentía. En el caso de las personas que se autorrealizan con desapego, la natural preocupación por sí mismas (y todas las limitaciones y discordias por nimiedades que se derivan de ella) queda ensombrecida por una visión enormemente amplia, con posibilidades de mucho mayor alcance que las que puede concebir una mente centrada en sí misma.

Para Maslow, estas características y los comportamientos asociados a ellas, ponen de manifiesto lo que ya hay en tu interior o, dicho con mayor precisión, lo que ya eres tú.

Imagina a Miguel Ángel esculpiendo el bloque de mármol que acabaría siendo el *David* que todos conocemos. Lo que Miguel Ángel hacía era quitarle al mármol todo lo que no era *David* para sacar a la luz la magnífica forma humana final. Del mismo modo, nosotros somos una roca con el potencial de convertirse en algo increíble. Sin embargo, nos constriñen las expectativas, las preocupaciones y los miedos. Nos han socializado para que, por muy fugaces que sean la fama y la popularidad del éxito, las valoremos por encima de la experiencia que da lugar a ellas. Así es como perdemos el gozo de vivir. Nos centramos tanto en ganar que nos domina el miedo a perder.

Apegarte a algo que no controlas por completo te hace dependiente y lleva aparejado el miedo de no conseguir lo que quieres. Empiezas a preocuparte en exceso por ti mismo y a cohibirte, dispersando tu energía y dividendo tu poder. Durante este tira y afloja entre la pretensión de ganar y el miedo a perder, crecen la tensión que sientes y la presión que soportas. Sin embargo, por debajo de estas restricciones se encuentra un corazón que no está dividido: el corazón de un guerrero, tu yo auténtico. Si eliminas aquello que no eres tú, como hizo Miguel Ángel para sacar a la luz el *David*, descubrirás una fuerza y un aplomo tremendos.

El virus de la afluencia

> El verdadero valor de un hombre se mide por aquello a lo que aspira.[3]
>
> MARCO AURELIO,
> emperador romano (161-180 d. C.)

Resulta difícil eliminar eso que no eres tú. Nos desviamos con facilidad, seducidos por la fachada de lo que parece nuestro sueño verdadero.

La cultura occidental nos expone diariamente al «virus de la afluencia» (el más peligroso de todos, pues te puede robar el alma). Este virus convierte cinco cosas en ídolos:

- Las posesiones
- Los logros
- El aspecto (físico)
- El dinero
- El estatus

Estos cinco símbolos de triunfo y superioridad pueden robarte tus sueños auténticos haciendo que te centres en esos ídolos, en lugar de en cosas permanentes que te den sentido y te fortalezcan de verdad. El virus de la afluencia te inyecta el deseo constante de ganar más y de compararte con otros, y nunca queda satisfecho.

Es un fenómeno que divide tu corazón y te distancia de tu ser auténtico.

Por muy extraño que parezca, es precisamente nuestra obsesión con los símbolos de nuestros sueños lo que nos aleja de los anhelos reales que albergamos. Un coche mejor. Una casa más grande. Un millón de seguidores en las redes sociales. Es esa atracción natural hacia lo que nos hace sentir mejor o tener mejor aspecto la que nos lleva a desviarnos de las cosas permanentes que nos llenarían y nos fortalecerían de verdad.

Según Maslow, si pasamos la vida buscando lugares más agradables donde vivir y coches más sofisticados (por muy geniales que sean), estaremos satisfaciendo solo necesidades de bajo nivel.[4] El problema no está en los componentes en sí del virus (el dinero, los logros, etc.), sino en sustentar la confianza y la identidad sobre algo transitorio e inestable.

El problema real viene cuando esas cosas externas se convierten en tu máximo tesoro, porque entonces el corazón tenderá hacia ellas. Ten en cuenta que centrarte en tus deseos últimos te moldeará para que adquieras las características de aquello que deseas. Por eso, y dado que las posesiones, los logros, el aspecto físico, el dinero y el estatus son efímeros, el espíritu que se desarrolle en torno a esas cosas temporales tendrá la inseguridad por compañera constante.

Cuando la gente codicie los símbolos de tu éxito o los elogie, te enorgullecerás momentáneamente o tendrás una sensación de falsa valía que te incitará a correr en pos de más de esas cosas por las que te han elogiado. Cuantas más consigas, más querrás, y cuantas más tengas, más difícil te será disfrutar de aquello que tanto te entusiasmaba al principio. Toda esa lucha se convertirá en una enfermedad que te conducirá a la desesperación a medida que tu identidad empiece a fundamentarse en lo que tienes, lo que has conseguido, tu aspecto físico o el modo en que te perciben los demás. Una vez que alcanzas esas cosas, comprendes que están huecas, que te dejan vacío.

En la cultura occidental encontramos por doquier el virus de la afluencia. Cuando toda la gente que te rodea tiene catarro o gripe, es difícil no contagiarte. Necesitas tomar medidas para fortalecer tu inmunidad ante esas enfermedades y evitar sucumbir también a ellas. Como comprobarás cuando continúes leyendo, la inmunidad al virus de la afluencia se fortalece teniendo un propósito superior y desarrollando un sentido fuerte de la identidad y un sistema eficaz para manejar los pensamientos, las emociones y los deseos.

Cuando he conocido otras culturas, he comprobado que en ellas la vida es mucho más sencilla. En Costa Rica, por ejemplo, me pareció que abogados y taxistas, clientes y dueños de tiendas compartían el mismo nivel social. Un dentista podía socializar con el conductor de la grúa que le que acababa de remolcar el coche e invitarlo a comer a su casa, tal y como hizo la familia con la que me alojé durante un periodo que pasé allí trabajando de coach. Aún recuerdo a mi anfitrión invitando al conductor a quedarse a comer, como si fuera algo de lo más normal, y entusiasmándose cuando, ya a la mesa, el conductor le enseñó su pueblo en un mapa. Por su cultura, los costarricenses me parecieron mucho más felices y satisfechos que los estadounidenses. Trabajaban. Comían. Jugaban. Siendo el suyo un país en desarrollo, los costarricenses necesitaban poco y valoraban mucho las cosas.

Tu deseo más profundo

> Oh, Dios de las maravillas, acrecienta mi capacidad de admirarme ante lo maravilloso y pon fin a mi atracción hacia lo insignificante.[5]
>
> JOHN PIPER,
> teólogo

Hace unos mil setecientos años vivió un hombre llamado Aurelio Agustín de Hipona, de quien se decía que amaba la sabiduría y que tenía una gran sed de verdad. En sus estudios llegó a una conclusión intrigante: «Estamos conformados no por lo que pensamos ni por lo que hacemos, sino por aquello que amamos. Porque cuando nos preguntamos si alguien es buena persona, no nos fijamos en lo que espera o en lo que cree, sino en lo que ama».[6]

Dicho con otras palabras, es nuestro amor lo que gobierna nuestros actos y la dirección de nuestra vida. Lo que más amamos en cada momento es lo que controla nuestra vida en ese instante. Agustín creía que la causa básica del descontento era que amábamos lo que no debíamos. Si lo que más amas es la popularidad, te seguirá la inseguridad por todas partes. Sin embargo, si amas algo mucho más potente, como el amor mismo, el amor incondicional, te sentirás satisfecho y fortalecido. Para vivir una vida plena, por tanto, nuestro amor ha de ser edificante. Tenemos que amar más lo que más nos fortalecerá.

Cuando jugaba al béisbol profesional, creía que lo que más amaba eran los *home run*, los vítores de los espectadores, ser atlético y competir. Hoy sé algo que ignoraba entonces: que lo que más me gustaba en realidad era sentirme plenamente vivo. Ansiaba implicarme intensamente en el momento, jugar con pasión, ser parte del equipo, estrechar mis lazos con los demás en pos de un objetivo común.

Aquello que más amas es un buen indicador de si estás o no afectado por el virus de la afluencia. ¿Cómo sabes qué es lo que más amas? Hazte las tres siguientes preguntas:

1. ¿Con qué sueño?

2. ¿De qué me preocupo? (¿Qué es lo que suele causarme inquietud?).

3. ¿Qué me causa malestar? (¿Qué es lo que más me enfada?).

La respuesta a estas preguntas pondrá de manifiesto lo que es más importante para ti en lo más profundo de tu corazón. Tu vida será tan estable como lo sea eso que más amas; está construida sobre ello. ¿Has contraído ese virus?

Otro síntoma vírico es la sensación de tener derecho a ciertas cosas. Cuando te acostumbras a cierta cantidad de éxito mundano y tu identidad está fuertemente vinculada a él, te alteras mucho si las palabras o los actos de alguien amenazan tu reputación o tu estatus. Esas cosas que la sociedad dice que son formidables (a pesar de su fugacidad) se han introducido en tu identidad. Han entrado a formar parte de ti.

El aspecto más influyente del virus no es el deseo de más, sino el de tener o ser más que otros. El fuego que calienta el caldero donde se cuece el virus es el «más que tú».

Todos sentimos un deseo innato de crecer, de convertirnos en esa persona que queremos ser. Sin embargo, no es fácil interpretar qué significa todo eso y cómo lograrlo. Es fácil desviarse, tomar el camino equivocado, perseguir metas inferiores y aspirar a logros de bajo nivel. Queremos tener experiencias formidables y una vida llena de sentido, pero solemos morder el anzuelo de deseos, comparaciones con otros y búsquedas que no son edificantes ni apasionantes. Cuando nuestra mayor meta o nuestro deseo último resultan ser huecos, la vida se vuelve repetitiva y nos sentimos como anestesiados.

El finalista del premio Pulitzer David Foster Wallace dice que quien cree que no tiene devoción por ninguna meta/cosa/dios se está engañando a sí mismo. Wallace explica:[7]

> En las trincheras del día a día de la edad adulta no existe de ninguna manera el ateísmo, la falta de devoción. Todo el mundo tiene devoción por algo. La única opción es elegir qué. Y una razón destacada para elegir algún tipo de dios o espiritualidad —sea Jesucristo o Alá, Yavé o la diosa madre de la wicca, las Cuatro Nobles Verdades o algún conjunto de principios éticos inviolables— es que prácticamente cualquier otra cosa que veneres acabará comiéndote vivo. Si adoras el dinero y las cosas materiales, si es con ello con lo que quieres dar sentido a tu vida, entonces nunca tendrás suficiente, nunca sentirás que tienes bastante. Es la pura verdad. Si veneras

tu cuerpo, tu belleza y tu atractivo sexual, siempre te sentirás poco atractivo y, cuando se te empiecen a notar los efectos de la edad, morirás un millón de veces antes de acabar asumiéndolos. En cierto modo, todos sabemos esto ya. Es algo que se ha codificado en mitos, proverbios, clichés, tópicos, epigramas y parábolas, en la estructura que subyace a cualquier gran historia. El truco consiste en tener en mente esta verdad en el día a día. Si lo que veneras es el poder, te sentirás débil y temeroso y, para mantener a raya el miedo, necesitarás ejercer aún más poder sobre los demás. Si veneras el intelecto, que los demás te vean como una persona inteligente, acabarás sintiéndote estúpido, un fraude, siempre a punto de que te descubran. Etcétera.

Quizá te digas: «Yo soy una persona autónoma, no tengo apegos ni soy adicto a nada. Lo único que quiero es ser feliz». Entonces, quizá tu dios sea la felicidad. Si ese es el caso, la felicidad te eludirá mientras no introduzcas en tu vida otro deseo y le des otro sentido que no sea únicamente satisfacer tus necesidades. Tu vida será una continua carrera en pos de más: más comodidades, más aceptación, más seguidores en las redes sociales o simplemente más ajetreo.

Perseguir fantasmas

En su sesudo libro *Season of Life*, Jeffrey Marx detalla el especial estilo de coaching de Joe Ehrmann, exestrella de la NFL que empezó a trabajar como voluntario en el instituto de enseñanza secundaria Gilman de Maryland. Desde fuera, la carrera de Ehrmann en la NFL parecía exitosa, pero él se sentía vacío.

Ehrmann explica:[8]

> Tenía la expectativa de que el fútbol profesional me ayudaría a encontrar algún tipo de propósito y a dar sentido a mi vida. Pero en realidad lo único que encontré en la NFL fue más confusión.

Mantenía la convicción de que si no era con aquel contrato, seguro que encontraría algún tipo de paz o serenidad en mi vida con el siguiente contrato, o con la siguiente chica, la siguiente casa, el siguiente coche, el siguiente premio, cuando jugara en la Pro Bowl, cuando llegásemos a la Super Bowl. Y lo que me ocurrió creo que les ocurre a muchísimos atletas profesionales; empiezas a perder la perspectiva. Has ido subiendo por la escalera del éxito y cuando estás allí arriba, te das cuenta de que la escalera estaba apoyada en el edificio equivocado.

Joe Ehrmann se dio cuenta de que lo habían socializado para que persiguiera fantasmas de lo que quería realmente: «El mayor fallo de la sociedad es que no enseñamos bien a los jóvenes cómo hacerse hombres»,[9] dice. En su deseo de hacerse hombre, había seguido el modelo de una masculinidad falsa tratando de validarse mediante sus dotes atléticas, sus conquistas sexuales y su éxito económico. Joe afirma:

> La masculinidad tendría que definirse en primer lugar en términos de relaciones. El éxito llega en términos de relaciones. El segundo (y último) criterio de la masculinidad es que todo el mundo debería tener en su vida algún tipo de causa que apoyar o de propósito que cumplir que sea superior a las propias esperanzas, sueños, necesidades y deseos individuales. Al final de la vida deberíamos poder mirar atrás y, en nuestro lecho de muerte, saber que de algún modo el mundo es un lugar mejor porque hemos vivido, hemos amado y nos hemos centrado y enfocado en otros.

El punto de vista poco común de Joe nace de una experiencia de primera mano al perseguir el sueño americano que no le aportó lo que supuestamente buscaba. Quería algo más sustancial que trofeos y más trascendente que el dinero. Durante su época en el fútbol profesional, se dio cuenta de que los atractivos signos externos del éxito le proporcionaban una gratificación instantánea, pero desviaban su atención de las cualidades que lo ayudarían a vivir su vida.

Somos muchos los que caemos en la misma trampa que él y nos contagiamos con el mismo virus. Todos queremos tener éxito, pero ¿qué significa eso? La gente suele decir que lo único que quiere es ser feliz, pero incluso ese concepto es difícil de definir. No sabemos muy bien qué es lo que nos hace felices, y menos aún cómo sentirnos auténticamente vivos. Queremos gozo, paz y satisfacción duraderos. Sin embargo, a diario se nos presenta la opción de tomar atajos que podrían socavar esa búsqueda. Siempre hay algo en el horizonte que nos atrae hacia recompensas transitorias, que nos distrae del necesario proceso de trabajar en nuestro carácter para desarrollar una fortaleza interior.

Quien tiene fortaleza interior se mueve en el mundo con serenidad y confianza, independientemente de sus circunstancias. Si tu vida interior es inestable, te mueves en el mundo con debilidad por mucho dinero o éxito que tengas.

Es natural querer saltarse el proceso interno de trabajar en nuestro carácter, pues nuestra cultura nos moldea para que nos centremos en metas transitorias y superficiales. Nos quedamos atrapados fácilmente en un entumecimiento robótico, obsesionados con llegar al siguiente nivel de nuestra vida o de nuestra carrera. Durante el proceso, olvidamos su razón de ser. No pensamos más que en los resultados, en ganar o perder, en cómo nos evaluarán o nos considerarán los demás. Acabamos perdiendo de vista el motivo por el que queremos las cosas que hacemos, que no es otro que las experiencias y el crecimiento que nos aportan. En lugar de que cada acción que emprendamos nos sirva para aprender y crecer, la convertimos en una evaluación y en una búsqueda constante de validación.

Por eso a menudo acabamos simplemente persiguiendo sentirnos mejor con nosotros mismos y nos convertimos en esclavos de nuestros impulsos, en lugar de hacer lo necesario para construir la base que nos sirva a largo plazo para vivir la mejor vida posible.

La obsesión por ganar

De pequeño quería ser deportista profesional y soñaba constantemente con ser el héroe que hiciera el *home run* decisivo para ganar la Serie Mundial o marcar el tanto que decidiera el partido en la Super Bowl. Por eso, entrar en los Chicago Cubs fue un sueño hecho realidad. Sin embargo, mi obsesión con el estrellato me sometía a una presión inmensa. Dejé que mi identidad se vistiera con el uniforme de los Cubs. Tenía la mente dominada por el miedo a no estar a la altura y no vivir la vida que se suponía que debía vivir. Es decir, yo me definía por mi rendimiento deportivo; mi autoestima dependía de lo bien que jugase.

Es fácil confundir le emoción de ganar con la experiencia de aprender, crecer y sentirse vivo. Yo no me daba cuenta de que lo que más me llenaba no era vestir el uniforme de los Cubs, batear en el momento justo o hacer una recepción espectacular.

Ganar tiene una fascinación engañosa porque nuestro mundo dominado por los medios y las redes sociales está obsesionado con ello. Sin embargo, para ganar no es necesario hacer muy bien las cosas o rendir al máximo, ni siquiera bien. Podría decirse que el hecho de ganar interviene tanto en la solución como en el problema: está a caballo entre la ilusión de lo que quieres, causada por el «virus de la afluencia», y lo que quieres realmente. Piensa en una carrera en la que un atleta bate su mejor tiempo personal, pero pierde por una décima de segundo, y el atleta ganador no llega a alcanzar su propio récord. ¿Quién ha hecho mejor carrera? Aunque mucha gente diría que el atleta más rápido, quizá el auténtico ganador sea quien superó su récord personal.

Jugar para ganar es una motivación fuerte para participar en una competición, pero si valoras más ganar que vivir plenamente el momento y mejorar, te darás cuenta de lo mucho que queda fuera de tu control, y la tensión y la duda serán tus compañeras constantes.

Como afirmaba Henry David Thoreau, el precio de cualquier cosa es la cantidad de vida que se da a cambio. Vender tu alma por una victoria es quedar atrapado en la obsesión de nuestra sociedad con las cosas rápidas y trepidantes: los 460 CV, el diseño italiano, las levas al volante, el factor impresionante.[10] El proceso se ve socavado porque no se recompensa (ni se cubre mediáticamente) la disciplina, el autocontrol y el esfuerzo que hace falta para tener éxito.

Ganar la medalla de oro (o el Maserati) no es fabuloso por la medalla en sí. La grandeza reside en la persona que pasas a ser: la que marca la diferencia en la vida de los demás, la que se ha sacrificado para aprender, crecer y convertirse en quien nunca imaginó. Lo que transforma los logros en algo grande es el proceso de aprender y crecer con amor, sabiduría y coraje para llegar a ser quien eres, superando toda adversidad.

Los mejores maestros y entrenadores saben que es posible vivir una vida extraordinaria y, para alcanzarla, enseñan a ser disciplinados, valerosos y sacrificados. Valoran el aprendizaje y el crecimiento mucho más que la materia que están enseñando o el partido que están tratando de ganar. El legendario entrenador de baloncesto de Carolina del Norte Dean Smith cuenta:[11]

> Nuestros jugadores rara vez me han oído a mí o a uno de mis ayudantes hablar de ganar. Ganar sería la consecuencia de un proceso por el que hay que pasar sin atajos. Quien hace de ganar el objetivo principal no enseña bien.

Añade que el exentrenador de fútbol americano de la Universidad de Nebraska Tom Osborne creía que centrarse en ganar podría ser un obstáculo además de una motivación. Smith señala: «En los partidos pasan muchísimas cosas totalmente fuera de nuestro control: el talento y la experiencia de los equipos, errores de arbitraje, lesiones, mala suerte». Definir el éxito basándose en factores que están fuera de tu control socava el proceso que tienes entre manos, y Smith se aseguraba de que sus jugadores lo supieran.

El acto de ganar y el de perder se parecen mucho, si bien sus efectos emocionales son enteramente distintos. La mayoría estamos tan pendientes del resultado de nuestros actos que obstruimos nuestra visión y nuestro foco. Al tener tanta fijación por triunfar, el miedo a perder nos quita libertad y gozo. Lo que realmente queremos en la vida es mucho más que ganar un partido o una medalla: aspiramos a recompensas permanentes y enriquecedoras, como tener experiencias formidables, sentirnos vivos, aprender, crecer y superar retos.

Cuando seamos capaces de «encontrarnos con el Triunfo y el Desastre, y tratar por igual a esos dos impostores», como dijo Rudyard Kipling,[12] no nos dejaremos seducir tanto por la falsa sensación de seguridad que nos puede aportar ganar, ni se nos pasará por alto la oportunidad de crecimiento que nos ofrece perder. El fracaso duele, pero el aprendizaje y la experiencia que nos proporciona son tan valiosos que, sin ellos, no podremos convertirnos en quienes somos realmente.

Ganar no es la mejor medida del éxito porque no es algo que se pueda controlar o mantener para siempre. Como, además, es posible ganar sin haberse esforzado al máximo, se corre el riesgo de caer en la tentación de la pereza. Si tu objetivo es conseguir una medalla de oro en los Juegos Olímpicos o convertirte en CEO de Google, fantástico, pero cuando aprendas a desarrollar la excelencia interior, verás la necesidad de alcanzar una meta muy superior a esas. Podrías usar los principios y las herramientas de este libro para lograr esos objetivos y aun así sentirte vacío. Por muy altas que sean esas metas, no son más que pequeñas piruletas, mientras que tú has venido a este mundo para disfrutar de la tienda entera de golosinas.

Mike Krzyzewski, entrenador de baloncesto cinco veces campeón nacional (Duke University) describe su estrategia:

> Cuando nos fijamos solo en el registro de victorias y derrotas para determinar cómo nos va, no estamos mirando el barómetro correcto. Creo que estar siempre esforzándose por lograr un éxito que viene definido por otras personas no puede llevar sino a la frustración: nunca habrá suficientes campeonatos, suficientes victorias. Y cuando por fin las hayas alcanzado, si es que tienes bastante suerte,

serán solo cifras. Aunque te digan lo genial o exitoso que eres, tú sabrás que se trata de un éxito hueco. El único modo de evitar un final tan infeliz es que seas tú quien defina constantemente tu propio éxito. Tu definición debería tener más calado que la equivalente de ganar un campeonato nacional. Debería ser esa pasión que te motiva profundamente.[13]

Como acabó descubriendo Krzyzewski, la mayor victoria no es conseguir ese premio reluciente, rápido y fastuoso representado por la medalla de oro, el despacho con vistas o el título de campeón nacional, sino ganar la batalla contra uno mismo, la batalla que se libra en el corazón. En cada acto que realizamos elegimos entre el apego a ganar o el deseo profundo de sentirnos plenamente vivos, de aprender y crecer, de alcanzar más serenidad y estabilidad, de ser más capaces de vivir momentos que nos llenen por completo. Por supuesto, elegir lo segundo nos libera para poder actuar con pasión y perseverancia... y ganar más a menudo.

Cuando aspiramos a vivir con valentía, hemos de estar siempre aprendiendo sobre nosotros mismos: quiénes somos y qué es lo que realmente importa. Solo hay un modo de conocer la libertad auténtica: averiguar qué parte de nosotros la desea y qué es exactamente lo que desea, más allá de la obsesión por los placeres y las posesiones temporales. Debemos estar decididos a ser disciplinados de manera que salgamos fortalecidos, sacrificando el orgullo y el estatus en favor del crecimiento y la experiencia. En esta búsqueda podemos alcanzar una libertad sin límites que no esté vinculada a los resultados ni seducida por el éxito, sino centrada en los demás y en nuestro propósito.

PUNTOS CLAVE DEL CAPÍTULO 1

- Hay dos caminos en la vida: uno estrecho y arriesgado, donde ejerces tu libertad y afrontas tus miedos para perseguir tus sueños y tu ser auténtico; o uno ancho, de relativa comodidad, en el que persigues recompensas falsas y transitorias, y que tiene menos riesgos pero también te ofrece menos posibilidades.

- La cultura occidental está obsesionada con signos externos de éxito que nos empujan de manera constante a tener cada vez más cosas, como si estuviéramos en una cinta de correr que nunca se parase. Esta circunstancia reemplaza lentamente nuestra aspiración a relaciones más enriquecedoras y al crecimiento personal con recompensas transitorias y superficiales.

- El precio de una vida plena es alto y muchos no están dispuestos a pagarlo. Implica hacer el duro esfuerzo de afrontar la verdad sobre tu vida interior y tus relaciones, y ajustar la lente a través de la que miras y juzgas el mundo.

- La mayoría andamos desorientados a causa de la interpretación del éxito que hace nuestra cultura, y nos definimos por nuestras emociones y nuestro rendimiento, obsesionándonos con lo que queremos (buenos resultados), pero no podemos controlar.

- Según Maslow, la gente que cambia el mundo es capaz de dedicarse en cuerpo y alma a un crecimiento personal a largo plazo, en lugar de a perseguir recompensas externas, lo que les permite desarrollar la fuerza interior con la que sobrellevar los malos tiempos.

- Las personas que se autorrealizan con desapego, como las describió Maslow, son conscientes de la necesidad de reconocimiento que tiene el ego y descartan las medidas autoprotectoras de esta parte de la personalidad, que aíslan, en lugar de mejorar la vida de las personas.

- A menos que tengas un sistema claro para entrenar el corazón y la mente, quedarás atrapado en la ilusión cultural de éxito y te irás alejando cada vez más de la fortaleza interior y la serenidad que experimentas cuando tu corazón no está dividido y te muestra tu verdadero ser.

PREGUNTAS Y ACTIVIDADES COMPLEMENTARIAS

✓ Examina tu vida. ¿En qué camino te encuentras? En el caso de que te identifiques con lo que haces o lo que tienes, ¿te sientes verdaderamente lleno y sereno? Si te quedaras sin esas cosas o esos logros, ¿quién serías?

✓ Imagina que tienes ochenta años y miras atrás, a tu vida. ¿Qué ha sido más importante para ti? Si continúas viviendo como hasta ahora, ¿cuál será tu legado?

✓ ¿Qué características describen cómo te sentías y en qué pensabas en momentos en los que has rendido al máximo?

✓ ¿Cuánta libertad sientes cuando trabajas o estás en casa? ¿Qué te haría falta para vivir y trabajar con libertad total (incluso en el trabajo que tienes ahora)?

2

En la frontera de lo conocido
Orgullo y miedo en el centro del universo

> Los occidentales solemos pensar que nuestros grandes problemas son externos, ambientales. La vida interior, donde se halla realmente su origen, no se nos da bien. Las distracciones externas de nuestros intereses reflejan una falta de integración interior. Intentamos ser varios yo a la vez, sin que estén organizados por una vida interior dominante.[1]
>
> THOMAS R. KELLY,
> *A Testament of Devotion*

Para la mayoría de la gente empieza en la infancia, quizá en la escuela primaria. Tratas de hacer algo que te gusta, como jugar a la pelota o tocar la flauta dulce, y un día todo cambia. Empiezas a pensar sobre ello, la mente empieza a interferir. Quizá estás jugando al baloncesto, a punto de hacer un tiro libre y decisivo. Antes, habrías estado completamente centrado y lo habrías bordado, pero esta vez, en lugar de limitarte a seguir tu rutina, piensas: «Tengo que hacerlo». Pasas de disfrutar del momento a tener que hacerlo bien; tu corazón está a un lado y el ego en el opuesto.

En una sociedad orientada al consumo y obsesionada con las redes sociales, nos asaltan a diario miles de llamadas de atención, nos bombardean desde el momento en que nos despertamos hasta que cerramos los ojos por la noche. Tenemos más tecnología y más dispositivos que nos ahorran tiempo, pero menos tiempo que nunca. Este torrente de distracciones lleva los pensamientos en incontables direcciones y nos hace estar constantemente absortos, sobre todo pensando en nosotros mismos, lo que nos chupa la energía y nos aleja de nuestras metas e, irónicamente, de nosotros mismos. Nuestros pensamientos se vuelven obstáculos.

Los pensamientos afectan a todos los aspectos de la vida. Estar centrados o dispersos, tener éxito o no tenerlo, sentirnos realizados o frustrados, todo ello depende de cómo respondamos a los pensamientos que tenemos. Cada acto que realizamos lo determina en gran medida esta batalla mental. Pasamos la mayor parte de la vida haciendo lo que la mente quiere, cuando quiere y como quiere, cual niño mimado. Se nos ha ido de las manos lo que creíamos que era el centro de control (la mente). Como el cuerpo, la mente requiere entrenamiento, renovación diaria y descanso cuando es preciso. Necesitamos dejar de estar absortos en nosotros mismos, con todos los pensamientos embarullados de autoprotección que ese estado nos depara.

En este capítulo abordaremos el mayor obstáculo que afrontaremos nunca: la propia mente o, más exactamente, la parte de la mente que siempre está comparando y juzgando, amenazada y nunca satisfecha: el ego.

La raíz del miedo: estar centrado en uno mismo

A lo largo de mi experiencia en el deporte profesional y como coach de deportistas de élite, he constatado que el miedo es lo que más socava la libertad y daña el rendimiento. El miedo a fallar, el miedo al rechazo, el miedo a no estar a la altura. Sin embargo, el miedo es solo el síntoma de un problema más complejo. La raíz del miedo se encuentra en un virus del corazón: estar centrado en uno mismo.

Quizá creas que tú no estás centrado en ti mismo, pero plantéate lo siguiente: ¿no está todo lo que piensas, dices y haces basado en tus experiencias, objetivos y creencias? Cuando te enfadas, ¿no eres tú o algo tuyo lo que consideras amenazado?

Es por ese egocentrismo, que propicia inseguridad, aislamiento y falta de visión, por lo que podemos tener un concepto demasiado alto o demasiado bajo de nosotros mismos.

El egocentrismo se manifiesta desde que somos muy jóvenes. Los recién nacidos aprenden que al gritar reciben alimento y atención, lo que genera en ellos el entendimiento de una relación de causa y efecto basada en sus necesidades y deseos. Este método de supervivencia inherente permanece con nosotros el resto de la vida sin que lo cuestionemos. Hasta ahora.

El egocentrismo al que estoy haciendo referencia no es de corte moral. Se trata de una preocupación excesiva con nosotros mismos que limita nuestras opciones y entorpece nuestro crecimiento. Todos tenemos un procedimiento mental mediante el que interpretamos los hechos de la vida y les asignamos un sentido mirando a través de la lente de los errores pasados y los recuerdos dolorosos. Al centrarnos en el pasado y la comparación con otros sentamos las bases del miedo al éxito.

El mido es lo opuesto al amor. Nos separa de nuestro ser auténtico, que, como veremos más adelante, no está dividido por las tentaciones y seducciones del mundo. Mientras que el amor conecta e integra, el miedo separa y aísla. Se centra en nuestro yo y en el porvenir. Se origina en la proyección que hacemos de los errores pasados hacia el futuro, haciéndonos prever más reveses e incertidumbre. Cuando nos centramos en nosotros mismos y en nuestros errores pasados, alimentamos el miedo.

Imagina que estás afrontando una situación similar a otra en la que fracasaste en el pasado; por ejemplo, fallar un hoyo en un partido de golf u olvidarte del texto mientras representabas una obra de teatro. La mente, para tratar de protegerte, te recordará ese fallo, y este recuerdo intrusivo y negativo afectará a tu rendimiento. En lugar de ver la situación actual con ojos nuevos, como una oportunidad para hacer bien las cosas, la mirarás con ansiedad y miedo.

Por supuesto, centrarse en uno mismo es totalmente natural. Durante toda tu vida has mirado el mundo solo a través de tus ojos. No has visto lo que he visto yo ni lo que ha visto nadie más, es decir, no has mirado desde otras perspectivas. Es más, tu punto de vista está sesgado por lo que ya has visto y experimentado. Cada nueva experiencia que vives la comparas con hechos similares del pasado y con el sentido que les ha asignado tu mente. Esta circunstancia no es buena ni mala, simplemente es limitante. Vemos el mundo a través de ese filtro sesgado y reducido, salpicado de recuerdos de fracasos pasados.

David Foster Wallace nos aporta más conclusiones al respecto (que extraigo de su discurso de apertura de la ceremonia de graduación en Kenyon College):[2]

> En mi experiencia inmediata, todo respalda mi creencia profunda de que soy el centro absoluto del universo, la persona más real, importante y vívida de la existencia. No solemos hablar de este tipo de egocentrismo natural y básico porque no estaría bien visto socialmente, pero, en nuestro interior, todos lo vivimos así en gran medida. Podríamos decir que es nuestro modo predeterminado, instalado en nuestros circuitos desde el nacimiento. Piensa en ello: no hay experiencia que tengas de la que no seas el centro absoluto. El mundo tal y como lo experimentas está ahí, enfrente de ti o detrás de ti, a la izquierda o a la derecha, en el televisor, en el monitor, etc. Los demás te comunican de una manera u otra sus pensamientos y sentimientos, pero los tuyos son más inmediatos, urgentes, reales. Creo que estaréis captando la idea de lo que quiero decir... No estamos hablando de una cuestión de virtud, sino de elegir la tarea de alterar o descartar ese modo predeterminado que tenemos interiorizado, que consiste en ser profunda y literalmente egocéntrico y ver e interpretar todo a través de esta lente de nuestro ego.

El apego a tus errores te cohíbe, te lleva a preocuparte en exceso de ti mismo y de lo que piensan de ti los demás. Si estás lanzando un tiro libre bajo presión, por ejemplo, la tarea será difícil no solo por las consecuencias que tendría que fallaras, sino también por el pensamiento de que ya has fallado otras veces.

Cuando nos cohibimos o apocamos, queremos sentirnos mejor. ¿Y qué es lo que solemos hacer entonces? Compararnos con los demás en función de las cinco medidas del éxito mundano vinculadas con el virus de la afluencia: las posesiones, los logros, el aspecto físico, el dinero y el estatus. Evaluamos lo que tenemos y lo que no, lo que hemos hecho y lo que no. El aspecto físico y los logros son componentes del ego que tienen especial peso por su componente personal. Como es inevitable que haya alguien que tenga más éxito o mejor aspecto físico que nosotros, nos descubrimos deseando más porque está en juego nuestra identidad. El virus de la afluencia se apodera de nosotros.

El problema no es aspirar a alcanzar logros; de hecho, este libro trata sobre cómo alcanzar la excelencia. El problema es que nuestra seguridad dependa de cosas que no podemos controlar. Es lo mismo que ocurre con el hecho de vencer: el problema no es ganar (todos los campeones juegan para ganar). El problema surge cuando el resultado final ensombrece el proceso y nos perdemos a nosotros mismos por el camino.

Perdernos a nosotros mismos implica que se rompe la conexión con nuestro ser verdadero, el que quiere vivir y amar plenamente. Cuando nos perdemos a nosotros mismos, tenemos el corazón dividido. Una parte queda atrapada en tratar de complacer a los demás y tener éxito a ojos del mundo. Somos incapaces de estar presentes de manera plena en los momentos más cruciales de nuestra vida, que ocurren para enseñarnos ciertas lecciones y aportarnos sabiduría y belleza.

Cuando la identidad está conformada por signos de éxito definidos por la sociedad, nos apegamos a ellos y, al no poder controlar por completo nuestros objetivos, nos volvemos dependientes y perdemos la libertad. El apego a los objetivos nos lleva a apegarnos a las circunstancias (situaciones de la vida) con el fin de determinar si estamos acercándonos o alejándonos de nuestras metas; es decir, usamos nuestras circunstancias para medir la distancia que hemos recorrido.

Al apegarnos a las circunstancias y necesitar que ocurran ciertas cosas, también nos apegamos a los pensamientos. Los pensamientos de duda tienen más capacidad de influir cuando estamos apegados a las circunstancias (hablaremos de cómo gestionar los pensamientos en el capítulo 6). Al sentir que lo que tenía que ocurrir no ocurre, surgen la frustración y la ansiedad. Y se amplía la brecha entre cómo nos queremos sentir y cómo nos estamos sintiendo. Las dudas pasan de lo externo (no conseguiré mi meta) a lo personal (no soy capaz) y a la identidad (soy un fracaso). Sin control, el miedo paraliza nuestros sueños. Si estás apegado a lo que quieres pero no puedes controlar, siempre te acecharán la frustración y el miedo.

Es un gran reto gestionar la inseguridad, pero ten en cuenta que también hunde sus raíces en el egocentrismo. ¿De dónde surgen las dudas sobre uno mismo? Nadie puede hacerte sentir inferior, menos competente o menos capaz si tu propia mente no lo piensa, acepta y reafirma. Las dudas las alimentan tus propios pensamientos cuando se infiltran en ellos recuerdos de errores pasados, y te hacen susceptible a influencias negativas de fuentes externas.

Todos los días nos despertamos con decisiones que tomar. ¿Reconoceremos el egocentrismo y daremos pasos para alejarnos de él en dirección a una vida más plena, o caeremos (predeterminadamente) en la inseguridad, la duda y el miedo? Esta elección nos ofrece la oportunidad de tener el coraje de actuar a pesar del miedo. En los siguientes capítulos veremos los momentos increíbles que aguardan a quienes evitan la senda ancha y fácil del egocentrismo para adentrarse en otra estrecha, aunque con un campo de visión mucho más amplio.

Figura 2.1 El camino del miedo

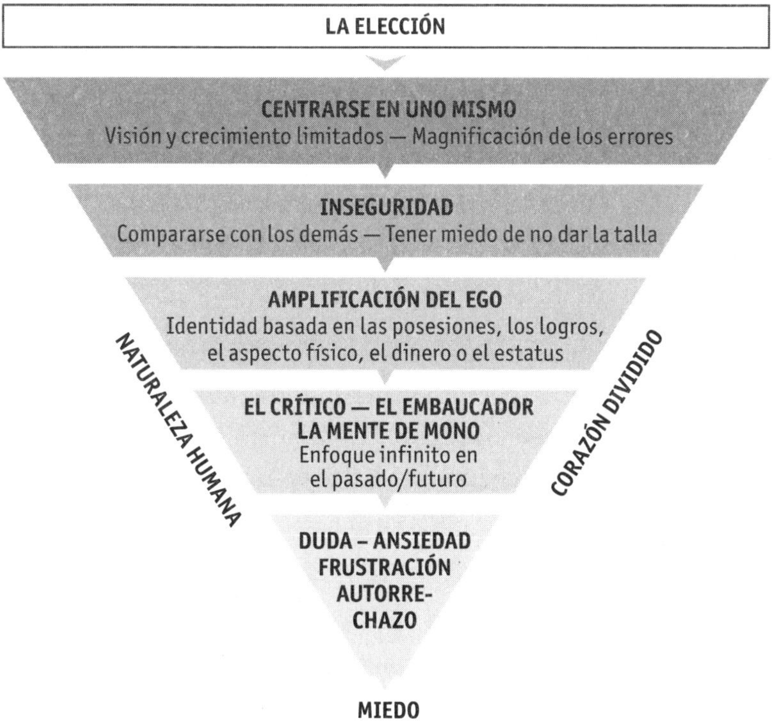

```
                    LA ELECCIÓN
                         ▼
              CENTRARSE EN UNO MISMO
        Visión y crecimiento limitados —
           Magnificación de los errores

                   INSEGURIDAD
        Compararse con los demás —
         Tener miedo de no dar la talla

              AMPLIFICACIÓN DEL EGO
        Identidad basada en las posesiones,
         los logros, el aspecto físico,
              el dinero o el estatus

              EL CRÍTICO — EL EMBAUCADOR
                  LA MENTE DE MONO
                  Enfoque infinito en
                    el pasado/futuro

                  DUDA – ANSIEDAD
                    FRUSTRACIÓN
                     AUTORRE-
                       CHAZO

                        MIEDO
```

(NATURALEZA HUMANA / CORAZÓN DIVIDIDO)

La obsesión con uno mismo

> En la vida diaria, nuestro pensamiento gira en un 99 por ciento en torno a nosotros mismos.[3]
>
> SHUNRYU SUZUKI,
> maestro zen

Como vemos en la figura 2.1, centrarnos en nosotros mismos nos conduce a un «ombliguismo» que amplifica el ego. El ego es el mayor adversario al que tendrás que enfrentarte nunca, porque te limita a tus cinco sentidos y al conocimiento derivado únicamente de tus experiencias personales. Este enfoque estrecho excluye ideas, oportunidades y conexiones que serían posibles con una visión más amplia. Cuando tu visión queda restringida por tus propias necesidades y carencias, tu propósito último se vuelve egoísta. La vida pasa de ser un viaje de aprendizaje y crecimiento, donde das y recibes, a uno de mera supervivencia propia y acaparamiento.

Cuando el ego se amplifica, requiere mayor validación, por lo que se dedica a buscar señales de éxito. Pero siempre hay alguien que tiene más éxito que nosotros. Así que lo juzgamos (dictamos un veredicto negativo). Al juzgar a los demás, empezamos a juzgarnos a nosotros mismos y a infravalorarnos, y la mente acaba engañándonos. Oímos una voz interior que susurra juicios negativos sobre nosotros mismos: «¿Quién te crees que eres?» o «No das la talla». A esta parte de la mente, que alimenta el ego, la he llamado el Crítico, la mente de mono y el Embaucador. Ya lo analizaremos en el próximo capítulo.

Como decíamos, el ego se amplifica y se llena de orgullo y de miedo. Ambas emociones nos roban el gozo. Entiendo el orgullo como un exceso de estimación propia o, en palabras del erudito de Oxford C. S. Lewis, como el acto de tomarse a sí mismo demasiado en serio. El orgullo siempre tiene relación con el aspecto exterior; se basa en la comparación con los demás y en cómo te perciben.

Así es como lo describe Lewis:[4]

> El orgullo no extrae placer de tener algo, sino de tener más que otras personas con las que nos comparamos. Decimos que nos causa orgullo ser ricos, inteligentes o guapos, pero no es así. Lo que nos causa orgullo es ser más ricos, más inteligentes o más guapos que los demás. Si el resto de la gente se hiciera igual de rica, o fuera igual de inteligente o guapa, no tendríamos nada de lo que sentirnos orgullosos.

Al estimarnos así, el ego mete la marcha más alta para propulsarse, pero solo consigue lo opuesto a lo que desea: arrebatarnos el gozo de vivir. Timothy Keller, autor de *The Freedom of Self-Forgetfulness*, dice que el orgullo anula la capacidad de disfrutar de placer real alguno. Keller explica:[5]

El ego siempre está atrayendo atención sobre sí mismo. Está increíblemente ocupado en tratar de llenar su vacío haciendo dos cosas en concreto: comparar y presumir [...]. La forma en que el ego trata de llenar su vacío es comparándose con otros. Todo el tiempo. El orgullo hunde sus raíces en la competitividad [...]. Cuando estamos en presencia de alguien que ha alcanzado más éxito, es más inteligente o más atractivo que nosotros, perdemos todo el disfrute de lo que teníamos. Y eso ocurre porque realmente no estábamos disfrutando, sino que estábamos orgullosos de ello.

Quizá te estés preguntando qué pasa con personas de ego descontrolado, como los deportistas de élite o los presidentes de grandes empresas. Pues creo que aunque el miedo sea el obstáculo principal que todos afrontamos, no nos frena a todos por igual. El miedo puede motivar increíblemente; es una energía muy poderosa. Sin embargo, a la gran mayoría de las personas les impide rendir con libertad y pasión. ¿Cómo podemos vivir plenamente el momento si nos comparamos con los demás y nos preocupa lo que puedan pensar? Este libro trata de cómo alcanzar un rendimiento extraordinario y, a la vez, vivir con plenitud, algo imposible para un ego fuera de control.

Egocentrismo frente a autoconciencia

> No es que esté maltrecha, sino que soy una persona que tiene sentimientos profundos en un mundo maltrecho: es lo que le explico ahora a la gente cuando me preguntan por qué lloro tan a menudo. Les digo: «Por la misma razón por la que río tan a menudo: porque me fijo en las cosas». Y también les digo que podemos elegir ser perfectos y admirados o ser reales y amados. Tenemos que decidir entre una cosa y la otra.[6]
>
> GLENNON DOYLE MELTON, *Love Warrior*

Hemos dicho que estar demasiado centrados en nosotros mismos bloquea nuestro crecimiento porque siempre estamos comparándonos con los demás, nos apocamos, nos frustramos y tenemos miedo. Dejamos de ver el panorama completo que tenemos delante y vivimos con el corazón dividido. Por el contrario, la autoconciencia nutre nuestro crecimiento porque nos lleva a reconocer que formamos parte de un todo más grande que nosotros mismos. Cuando desarrollamos autoconciencia, somos capaces de observar nuestros pensamientos y comportamientos sin apegarnos a ellos, lo que nos permite ver el lugar que ocupamos en un contexto mayor, en el que estamos interconectados con los demás. Gracias a la claridad que nos aporta la poderosa lente de la autoconciencia, nos es posible aprender y convertirnos en nuestro ser auténtico.

Cuando nos centramos demasiado en nosotros mismos sufrimos una miopía que nos impide ver más allá de nuestros fallos y nuestros límites. Nos llenamos de pensamientos limitantes sobre quién podemos y quién no podemos ser. Sin embargo, la visión más amplia de la autoconciencia nos permite tener en cuenta opciones que no están limitadas por nuestra experiencia o por la mente racional. Nos permite saber que nuestro ser auténtico y nuestro gran potencial superan lo que podemos imaginar en cada momento dado. Esta actitud nos ayuda a considerar nuestras circunstancias de manera objetiva como enseñanzas para poder aprender y crecer continuamente.

Una persona que se centra demasiado en sí misma, por ejemplo, tras una reunión en la que no ha estado muy acertada con la presentación de sus ideas, se dice que se le da fatal hablar en público y que nunca se sentirá cómoda haciéndolo. Mira a sus colegas y piensa: «Ojalá fuera como ellos. Podría demostrarle a todo el mundo lo buena que soy y triunfar». Se sorprende cuando un compañero la elogia por algo que ha dicho durante su intervención; asume que solo está siendo amable y que probablemente hablará mal de ella a sus espaldas. Teme el día en que tenga que volver a hablar en público. Un egocentrismo de este tipo actúa como un velo que anula la capacidad de ver posibilidades, que nos desconecta de los demás y nos cohíbe.

Por el contrario, una persona con autoconciencia podría salir de la misma reunión igual de decepcionada por su intervención, pero miraría a su alrededor y se daría cuenta de que los colegas que llevaron mejor la situación emplearon más tiempo en prepararse. Entendería que tendrá que hacer lo mismo para poder presentar sus ideas de manera efectiva. Y, al estar abierta a los elogios de sus colegas, podrá usarlos para reafirmarse en la creencia de que sus ideas son acertadas y que solo necesita un poco más de trabajo de preparación para que se reciban como ella quiere. El día de la siguiente reunión entrará en la sala llena de confianza. Las personas con autoconciencia ven más opciones. Para ellas, los fallos son enseñanzas.

La obsesión del ego con los resultados

El ego está obsesionado con ganar y nunca tiene suficiente. Se compara constantemente con otros y siempre se ve amenazado. Te genera inseguridad porque depende de lo externo para validarse. Cuando tienes adornos sofisticados o estatus o medallas, puedes mirarlos y decirte: «Soy alguien, tengo esto, o he hecho esto otro». Puedes proyectarte en roles diversos y llevar máscaras que oculten quién eres realmente.

Cuando el ego toma el control, nos apegamos firmemente al resultado de nuestros actos y a las circunstancias que los determinaron. Como hay tanto que no podemos controlar, la inestabilidad da lugar a la ansiedad y al miedo. Dean Smith, que entrenó a Michael Jordan en Carolina del Norte, dijo:[7] «Para un líder es absolutamente necesario ser capaz de gestionar el fracaso. Cuanto más relevante sea el trabajo de una persona, más cosas podrán ir mal y mayor será el coste que tendrán esos fallos». El ego no puede gestionar los fracasos porque su identidad se sustenta por completo en los resultados, y los fallos constituyen golpes directos a la validación a la que aspira. El apego del ego a los resultados (en lugar de a vivir el presente) desencadena el proceso de la duda y el miedo.

Los logros extraordinarios requieren un deseo extraordinario y un entrenamiento intenso, sobre todo de la mente, que debe centrarse en el proceso en lugar de en el resultado. El camino más productivo es dirigir los deseos y el enfoque al proceso de aprendizaje y crecimiento, momento a momento. El ego, sin embargo, siempre se preocupa por el futuro y por compararse con los demás en ese futuro.

Uno de los aspectos de la autorrealización con desapego, según Maslow, es «reconocer las defensas del ego y ser capaz de anularlas cuando haga falta».[8] En lo que respecta al contenido de este libro, el ego es esa preocupación defensiva por nosotros mismos, esa parte de la mente que se aferra a placeres temporales, al margen de la razón por la que queremos esas cosas. (No tiene nada que ver con esa parte de la mente llena de confianza, la cual todos queremos desesperadamente).

El ego se aferra a lo que la profesora de Stanford Caroline Dweck ha descrito como mentalidad fija,[9] que nos hace estar siempre en peligro de ser valorados por los fallos que podamos cometer. Según esta mentalidad, un fallo puede definirte de manera permanente. La idea de esforzarte mucho y seguir fallando —quedándote sin excusas— es el peor miedo que puede provocar la mentalidad fija. Según Dweck, mucha gente cree que a los grandes genios no les hace falta esforzarse y que si tú te esfuerzas al máximo y aun así fallas, ya no tienes ninguna excusa.

La batalla por tu corazón

Quizá la cuestión no esté tanto en eliminar los miedos como en qué hacer con ellos, de qué manera gestionar los pensamientos que nos llevan a tenerlos. David Foster Wallace habla sobre el mar de los pensamientos:[10]

Como estoy seguro de que todos sabéis, es muy difícil permanecer alerta y atento en lugar de dejarse hipnotizar por el monólogo constante que oímos en nuestra cabeza, que puede estar dándose incluso ahora mismo. Aprender a pensar es clave para una idea mucho más profunda e importante: aprender a ejercer control sobre cómo pensamos y en qué pensamos. Implica desarrollar la autoconciencia necesaria para elegir a qué prestamos atención y cómo interpretamos las experiencias.

En la batalla por tu corazón, los pensamientos son cruciales. Todos los días nos despertamos con sueños que queremos alcanzar y nos aguardan experiencias increíbles. La mente, con su predisposición a centrarse en sí misma, tenderá a limitarnos, a cohibirnos y a que nos aferremos a las necesidades del ego..., a menos que entrenemos el corazón. Las buenas noticias son que nos movemos hacia aquello sobre lo que pensamos y que desde hoy mismo puedes empezar a orientar la mente y el corazón hacia la belleza y las cosas importantes. A lo largo de la historia la gente ha aprendido a dirigir los pensamientos, a enfocarse en los deseos y a ver el mundo como es realmente. Ha aprendido a desenvolverse en la «frontera del mundo conocido», allí donde el yo es el centro del universo.

PUNTOS CLAVE DEL CAPÍTULO 2

- El miedo a fracasar es el principal obstáculo para la libertad y el rendimiento óptimo.

- Este miedo hunde sus raíces en nuestra preocupación natural por nosotros mismos y la consiguiente tendencia a aferrarnos al pasado.

- La preocupación por los errores pasados nos provoca inseguridad, lo que sirve de alimento al ego.

- Como el ego nos genera un deseo intenso de tener éxito, nos obsesionamos con el resultado de nuestros actos, y nos hacemos dependientes de algo que no podemos controlar.

- No nos han enseñado nunca a gestionar lo que pasa en la mente, por lo que las dudas y la ansiedad tienen más poder sobre nosotros de lo que deberían.

- Es crucial desarrollar la autoconciencia para convertirte en la persona que estás llamada a ser, dejar a un lado los juicios y las comparaciones y ver el mundo a través de una lente integrada.

PREGUNTAS Y ACTIVIDADES COMPLEMENTARIAS

✓ Practica salirte de la mente centrándote en la respiración y usando los sentidos. ¿Puedes dejar de analizar y solo respirar, solo sentir?

✓ ¿Con qué frecuencia tienes pensamientos sobre el pasado o sobre el futuro? Durante un día entero, anota en una libreta o un papel que lleves en el bolsillo las veces que te sorprendas pensando en el pasado o en el futuro.

✓ ¿Te afectan percances triviales como atascos de tráfico, multas de aparcamiento o comentarios groseros, o estás sistemáticamente por encima de esas circunstancias y te centras en lo que importa de verdad?

✓ Prueba a hacer este ejercicio: «Yo y yo, y solamente yo».

— La próxima vez que vayas a una cena o a un acto social donde haya gente que no conoces:

  ○ Intenta pasarte la velada entera sin hablar bien de ti mismo.
  ○ Trata de entablar conversaciones en las que no salgas tú a colación (excepto para responder a preguntas directas) y evita el uso gramatical de la primera persona.

✓ El propósito de este ejercicio es ayudarte a ser más consciente de tu ego y de lo difícil que es no buscar la aprobación y evitar que todo gire en torno a ti.

3
Los mayores rivales a los que te enfrentarás
El Crítico, la mente de mono y el Embaucador

> Lo que cuenta no es el crítico, ni la persona que señala cómo tropiezan los fuertes o cómo podrían haberse hecho mejor las cosas. El mérito corresponde a la persona que ha saltado a la arena, cuyo rostro está manchado de polvo, sudor y sangre, a la que lucha con valentía, a la que se equivoca, a la que se queda corta una y otra vez, porque no hay esfuerzo sin error ni falla, pero quien pugna por hacer las cosas, quien actúa con gran entusiasmo y gran devoción, quien se entrega a una causa noble, quien acaba consiguiendo el triunfo de un gran logro en el mejor de los casos y fracasa en el peor, al menos ha fracasado mientras se atrevía a actuar, por lo que nunca tendrá un lugar entre las personas frías y pusilánimes que no conocen la victoria ni la derrota.[1]
>
> THEODORE ROOSEVELT,
> vigesimosexto presidente de Estados Unidos

Quizá conozcas la historia de cuando J. K. Rowling escribió la primera novela de Harry Potter mientras mantenía a su hija pequeña con ayudas del Estado, y recibió el rechazo de doce editoriales antes de publicar la primera entrega de la saga que la haría millonaria. Quizá sepas también que Justin Rose, campeón del mundo de golf en 2018, no logró pasar a las semifinales de los veintiún primeros torneos de su carrera profesional. Incluso podría haber llegado a tus oídos que antes de que Bill Belichick ganara seis Super Bowl como entrenador jefe de los New England Patriots, lo despidieron de los Cleveland Browns tras batir el récord de partidos perdidos a lo largo de cinco años. Pero ¿sabes cómo superaron la adversidad y alcanzaron el éxito? ¿Sabes cuál es la auténtica batalla que tienes que librar para conseguir tus metas y sueños, y quiénes son tus principales adversarios?

En mi trabajo con deportistas y otros profesionales de élite, he descubierto tres adversarios que tienen un efecto fundamental en la capacidad de centrarse y no perder la confianza. El nombre de cada adversario describe bien sus efectos: el Crítico, la mente de mono y el Embaucador.

El Crítico es la voz juzgadora que oímos en la cabeza. Emite un veredicto negativo sobre alguna cosa (o circunstancia) o persona (a menudo uno mismo) y luego reacciona emocionalmente. (Para los propósitos de este libro, definiremos «juzgar» como «emitir un veredicto negativo», mientras que «discernir» es «usar el sentido común para determinar la mejor manera de proceder»).

La mente de mono es esa presencia ruidosa que sentimos en la cabeza. Atesta la mente con demasiados pensamientos (a menudo negativos e improductivos) sobre multitud de cosas, y suele conducir a un análisis excesivo y generar ansiedad.

Por último, el Embaucador es esa voz engañosa de la cabeza que te miente.[2] Siempre trata de confundirte para que creas en tus limitaciones y te acusa constantemente de no valer lo bastante para conseguir tus sueños.

La crítica constante

Shakespeare dijo: «No existe nada bueno o malo de por sí; es el pensamiento el que determina una cosa o la otra».[3] Al juzgar el mundo exterior y reaccionar a él de manera constante, perdemos la creatividad y la curiosidad que nos permitirían ver las posibilidades que quedan ocultas tras nuestros juicios. El enjuiciamiento y la curiosidad no pueden coexistir. Cuando juzgamos algo o a alguien, expulsamos la curiosidad y, con ella, la creatividad. Esta última es crucial para rendir óptimamente, por lo que prescindir de ella constituye una gran pérdida. Necesitamos una mente clara que pueda ver soluciones estando bajo presión, y el enjuiciamiento también lo impide.

El Crítico está obsesionado con nuestras circunstancias (y apegado a ellas). Como el ego, basa su identidad en los resultados exitosos que dan lugar a premios y reconocimientos; siempre examina nuestros actos para ver si están encaminados a la consecución de esos resultados. Juzga y compara nuestros logros y circunstancias con los de otras personas. Si parece que estamos acercándonos a nuestras metas, nos sentimos bien (de manera temporal); si parece que nos estamos alejando, nos sentimos mal. Incluso aunque no dispongamos de toda la información, muy a menudo actuamos como si la tuviéramos, juzgamos cada circunstancia y reaccionamos emocionalmente.

Si tenemos que ganar sí o sí un partido, hacer un hoyo o convencer con una presentación, es muy fácil que nos apeguemos no solo al resultado, sino también a las circunstancias que rodean nuestro esfuerzo para conseguir esa meta.

Nos invade el miedo porque cuando realmente queremos algo que no podemos controlar, tememos no conseguirlo. Del mismo modo, cuando tenemos algo que valoramos mucho, tememos perderlo.

Al juzgar nuestras circunstancias, nos surge toda una serie de preguntas que nos provocan miedo. ¿Y si pierdo este partido? ¿Y si fallo? ¿Y si mi jefe me echa o mi entrenador me saca del equipo? Cuando necesitamos perentoriamente conseguir algo sobre lo que no tenemos un control absoluto, nos hacemos esclavos de ello y perdemos nuestro poder.

Cada circunstancia se convierte en un barómetro para que el Crítico juzgue quiénes somos y qué tenemos o qué es lo que no hemos conseguido. Nos hacemos esclavos de nuestro rendimiento, o, dicho con otras palabras, nos esclaviza la evaluación continua que realiza el ego sobre cómo está desarrollándose nuestra vida en comparación con la de otras personas.

La mayoría de la gente vive en un estado reactivo constante en el que pugna por alcanzar sus metas. En los momentos de adversidad, las emociones anulan el sentido común y el entendimiento. Somos incapaces de darnos cuenta de que las dificultades forman parte del proceso de aprendizaje que nos permite crecer. La realidad es que, para alcanzar la grandeza, es esencial esforzarse para superar las adversidades.

Si logramos aprender a desapegarnos de los resultados, seremos capaces de dejar de juzgar las situaciones que nos llevan a ellos, especialmente los errores que cometemos. Así podremos ver con mayor claridad, evolucionar y crecer.

La locura de la mente de mono

> En mis treinta años de carrera, he llegado a la conclusión de que el mayor obstáculo para alcanzar un rendimiento óptimo es el exceso de análisis. No está mal analizar las cosas, pero hacerlo en exceso interfiere con la concentración en el momento de la ejecución. El segundo mayor obstáculo es preocuparse demasiado, llegando casi al punto de obsesionarse con un resultado óptimo. Preocuparse demasiado también interfiere.[4]
>
> Dr. Cal Botterill,
> psicólogo deportivo

Desde el momento en que nos levantamos hasta que nos vamos a la cama, la mente genera una corriente infinita de pensamientos. Hasta en el sueño, la mente clasifica, archiva y analiza los pensamientos que hemos tenido durante el día. La mayoría son sobre nosotros mismos y todo lo que nos afecta y, lamentablemente, muchos son improductivos o negativos. Tienden a repetirse un día tras otro y a convertirse en creencias sobre lo que es posible y lo que no, sobre quiénes somos y aquello en lo que podemos o no podemos (probablemente) convertirnos. Este estado negativo y caótico nos causa algo muy nocivo: llena el espacio que necesitamos para imaginar posibilidades y desarrollar grandes sueños. Es la mente de mono.

Al escuchar nuestras dudas y nuestros miedos, nos abrimos a la charla y al análisis interminable que tiene lugar en la mente. El análisis es importante para el aprendizaje y el crecimiento, pero se convierte en un obstáculo cuando no podemos detener ese diálogo interno, sobre todo si se produce en el momento en que estamos actuando. Vivimos demasiado en la cabeza y nos perdemos el poder que podríamos ejercer si viviéramos en todo nuestro ser, de la cabeza a los pies, el corazón y el alma. Somos seres espirituales, mentales y físicos, pero nos dejamos gobernar por una mente atestada de pensamientos improductivos e ignoramos la intuición que podría guiarnos si dejásemos intervenir más en la conciencia a nuestra parte espiritual.

A pesar de tener miles de pensamientos al día, la mayoría de ellos pasan sin que apenas les demos importancia. Tenemos tantos que ni somos conscientes de ellos; pasan simplemente a formar parte de nosotros. Sin embargo, es un error ignorar el enorme efecto que tiene en nosotros cada pensamiento.

Charlie Maher, entrenador de aptitudes mentales de los Cleveland Guardians, afirma que nuestro mayor obstáculo es esa falta de consideración que damos a los pensamientos:[5] «Principalmente se trata de la incapacidad de los deportistas de darse cuenta del uso que hacen de pensamientos improductivos, de maneras improductivas de pensar sobre la situación en la que se encuentran. Por ejemplo: "¿Y si pasa esto? ¿Y si pasa lo otro?". "Ahora mismo no estoy haciéndolo bien". Una manera más técnica de decirlo sería que se están fusionando con sus palabras. Están dejando que adquieran una realidad propia».

Maher describe cómo afecta a los jugadores de béisbol profesional: «Fusionarse con las palabras significa dejar que un pensamiento cree una realidad: "¿Y si pasa esto?" y "No sé si voy a poder hacer bien esta entrada". Es decir, esos pensamientos están creando una realidad alternativa, cuando la realidad auténtica es que hay un bateador, un receptor y jugadores en la base. Y, cuando ese pensamiento se traslada a la realidad, pierden la concentración y la compostura y se ponen tensos».

Todos hemos creado historias acerca de nosotros mismos distorsionadas por la negatividad, la mayoría de las veces sin darnos cuenta. Da igual cuáles sean nuestros talentos auténticos si creamos una historia sobre nosotros mismos atestada de pensamientos improductivos.

Pequeñas mentiras que embaucan

Otra barrera es la vocecita de nuestra cabeza que susurra cosas que no son ciertas y suscita dudas y ansiedad en medio de situaciones que nos importan. Cuando nos apegamos a nuestras circunstancias y nuestras metas, no rechazamos las mentiras del Embaucador. Si las dejamos campar libremente, se fortalecen y atraen otros pensamientos negativos. A menudo estos pensamientos nos convencen de que, es verdad, no seremos capaces de conseguir un ascenso en el trabajo, clasificarnos para el siguiente nivel o estar a la altura de nuestro potencial. Dejamos que nos engañen y entramos en la fase de argumentar nuestras limitaciones.

En la mente de artistas ejecutantes, de atletas profesionales o de jóvenes youtubers, el mensaje del Embaucador suele ser el mismo: «Tu valía depende por completo de tus resultados».

El Embaucador dice cosas como:

- Mira cuántos fallos. No eres el tipo de persona que alcanza un éxito duradero.
- Eres un fraude.
- No hay suficiente para todos.
- Tienes que protegerte.
- Si lo intentas, te van a rechazar.

Es muy fácil que la voz del Embaucador te lleve a abrumarte y a rechazarte.

El Embaucador hace uso de dos cosas: el engaño y la acusación. Es tan capaz de engañar porque suena muy lógico. Siempre te presenta recuerdos de fallos anteriores para sustentar sus críticas. Conoce todas tus debilidades, sabe cómo apretarte las tuercas y lo hace cada vez que puede. Después de muchos años escuchando estas mentiras, es natural empezar a creerse alguna. De hecho, lo más común es el autoengaño, que suele implicar una consideración demasiado alta o demasiado baja de uno mismo. Tanto en un caso como en otro, perdemos de vista quiénes somos realmente y dejamos de estar seguros de cómo ser auténticos. Esa incertidumbre nos lleva a engañarnos. La persona más fácil de engañar es uno mismo.

Este es el juego principal al que se dedica el Embaucador: socavar nuestra identidad. La identidad es la percepción de quién sientes que eres realmente y de lo que te es posible hacer (o no). Esa percepción gobierna tu comportamiento. Por eso acabamos tomando un camino donde buscamos constantemente que nos validen, porque tenemos una necesidad tan fuerte de sentirnos bien con nosotros mismos que haríamos cualquier cosa para satisfacerla.

Los grandes triunfadores no son inmunes al autorrechazo. El éxito crea expectativas altas y a menudo tendencia al perfeccionismo. Si en algún momento fracasamos, podemos acabar denigrándonos a nosotros mismos y, al hacerlo, ignorar el aprendizaje que deberíamos estar recibiendo. En lugar de motivarnos para mejorar, el Embaucador exagera mucho el hecho de que parezca que nunca damos la talla y nos hace sentir mal con nosotros mismos.

Cuando fallamos, puede iniciarse una caída en picado propiciada por los juicios cada vez más severos que nos dedicamos. El psicólogo deportivo David Coppel llama a esta secuencia de acontecimientos la caída de las D:[6]

> La caída de las D se inicia cuando el fallo cometido nos hace pasar de la decepción («Debería haberlo hecho, pero no he sido capaz») a la desolación, donde comienza a extenderse a otras áreas en las que nos percibimos también incapaces, y de ahí a la derrota, que implica que nos sentimos impotentes para cambiar las cosas, y, por último, a sentirnos defectuosos: «Me pasa algo malo». Algunas personas experimentan esta caída muy rápidamente o en un orden distinto, pero después de un tiempo, mucha gente pasa directamente de la decepción a sentirse defectuosos. Estas personas se vuelven cada vez más inseguras, y todos los errores que cometan les harán sentirse mal consigo mismas, lo que las llevará a autoprotegerse y a estar a la defensiva.

Digamos, por ejemplo, que no has logrado hacer una venta importante. La decepción es una reacción natural, pero, como para ti era tan importante hacer esa venta y te habías apegado tanto a ese resultado, no conseguirlo te ha dejado completamente desolado. El Crítico te dice: «Esto es fatal». Entonces interviene el Embaucador para recordarte todos los demás fallos que has cometido, e incluso los proyecta hacia el futuro, así que empiezas a sentir que no solo has fracasado en esa venta, sino que eres un fracaso como persona.

Otro de los grandes engaños del Embaucador es convencernos para que aspiremos a metas inferiores. En lugar de ir a por la tienda entera de golosinas (la vida plena), a menudo nos conformamos con una piruletita (recompensas superficiales). Esto se manifiesta de muchas maneras, pero casi siempre es la consecuencia de un engaño. El Embaucador susurra distintas mentiras y siembra dudas en ti del tipo: «Tú no puedes con eso» o «Eso te viene demasiado grande».

El profesor de Yale Henri Nouwen afirma que las voces negativas que oímos en la cabeza constituyen uno de los mayores retos que tenemos que afrontar.[7]

Estas voces negativas son tan altas y persistentes que es fácil creerlas. Esa es la gran trampa. La del autorrechazo. Con el tiempo he llegado a la conclusión de que la mayor trampa de la vida no es el éxito, la popularidad o el poder, sino el autorrechazo.

Siguiendo a Nouwen, quizá la causa del virus de la afluencia sea el autorrechazo. Como creemos que no es suficiente tal y como somos, buscamos siempre más éxito y más ascensos que nos validen, pero nunca dura. Así que entramos en un ciclo interminable de tratar de ser más y ganar más, que alimenta al Crítico, a la mente de mono y al Embaucador para que sigan propiciándolo.

Pensamientos versus circunstancias

Uno de los mayores errores que cometemos al contarnos nuestras historias es confundir las circunstancias con los pensamientos (sobre estas). Las circunstancias son los hechos de la situación, sin opiniones ni emociones. Los pensamientos suelen tener emociones y juicios vinculados, cosa que a menudo no notamos. No son hechos, sino opiniones.

He aquí un ejemplo.

Circunstancia: Una pandemia global provoca el cierre de centros de enseñanza, cancela los acontecimientos deportivos, confina a la gente. Muchas personas se ponen enfermas y algunas mueren.

Pensamientos: El mundo ha entrado en una deriva catastrófica. Mi vida se acaba. ¿Morirá gente que conozco? Todo se desmorona. No hay salida.

Verdad: Durante una pandemia la vida es muy distinta. Hay cambios en las interacciones sociales, los viajes, el trabajo y la enseñanza.

Puede ponerse enferma y morir gente que conozcas. Sin embargo, lo cierto es que todos vamos a morir tarde o temprano. De todas formas, mucho más importante es la pregunta siguiente: ¿viviremos con plenitud los días que nos queden? Por otro lado, un modo de vida completamente diferente en esta época podría ser lo mejor para ti y tu familia. En lugar de adoptar una actitud de juicio y negación respecto a lo que has perdido o podrías perder, asume y vive lo que es posible en el presente. Precisamente algo como una pandemia podría ser la oportunidad perfecta para que pienses profundamente sobre tu vida, sobre el camino que estás siguiendo y lo que quieres de verdad (para ti y tus hijos).

Una de las aptitudes que desarrollan las personas que se autorrealizan con desapego siguiendo el método de la excelencia interior es que no se quedan atrapadas mentalmente por circunstancias que no pueden controlar. Tienen siempre en mente dos presupuestos importantes:

> Todo ocurre para ayudarme y enseñarme.
> Todo va encaminado a mi bien.
>
> El problema no es el problema.
> El problema es el modo en que estás pensando sobre él.

El Crítico, la mente de mono y el Embaucador te sacan del momento y de la oportunidad de vivirlo plenamente para aprender y crecer con la enseñanza que alberga. Estas tres voces de la mente te empujan constantemente al pasado y al futuro. En el pasado se encuentran todos tus fracasos; en el futuro todo lo que desconoces. Tanto en casa como en el trabajo, si no sabemos cómo detener la voz crítica y la que nos engaña, así como la corriente interminable de pensamientos, caeremos en la trampa de la limitación y la negatividad. Por suerte, estás a punto de aprender cuáles son los tres recursos más eficaces para neutralizar al Crítico, a la mente de mono y al Embaucador: el amor, la sabiduría y el coraje... y la libertad, la convicción y el enfoque que llevan consigo.

PUNTOS CLAVE DEL CAPÍTULO 3

- Los tres grandes adversarios a los que nos enfrentamos cuando queremos estar centrados y seguros de nosotros mismos son el Crítico, la mente de mono y el Embaucador.

    - El Crítico lo juzga todo (emitiendo un veredicto negativo) y reacciona emocionalmente ante ello.

    - La mente de mono analiza en exceso y da rienda suelta a demasiados pensamientos.

    - El Embaucador nos miente y nos engaña para que nos conformemos con menos.

- El Crítico tiene poder sobre ti cuando te apegas a tus metas. Si tu principal meta es algo que quieres, pero no puedes controlar, el Crítico juzgará a cada persona, cosa o circunstancia relacionada con esa meta, creando miedo y frustración.

- La mente de mono prosperará si tienes demasiadas preocupaciones y careces de un enfoque o propósito central.

- Al Embaucador lo alimentan el Crítico y la mente de mono. Te engaña para que te creas lo que temen tus inseguridades y te acusa de ser un fraude. Si te apegas a los resultados o a lo que dice o piensa la gente, el Embaucador te causará problemas.

- Cada vez que afrontes una situación difícil, separa siempre claramente las circunstancias (los hechos de la situación, libres de opiniones y emociones) de los pensamientos que te surjan acerca de ellas.

PREGUNTAS Y ACTIVIDADES COMPLEMENTARIAS

✓ Practica observando al Crítico, a la mente de mono y al Embaucador.

– ¿Cuándo parece que surgen en tu día a día? ¿En qué tipo de circunstancias?

✓ Dedica una jornada a observar a cada uno de estos tres grandes adversarios y anota en un diario lo que averigües.

✓ Cada vez que te frustres pregúntate: «¿Cuáles son las circunstancias de esta situación y cuáles son mis pensamientos?». Una vez que tengas claramente separadas las dos categorías, plantéate la solución (no antes).

✓ Ponte en el móvil una alarma para que te aparezca el siguiente mensaje en algún momento del día: «¿Dónde está tu mente ahora mismo?». Luego anota si alguno de los tres adversarios estaba cogiendo las riendas de tus pensamientos. Si es así, pon en práctica el siguiente reinicio: haz dos inspiraciones largas, lentas y profundas por la nariz, con una exhalación que dure más que la inhalación.

4

Los que se atreven y los que se quedan en la penumbra
Los tres pilares del rendimiento extraordinario

> El amor es el triunfo de la imaginación sobre la inteligencia.
>
> H. L. MENCKEN

El 15 de julio de 2007, Lewis Gordon Pugh entró lleno de determinación en su camarote del NS Yamal, un barco rompehielos propulsado por energía nuclear que se dirigía al círculo polar ártico.¹ Mientras se ponía su diminuto bañador Speedo, pensó en los peligros que le aguardaban. El barco, de nacionalidad rusa, se mecía en las mismas gélidas y negras aguas en las que pronto estaría nadando Pugh. El miedo lo atenazaba. Iba a intentar batir un récord mundial nadando un kilómetro en el Polo Norte, totalmente expuesto a las bajas temperaturas del mar. Se trataba de una empresa en la que se había embarcado hacía tres años y que en la siguiente media hora iba a cambiar su vida para siempre.

El profesor Tim Noakes, médico y científico deportivo sudafricano, entró en el camarote para colocarle a Pugh un medidor de la temperatura corporal. Aparte de unos guardias armados que estarían atentos por si aparecían osos polares, Noakes era la única persona que podría detener la travesía de Pugh; esa era, de hecho, la razón por la que se encontraba allí. Cuando alguien nada en aguas gélidas, el cerebro se ralentiza. «No se piensa claramente ni se reacciona con normalidad —explicaría Noakes más tarde—. Si la temperatura corporal del nadador alcanza cierto límite, ya no hay vuelta atrás. De un momento a otro pasaría a hundirse en el fondo del mar. Yo tenía que asegurarme de que Pugh nunca alcanzara ese punto de no retorno».[2] En otras palabras, la vida de Pugh estaba en las manos de Noakes.

«Si hubiera podido echarme atrás, lo habría hecho —reconoció Pugh posteriormente—. Miré a Tim a los ojos y vi miedo en ellos, algo totalmente inédito. Le temblaban las manos mientras me colocaba el medidor de temperatura». Muchos científicos de distintas partes del mundo habían dicho que aquella travesía no se podía hacer, que resultaría mortal.[3] El doctor Noakes era uno de los pocos especialistas que había afirmado que era posible. Sin embargo, ahora que iba a producirse, Noakes tenía miedo. Quizá los otros científicos estaban en lo cierto.

Tres semanas antes de la travesía a nado en el Polo Norte, Pugh se había entrenado en un lago glaciar de Noruega. El agua estaba a tres grados centígrados, bastante más caliente que la del círculo polar. Sin embargo, no logró avanzar más de seiscientos metros.

Dos días antes de la épica travesía, Pugh y su equipo (compuesto por 29 personas) decidieron hacer otra prueba... y los resultados fueron aún más desastrosos. No había realizado ni un tercio del recorrido cuando el dolor se le hizo insoportable y tuvo que parar. Al parecer, le habían reventado células de las manos. «No puedo describir la sensación —dijo Pugh—. Era como si alguien hubiera estado pisoteándome las manos durante horas».

Tras estas dos pruebas fallidas, Pugh concibió serias dudas. Día tras día, la confianza que tenía en él todo su equipo, unida al interés de la prensa mundial, que aguardaba novedades periódicas, multiplicaban la presión. Sin embargo, la hazaña que perseguía Pugh respondía a un fin superior: si lograba su propósito en el polo norte, donde el mar debería estar cubierto de hielo, atraería la atención mundial sobre los efectos devastadores del calentamiento global.

Un par de reveses de importancia y la amenaza de una muerte cierta no iban a impedir que Pugh lo intentara con todas sus fuerzas. A pesar del intenso miedo, siguió adelante con su plan de nadar un kilómetro en aguas que muchos científicos consideraban que matarían en menos de un minuto a la mayor parte de la gente que lo intentase. Y esa vez lo consiguió.

¿Cómo? Está claro que Pugh no se volvió más fuerte, más rápido o de sangre más fría en dos días. El logro fue obviamente un triunfo de la fuerza interior. La diferencia no fue física; tuvo que haber algo que hiciera clic en él, algo interno que lo cambiara todo. ¿Qué fue lo que llevó a Pugh de sus fracasos en las pruebas, que lo llenaron de miedo, a la confianza y a la concentración que le permitieron conquistar lo imposible? ¿Cómo superó el miedo?

En este capítulo ahondaremos en cómo ganó Pugh su batalla interior y cómo tú puedes hacer lo mismo. Estudiaremos los tres recursos más poderosos del mundo: el amor, la sabiduría y el coraje, que constituyen la base de los tres pilares del rendimiento extraordinario: regirse por el corazón, ampliar la visión y estar plenamente presente.

Cuando perseguimos las metas y los sueños más difíciles, necesitamos afrontar las dudas y los miedos. El miedo tiene mucho poder en parte porque nos cuesta localizar su origen, lo que dificulta que lo abordemos. Nos separa de la verdad, de quiénes somos y de aquello que es posible en nuestra vida. A medida que te familiarices con el modo en que funciona la mente, aprenderás a asumir el miedo en lugar de dejar que te paralice. Y, si tienes un propósito superior, estarás dispuesto a afrontar más riesgos, fortalecido por la conexión que experimentas y el sentido que le has dado a tu vida.

Cuando la presión alcance su máximo y tus mayores miedos parezcan más cerca de cumplirse, tendrá que haber algo superior a ti que te ayude a manejar el miedo, algo que esté por encima de tu meta, del hecho de ganar, algo que esté incluso por encima de la muerte.

El chico canadiense con el que se metía todo el mundo

El pequeño George se crio en un pueblo pequeño de Quebec, Canadá, con un padre alcohólico en casa y abusones en el colegio. Vivía cada día con el miedo desgarrador de que le dieran una paliza al salir del colegio. Cuando se apuntó a clases de artes marciales, sintió que por fin había encontrado un lugar donde aprender a afrontar sus miedos. Acabó convirtiéndose en luchador profesional, pero seguía teniendo miedo. George explica:[4]

> Cuando era joven, creía que los nervios y el miedo desaparecerían con el tiempo, pero me he dado cuenta de que no solo no desaparecen, sino que empeoran. Lo único que ahora ha cambiado es que lo acepto. Sé que van a estar ahí y sé cómo manejarlos. Ahora, gracias a la experiencia, sé que voy a tener miedo cuando se acerque un combate, sé que no voy a dormir esa semana, pero lo acepto.
>
> Antes, el miedo me podía. Dormir solo cuatro horas la noche anterior al combate me generaba aún más presión, porque pensaba que no rendiría al máximo a causa de la falta de sueño. Sin embargo, ahora sé que es normal. Lo acepto. Es un proceso de sufrimiento por el que tengo que pasar antes de un combate. Sigue siendo igual de malo que antes; la única diferencia es que ahora lo acepto.

Georges St. Pierre llegó a ser campeón del mundo y uno de los mejores luchadores de artes marciales mixtas del mundo.

Todos tenemos miedos. La gran pregunta es qué harás tú con los tuyos. Si eres como la mayoría de la gente, te apartarás de aquello a lo que temes: así es la naturaleza humana. Sin embargo, esta evasión limita tu vida y la grandeza que has venido a experimentar a este mundo. La grandeza no está en evitar los miedos, ni siquiera en superarlos, sino en, al menos, afrontarlos y estar dispuestos a sentir la emoción que acompañe a ese acto.

Los que se atreven y los que se quedan en la penumbra

> Es mejor atreverse con aquello que nos impone, lograr triunfos gloriosos, aunque el camino esté sembrado de fracasos, que unirse a las filas de los pobres de espíritu que ni disfrutan ni sufren demasiado porque viven en una penumbra gris que no conoce la victoria ni la derrota.
>
> THEODORE ROOSEVELT,
> vigesimosexto presidente de Estados Unidos

Lewis Pugh tenía miedo. De hecho, lo único que no cambió en los dos días que transcurrieron entre los demoledores fracasos y el impresionante éxito fue el miedo. Tras la segunda prueba fallida, Pugh pensó: «En el mejor de los casos, perderé algún dedo; en el peor, moriré».[5] Desesperado, quería echarse atrás y abandonar. Cuando salió al mar de hielo el miedo se convirtió en agresión. ¿Cómo fue capaz de superar el miedo, la depresión y la duda?

Antes de examinar cómo lo hizo, puede sernos de ayuda ahondar en por qué lo hizo. Pugh se hacía una y otra vez la misma pregunta: «¿Qué empuja a la gente a actuar? No soy un lunático ni un loco. Soy abogado. Tengo mucha experiencia en natación. ¿Qué me empuja a embarcarme en un viaje de siete días hasta el Polo Norte, plantarme ante el mar helado y saltar al agua cuando ha habido expertos que han dicho que podría morir en el intento?».[6]

¿Por qué correría una persona el riesgo de morir? Parece que hay tres razones posibles:

- Por un propósito superior al individuo (una causa noble o salvar o ayudar a otros).
- Para sentirse vivo de un modo que solo puede experimentarse cuando el riesgo es lo bastante alto, quizá próximo a la muerte, y requiere una concentración total: estar plenamente presente.
- Despreocupación por uno mismo.

> Lo que alienta a los escaladores no es el deseo de morir, sino todo lo contrario: un deseo de vivir de verdad: plena, intensa y completamente. Nunca he conocido a gente más auténticamente viva: física, emocional, intelectual y espiritualmente. No cortejan el peligro como un placer, sino como un medio de ahondar y enriquecer su experiencia.[7]
>
> NICHOLAS O'CONNELL,
> *Beyond Risk: Conversations with Climbers*

El propósito del miedo es ayudarnos; protegernos del peligro e inducirnos a concentrarnos. Sin embargo, el miedo (al igual que otras emociones) puede desbocarse. Tiene tanta energía que puede llegar a paralizarnos. Pugh, sin embargo, fue capaz de usar esa energía del miedo para empoderarse. Cuando salió a cubierta y se enfrentó al hielo del Polo Norte, lo inundó una sensación de confianza e intensidad. Algo hizo clic en su interior cuando notó el mordisco del frío: «Fue completamente distinto a las otras veces. Al salir a cubierta, sentí por primera vez una confianza total en que todo iba a salir bien». Su «yo» se esfumó y se conectó de tal manera con la misión que tenía entre manos y con su equipo, que volvió a estar dispuesto a arriesgar su propia vida para alcanzar su propósito.

Lo que hizo Pugh fue conectar con algo mayor que sí mismo. La travesía a nado fue el modo en que hizo uso de sus dones para marcar una diferencia en el mundo. Pugh encontró algo que lo interpeló tan intensamente (la devastación del calentamiento global) que estaba dispuesto a dar su vida por ello. Al entregarse a ese propósito, descubrió la manera de afrontar sus miedos y vivir de verdad.

El autodominio y la consecución de la grandeza

Vivir de verdad, según Maslow, es aspirar a la autorrealización. Es la última etapa del desarrollo personal. En el capítulo 1 renombré esta fase como «autorrealización con desapego» y la definí como la consecución de la más alta vocación: ser nuestro yo verdadero sirviendo a los demás y viviendo plenamente. Existe un vocablo griego que describe este fenómeno: *zoé*.

La *zoé* es el estado del ser pleno de vitalidad, activo y vigoroso, de una manera absoluta, real y genuina. Es el potencial íntegro de la vida interior, generador de una belleza y una pasión intensas.

La *zoé* es la expresión plena del amor, la sabiduría y el coraje. Estos tres recursos están interconectados íntimamente: no se puede experimentar uno sin alguno de los otros dos. Cuando sientes los tres juntos, la *zoé* despliega momentos sagrados de plenitud.

A menudo la vida se enreda en metas y motivaciones que nos resultan atractivas, pero nos desvían de aquello que es lo que más queremos. Esas metas nos dividen el corazón mientras tratamos de llenar la vida de éxito y felicidad, pero cada logro solo nos aporta una satisfacción temporal. La mayoría de la gente no sabe realmente qué es lo que más quiere, aparte del éxito material.

Sin embargo, sé que conforme estás leyendo estas palabras, te estás dando cuenta de que la mejor vida posible está llena de amor, sabiduría y coraje. El amor no tiene miedo; la sabiduría da lugar a las mejores decisiones a largo plazo, y el coraje consigue que, estando bajo presión, nos lancemos a hacer las cosas sin perder el aplomo. Estas tres virtudes son la base sobre la que se sostiene la vida plena y el rendimiento extraordinario.

Cuando no tenemos el corazón dividido aspiramos a aprender y crecer con amor, sabiduría y coraje por encima de todo lo demás. Cualquier otra cosa que persigas será transitoria y te puede distraer de tu auténtico ser, el que vive plenamente y ama profundamente.

Las tres características cruciales para rendir con excelencia son:

1. Convicción

2. Enfoque

3. Libertad

La convicción separa a los mejores del resto; el enfoque es la capacidad de tener plena conciencia del momento presente; y la libertad es la capacidad de atreverse a asumir riesgos sin condiciones.

Actuar con libertad implica practicar un deporte, tocar un instrumento o asumir el rol que sea como cuando eras un crío y jugabas en el recreo, sin que te importe la opinión de la gente o que se te compare con alguien, es decir, actuando con amor incondicional, al margen de si lo haces bien o si podrías conseguir algún premio o recompensa.

El término «competir» proviene del latín *competere*, que significa «buscar juntos; esforzarse en común; coincidir». La auténtica competición implica que dos o más rivales participen juntos en un juego que aman. Los deportistas de élite aman la competición por sí misma, pues es una oportunidad de sentirse vivos.

La competición auténtica no es una prueba para ver si podemos derrotar a un adversario o comprobar quién es mejor, sino un ejercicio en el que unas personas que aman las mismas cosas tratan de incitarse mutuamente y de la mejor manera posible a desarrollar el autodominio mediante el aprendizaje y el crecimiento con amor (libertad), sabiduría (convicción) y coraje (enfoque).

Pensemos en el credo olímpico: «Lo más importante en los Juegos Olímpicos no es ganar, sino participar, al igual que lo más importante en la vida no es el triunfo, sino el esfuerzo. Lo esencial no es haber conquistado, sino haber luchado bien». Podríamos añadir lo siguiente: «… para aprender y para desarrollarte hasta convertirte en tu yo auténtico, llenarte el corazón de amor, sabiduría y coraje y vivir una vida extraordinaria».

Vivir entre los que se atreven, en lugar de entre los que se quedan en la gris penumbra, requiere una mentalidad y un modo de vida diferentes. Quienes lo hacen son únicos en tres sentidos principales:

1. Saben quiénes son (creados para la excelencia).
2. Piensan, hablan y actúan de manera distinta a los demás.
   a) Marcan límites estrictos en torno a sus rutinas, a las personas con las que se relacionan y hablan, y aquello en lo que se enfocan.
   b) Reorientan continuamente el corazón lejos del oropel y las recompensas superficiales que la sociedad considera que aportan prestigio, y prefieren en cambio construir algo duradero: un mundo interior sólido y fuerte.
3. Aspiran a alcanzar la grandeza y la excelencia por la que han venido a este mundo. En lugar de adecuarse a la sociedad y a su versión del éxito, entregan su vida y sacrifican los placeres transitorios y las comodidades. Mientras los demás beben un chocolate caliente junto a un fuego acogedor, ellos están fuera afrontando sus miedos de un modo que al mundo se le antoja descabellado.

Cuando te des cuenta de que cualquier posesión material y premio que obtengas no es más que un débil reflejo de una vida llena de amor, sabiduría y coraje, aspirarás también a esa vida plena por encima de todo y dejarás que lo demás te venga por añadidura (el éxito y los premios serán meros derivados, «efectos colaterales» positivos). Esta búsqueda no te impedirá dedicarle tiempo a tu oficio; de hecho, podría aumentarlo. Te aportará una sólida fuerza interior que te llevará directamente hacia tu propósito último.

Para llevar una vida extraordinaria no es necesario que batas récords mundiales o seas un deportista profesional. Podrías alcanzar tu destino extraordinario siendo maquillador o monje (o las dos cosas). Podrías ser conserje o campeón olímpico. Sea cual sea tu profesión o tu estatus, tu vida puede estar llena de relaciones profundamente enriquecedoras y experiencias formidables. Todos podemos perseguir y vivir la *zoé*: la vida absolutamente plena. Echemos un vistazo a las elecciones que se nos presentan a diario y el camino a la *zoé* en la figura 4.1.

Figura 4.1 El camino a la *zoé*

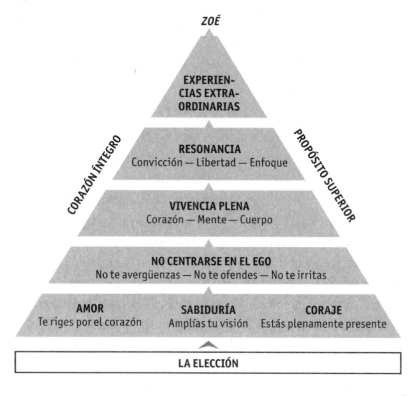

Regirte por el corazón es desarrollar la autoconciencia necesaria para vivir con pasión y ser tu yo auténtico. Implica clarificar cómo quieres sentirte y vivir, en quién te quieres convertir, quién estabas destinado a ser. Implica aprender a amar incondicionalmente, porque este tipo de amor, el único real, aleja el miedo. Regirte por el corazón aporta libertad.

Ampliar tu visión es ver más allá de ti mismo, tener un propósito último, formar parte de algo mayor que uno mismo y ampliar constantemente tus convicciones para impulsar tu crecimiento. Ampliar tu visión aporta sabiduría.

Estar plenamente presente es experimentar el momento al máximo, tener la mente despejada y el corazón sin cargas, sin necesidades ni preocupación por ti mismo. Estar plenamente presente te aporta coraje y revela belleza, que genera gratitud.

Regirte siempre por el corazón, ampliar tu visión y estar plenamente presente es buscar el autodominio. El autodominio tiene como meta el crecimiento personal que se consigue al aprender a vivir con amor, sabiduría y coraje y, por último, alcanzar la *zoé*. Como el fin superior del autodominio es, pues, la *zoé*, podrás desapegarte del resto de tus metas, lo que te dará la mayor oportunidad de alcanzarlas.

DOMINAR EL EGO PARA ALCANZAR LA *ZOÉ*

Como ya hemos dicho, nuestro mayor adversario es el ego, la parte de la mente que siempre se siente amenazada, que siempre está comparando y nunca se satisface. El ego se opone directamente a tu búsqueda del autodominio y la *zoé*.

Aquí tienes algunas comprobaciones que puedes hacer para averiguar cuánto te influye el ego:

- Estás preocupado por lo que piensa de ti la gente.
- Estás nervioso pensando que vas a hacer o decir algo que te abochorne.

- Estás más preocupado por tener la razón y parecer inteligente que por averiguar la verdad y equivocarte.
- Estás obsesionado con ganar en lugar de experimentar plenamente el momento y mejorar.
- Te ofendes o te enfadas cuando te sientes avergonzado o humillado.

He aquí algunas maneras de darte cuenta de si estás mejorando en el autodominio:

- El ritmo de tu vida te da más espacio; hay más compasión y menos impaciencia.
- No te atrapa tanto la mente; estás desarrollando una conciencia que no emite juicios, reconociendo que no sabes lo que es verdaderamente mejor para ti (en cuanto a las circunstancias).
- Te apegas menos a los resultados; quieres aprender, crecer y mejorar más que ser reconocido por tus logros.
- Cada vez te preocupas más por empoderar a los demás que por tener poder, estatus o reconocimiento.
- Escuchas más que hablas.
- Estás desarrollando rutinas diarias que te ayudan a regirte por el corazón, ampliar tu visión y estar plenamente presente.

Cuando no se satisfacen ciertas necesidades del ego, nos avergonzamos, nos ofendemos o nos irritamos. El ego dice que siempre tenemos que ser elegantes, inteligentes y exitosos (para no avergonzarnos), que nos tienen que respetar (para no ofendernos) y que todo debe resultarnos cómodo (para no irritarnos). Por eso encontramos tan atractivos los cinco factores del virus de la afluencia, porque creemos que nos hacen parecer más inteligentes y exitosos, que podemos tener mejor aspecto físico, ganar más respeto y disfrutar de más comodidades. O eso es lo que el ego nos dice.

Cuando pienso en el autodominio, lo concibo mediante la consecución de tres cosas:

1. **No sentir vergüenza:** Ser completamente humilde/carente de vanidad, de manera que nada de lo que tú u otros puedan decir o hacer te avergonzaría o reduciría tu autoestima.

2. **No sentir ofensa:** Ser completamente humilde/carente de vanidad, de modo que las palabras o los actos de la gente no te afecten ni te hacen enfadar; tener autocontrol, en lugar de estar a la defensiva.

3. **No irritarte:** No alterarte, permanecer en calma y comprender los fallos de los demás;[8] estar plenamente presente para ser consciente de la belleza y las posibilidades que siempre nos aguardan.

Para no sentir vergüenza debes llegar al punto en que ningún error ni metedura de pata (por tu parte o por parte de otros) te haga sentir menos persona o querer huir o esconderte. Se siente vergüenza por un exceso de preocupación por uno mismo. Cuanto más nos avergonzamos, más nos preocupa nuestra imagen. La humillación es una construcción mental. De lo contrario, ¿cómo es posible que dos personas experimenten exactamente lo mismo y una se traumatice mientras que la otra se ríe y no le da ninguna importancia? La humildad no consiste en hacerse de menos, sino en pensar menos en uno mismo.[9] Si somos humildes, lograremos no estar a la defensiva y reduciremos el miedo que acecha a quien vive centrado en sí mismo.

Para no sentir ofensa tienes que olvidarte tanto de ti mismo (y, por tanto, del miedo) que nadie pueda decir o hacer nada que amenace el concepto que tienes de ti y robe tu paz y tu presencia de ánimo. Esta actitud te dará la libertad necesaria para vivir la vida sin que te afecten las palabras y los actos de la gente con la que te puedas encontrar. En esta sociedad dirigida por las redes sociales, la nueva normalidad es la comparación. Estar comparándonos constantemente con los demás a menudo puede llevarnos a sentir que no damos la talla, lo que nos pondrá a la defensiva y, a su vez, hará que nos ofendamos con facilidad. Cuando este es el caso, un mero comentario puede desencadenar un conflicto; las palabras o los actos de cualquiera pueden manejar los hilos de la marioneta en que nos hemos convertido.

Podrías decir: «Vale, ¿y si alguien me falta totalmente al respeto y se aprovecha de mí?». Entonces el mejor proceder es acudir al sentido común para discernir qué hacer; no hagas tuya la falta de sentido común de otras personas. Tu vida debería regirse siempre por el propósito que le hayas dado; no dejes que el ego te aparte de él a causa de alguna circunstancia transitoria. Si quieres vivir una vida extraordinaria, no puedes dejar que las palabras o los actos de otras personas te saquen de tu ritmo vital.

La mayoría de la gente tiene miras demasiado bajas. Si estás leyendo este libro, es probable que tus sueños superen los de la media. Cuanto mayores sean tus metas, menos numeroso será el grupo de tus iguales. Habrá cada vez menos personas que estén dispuestas a sacrificar lo que tú. No tendrán la misma disciplina ni se habrán impuesto los mismos límites. Eso no quiere decir que tú seas mejor que ellos, sino solo que necesitas tener cuidado de con quién pasas el tiempo, porque al final terminamos volviéndonos igual que la gente con la que más compartimos. También implica que habrá más gente que te juzgue o que no te comprenda. Si quieres hacer cosas extraordinarias has de estar preparado emocionalmente. Si quieres tener la mejor vida posible, no puedes dejarte atrapar en la negatividad y la irritación propias de la existencia de quien elige quedarse con una piruleta, en lugar de con la tienda entera de chuches.

Para no irritarte necesitas cultivar una actitud que impida que nada ni nadie pueda alterar tu presencia de ánimo. Esta actitud comporta la libertad de no hacer las cosas de determinada manera. Mientras conduces, alguien podría no estar respetando la distancia de seguridad; la persona con la que has quedado podría llegar tarde; la conexión a internet podría empezar a ralentizarse y dejarte tirado, o alguien podría dirigirte un comentario poco afortunado. La vida está llena de momentos que nos pueden robar la concentración y la libertad. Es fácil que ciertas personas o hechos nos alteren emocionalmente, que las circunstancias nos consuman, que algunas palabras o acontecimientos que no tienen nada que ver con nuestro ser auténtico nos saquen de nuestro ritmo vital y nos dejen sin opciones a la vista.

A medida que trabajamos en el autodominio, nos acercamos a los ideales de no sentir vergüenza, no sentir ofensa y no irritarse, y nos volvemos imparables. Puede que nunca llegues a dominar por completo el ego, pero es un propósito digno de tu energía, porque cuanto más te acerques a alcanzarlo, más libertad, enfoque y convicción tendrás en tu vida.

Sueños versus metas

Los términos «sueños» y «metas» suelen usarse indistintamente, pero aquí vamos a diferenciarlos. Las metas son objetivos externos que no controlas por completo: conseguir un aumento de sueldo, ganar un partido, llegar a ser presidente de la empresa... Los sueños son emociones. Nos fijamos metas para poder llegar a tener ciertas emociones. Ganar un campeonato es increíble por la felicidad que sentimos y la satisfacción de cosechar los frutos de nuestro esfuerzo. El trofeo o la medalla son solo símbolos de estas emociones. Lo que queremos realmente es encontrar la manera de hacer uso de nuestros dones y de aplicar nuestra pasión para sentirnos vivos de verdad, es decir, para vivir nuestros sueños.

La jugadora profesional de baloncesto Dawn Staley ganó tres medallas de oro en los Juegos Olímpicos. Describe así sus expectativas mientras se preparaba para la competición:

> Ganar la medalla de oro es mi meta, no mi sueño. Mi sueño es jugar para ganar siempre que sea posible con las mejores jugadoras de baloncesto del mundo. Tener como meta ganar la medalla de oro me aporta cierta dirección, pero mi sueño es algo que necesito para

vivir el día a día. Y lo hago cada vez que juego para ganar [...]. Cuando juego para ganar entro en resonancia. Si gano, es genial. Como lo que quiero es ganar, tener como meta conseguir la medalla de oro me obliga a jugar para ganar. Pero mi sueño, lo que me gusta hacer, es jugar para ganar.[10]

A Dawn le gusta jugar para ganar; es entonces cuando se siente viva. Al final del partido, todo acaba. Las victorias o las derrotas son solo enseñanzas; el gozo y la pasión reales están en el juego mismo. Cuando se juega verdaderamente, sin apegarse a lo que ocurra al acabar el partido, se crea una energía tan positiva que reinicia por completo el sistema nervioso (lo recarga entero). El arte que más hemos perdido en nuestra ajetreada vida es el de jugar con la despreocupación de un niño.

Otro modo de pensar sobre esta energía positiva, similar a la de un niño que juega con completa libertad, es la de entrar en resonancia. En física, la resonancia es un estado que tiene lugar al coincidir ciertas frecuencias. Se trata de un fenómeno dinámico, capaz de producir las armonías musicales más hermosas del mundo en un extremo del espectro, o de hacer estallar un cristal en el opuesto. Cuando se vive plenamente el momento, con la mente despejada y el corazón sin lastre, se entra en resonancia.

Algunos momentos de resonancia son tan increíbles que se pueden describir acertadamente como sagrados. Al entrar en resonancia se rinde sin esfuerzo y el resultado sale solo. El rendimiento extraordinario no es más que un subtipo de experiencia extraordinaria: los resultados excelentes son meros derivados de la resonancia. La clave de un rendimiento extraordinario es sentar las bases sobre las que poder entrar en el estado de resonancia.

Cultivar el autodominio es trabajar para dominar el ego y poder ser nuestro yo auténtico. Y alcanzamos el yo auténtico cuando vivimos plenamente el presente, en completa sintonía con él, integrados en él, creando la energía de la resonancia. Esta energía es el ritmo de la *zoé*.

El amor: rígete por el corazón

POR QUÉ ES IMPORTANTE TU YO AUTÉNTICO

Regirte por el corazón es esforzarte por ser tu yo auténtico, que es quien debes llegar a ser para poder experimentar la vida en toda su plenitud. Al regirte por el corazón te conectas con la ley más fundamental del universo:

> **Si te aferras a tu vida, la perderás;
> pero si entregas tu vida a los demás, la encontrarás.**[11]

La naturaleza humana es egocéntrica. Quien viva en el modo predeterminado, estará siempre tratando de obtener más cosas para sí mismo a fin de ser feliz, pero nunca se llenará (¿te acuerdas de Maslow y el Maserati?). Acabarás yendo en la dirección opuesta, viviendo con ansiedad y estrés. Sin embargo, si dedicas tu vida a perseguir un propósito superior y a aumentar el nivel de excelencia en ella para elevarlo en la de otros, vivirás una vida más plena. Entonces podrás rendir con libertad y conseguir cosas extraordinarias.

Recuerda las nueve características que vimos en el capítulo 1 para describir a los triunfadores, según Maslow: absorción total en el momento, crecimiento personal, autoconciencia, *Gemeinschaft* (crear comunidad), gratitud, autenticidad, soledad, propósito y carencia de ego. Estas características son un ejemplo de lo que implica que nos rija el corazón. Aunque es un modo de vivir alejado del ego, de alguna manera también es bastante egoísta, pues conlleva, con mucha diferencia, las mayores recompensas personales. Sin embargo, resulta muy costoso. Requiere intencionalidad y sacrificio, y la voluntad de renunciar a las comodidades y a la preocupación por uno mismo. Hay que dejar a un lado las necesidades creadas y desapegarse para poder hacer grandes cosas.

Nos aferramos a nuestra vida porque vemos el mundo a través de una lente finita de suma cero. Por suma cero me refiero a que estamos todos comiendo del mismo pastel, que no es tan grande: cuando se consuma la última ración, se acabó. Siempre tendremos una visión limitada en la que estaremos continuamente comparándonos con otros y sintiéndonos amenazados mientras no nos demos cuenta de que la mejor vida posible (con la mayor libertad, confianza y gozo) se tiene cuando se deja de estar a la defensiva y de aspirar a obtener ganancias personales. Abandonar tu vida para asumir un propósito superior crea una conciencia expansiva en la que todo deja de girar en torno a ti, te conectas profundamente con otras personas y ves posibilidades ilimitadas. De este modo, podrás disfrutar del pastel entero, y no solo de uno de manzana, sino también de pasteles de calabaza, de cereza y quizá hasta de queso.

Si te riges por el corazón comenzarás a desarrollar la autoconciencia necesaria para convertirte en tu yo auténtico, que no es otra cosa que la grandeza que hay en tu interior, que ve con claridad, ama profundamente y vive con plenitud. Tu yo auténtico tiene posibilidades desconocidas e ilimitadas. Tú traes al mundo algo que nadie más puede traer. Nadie tiene tus dones, tus conexiones, tu energía única y la lente a través de la que ves el mundo.

Para no tener miedo debes olvidar las necesidades del ego. De lo contrario, siempre temerás perder algo o alguna parte de ti. Para olvidar el ego necesitas desarrollar una fortaleza interior que te permita caminar por la fe, en lugar de por la vista; poner fin a la dependencia de circunstancias estables o de lo que piensen de ti los demás. Cuanto más avances por este camino, tu vida será menos física y mental y más espiritual, dejarás atrás la escasez y el miedo y te llenarás de fe.

Cuando te riges por el corazón, tienes la capacidad de ver belleza y de hacer conexiones de las que solo tú eres capaz. Puedes poner en contacto ideas, gente y sueños de una manera que nadie más puede hacer. Al regirte por el corazón te llenas de valor, te atreves a hacer cosas y quizá te arriesgas a parecer un loco por lanzarte a perseguir tus sueños.

He aquí una comparación entre una mentalidad típicamente competitiva y una que se rige por el corazón.

Mentalidad típicamente competitiva

Quiero vencerte cueste lo que cueste. Si tropiezas o cometes un error, mejor. Solo quiero ganar; eso es lo único que me importa.

Mentalidad que se rige por el corazón

Quiero aportarte lo mejor de lo que sea capaz para ayudarte también a mejorar al máximo. Soy incansable en mi búsqueda de la excelencia, y eso me ayuda en otras áreas de mi vida, no solo en los deportes y los negocios. No quiero que cometas errores, quiero que aprendas y te desarrolles y que también alcances la excelencia. Quiero ganar, pero lo que más deseo es dedicarme a una causa que merezca la pena, que, en este momento, es la búsqueda de la excelencia. Quiero estar agradecido incondicionalmente y ser humilde para poder ver con claridad y tener más conciencia de la verdad y la belleza. Deseo compartir esa verdad y esa belleza contigo y con el mundo..., incluso aunque tú estés tratando desesperadamente de vencerme.

Regirse por el corazón supone amar de manera incondicional tu trabajo, a tus adversarios, a tus compañeros de equipo y a ti mismo. No es que haya que estar todo el día chocando los cinco (aunque chocar los cinco sea una práctica muy agradable). Consiste en poner al mismo nivel lo que crees que es posible y tu respeto por los demás y por ti mismo, y en fijar límites estrictos en torno a tus pensamientos, tu entrenamiento y tu entorno (veremos más al respecto en el capítulo 6). También consiste en no cambiar tus actos y tus hábitos en función de circunstancias o de emociones, sino solo cuando haga falta para ser fiel a tu propósito y a tu búsqueda de la excelencia.

Por qué es importante el amor incondicional

El corazón está hecho para amar y conectar. Es amor es nuestra necesidad más profunda y nuestro mayor poder. Es la lente que ve las grandes posibilidades y las interconexiones de la vida. Amar incondicionalmente implica aportar energía exenta de miedo a las situaciones que afrontas sin juzgarlas. Implica vivir conforme a tu propósito y a los valores que consideras más importantes, al margen de las circunstancias, siempre cambiantes. El miedo es un sentimiento egotista y orientado al futuro, mientras que el amor se orienta a los demás y al presente y es una energía poderosa. Cuando se enfrentan el miedo y el amor, siempre vence este último si es firme.

El amor incondicional (el único real) no hace caso del ego. Aunque parezca mentira, cuando dejas de preocuparte tanto por ti mismo eres más capaz de cuidarte. Aumenta tu conciencia de las cosas y se te revelan posibilidades que antes estaban ensombrecidas por problemas.

Cuando no te preocupas tanto de ti mismo se esfuman las inquietudes y se aleja la ansiedad y el miedo. Al amarte a ti mismo (con agradecimiento y humildad), dedicas tu vida a los demás (te sacrificas por ellos) y aumentas el nivel de excelencia en tu vida para aumentarlo a su vez en la de otros.

Examinemos un ejemplo de amor incondicional en la cotidianidad. Imagina que es hora punta y conduces por una zona con mucho tráfico. Tienes la amabilidad de cederle el paso a alguien. Si al hacerlo esperas que te lo agradezcan efusivamente, es un ejemplo de amor con condiciones. Es como ir caminando por la calle y sonreír a un extraño. Este pequeño acto de amor es condicional si te enfadas cuando el extraño te ignora o te mira con hostilidad por toda respuesta. Entonces ¿qué ocurre si dejas pasar a alguien en pleno embotellamiento o sonríes a un extraño sin esperar que te lo agradezcan? Que estás haciendo uso de tu poder. Te has hecho un poco más valiente porque has generado una energía muy potente que no dependía de la reacción de la otra persona.

Regirte por el corazón es un viaje hacia la grandeza. Es el camino por el que perseguirás con pasión (y a veces dolor) el crecimiento en lugar de los resultados, por el que te convertirás en tu yo auténtico para vivir y amar con plenitud. Regirte por el corazón es embarcarte en una misión para averiguar qué es posible en tu vida, para descubrir en quién te puedes convertir y cómo puedes aumentar el nivel de excelencia en tu vida para incrementarlo a su vez en la de los demás. Es fijar límites estrictos en torno a tu energía y a aquello en lo que te enfocas, alejando tu corazón de las comparaciones y el resentimiento, el miedo y la frustración. Paradójicamente, este camino de amor hacia los demás (y, en consecuencia, hacia ti mismo) conduce a los mejores resultados en tu propia vida.

En el trabajo, regirte por el corazón implica asumir con gratitud todos los aspectos de tu labor incondicionalmente, incluidos la incomodidad y quizá el sufrimiento de la práctica, el entrenamiento o la formación. Implica amar tu trabajo no solo por lo que te puede aportar en concreto (una oficina con vistas o un salario elevado), sino también por la persona en la que te podrías convertir al desarrollar tu autodominio. Cuando practiques un deporte o un oficio con amor incondicional, en especial los aspectos más prosaicos y penosos, serás capaz de rendir en él de manera extraordinaria porque los resultados no te definirán ni el fracaso acabará contigo.

La sabiduría: ampliar la visión

> Con los Bulls aprendí que el modo más eficaz de forjar un equipo ganador es apelar a la necesidad de los jugadores de conectar con algo mayor que ellos mismos. Incluso para aquellos que no se consideran «espirituales» en un sentido convencional, crear un equipo exitoso —tanto si se trata de vencer en la NBA como de batir récords de ventas— es esencialmente un acto espiritual. Requiere que las personas implicadas abandonen su interés propio para perseguir el bien común, de modo que el todo sea superior a la suma de las partes.[12]
>
> PHIL JACKSON,
> destacado entrenador de baloncesto de la NBA

Si amplías tu visión más allá de tus propios pensamientos y experiencias, percibirás mejor la realidad. La verdad es que si fuésemos capaces de ver TODA la realidad, nos abrumaría su belleza; superaría nuestra capacidad de comprensión. Sin embargo, ver más detalles y, por tanto, más belleza y más posibilidades, es esencial para conseguir un rendimiento extraordinario y vivir con plenitud.

A menudo nos perdemos muchas cosas de la realidad (y de su belleza) porque estamos atrapados en las distracciones del Crítico, la mente de mono y el Embaucador. Para ver esa belleza y esas posibilidades que nos pasan desapercibidas, tenemos que perseguir la sabiduría. La sabiduría es la verdad profunda sobre quién eres, por qué estás aquí y qué es posible en tu vida. La sabiduría y la visión expansiva van de la mano.

Ampliar tu visión es encontrar un propósito superior, que puede ser simplemente experimentar la plenitud de la vida y compartir ese hallazgo con los demás. Al desarrollar la conciencia, comprobarás lo interconectada que está toda la humanidad, lo que aumentará tu compasión y hará más profundas tus relaciones. Reconocerás el ofuscamiento que causa la excesiva preocupación hacia uno mismo, el orgullo y el ego, y te darás cuenta de que la humildad es la base sobre la que se sustentan las experiencias extraordinarias.

Cuando eres completamente humilde, nadie te puede humillar, pues no hay ego al que herir. Sin la amenaza del bochorno o la humillación, serás libre para explorar posibilidades, para arriesgarte a fallar y poder levantarte rápidamente cuando caigas.

La humildad es una visión precisa del yo; te libera del exceso de estimación y del autorrechazo.

Cuando te ves a ti mismo acertadamente te das cuenta de que el 90 por ciento de cualquier cosa buena que tengas o hayas hecho en tu vida en realidad te ha venido dada. Me dirás: «¿Estás loco? He trabajado duro sin rendirme y he hecho esto y lo otro». Pero ¿de dónde sacaste la mente y la energía para trabajar tan duro? No has elegido el país donde has nacido ni tu familia ni tus maestros, entrenadores o genética. ¿Qué habría pasado si hubieras nacido en Afganistán durante la invasión de los mongoles o en la década de 1840 en Irlanda, durante la gran hambruna? Habría dado igual lo mucho que te hubieras esforzado; tu vida habría sido una lucha continua. Cuando nos vemos a nosotros mismos acertadamente siempre sentimos gratitud.

La humildad y la confianza no suelen ir de la mano, pero deberían. Cuando eres valiente (o cuando afrontas los miedos) te olvidas de ti mismo: no hay nada (ni nadie) que el miedo pueda robarte. La humildad te aparta del centro de tu universo para poner el amor en tu lugar. El amor es valiente. Descartar la preocupación por uno mismo y elegir en cambio el amor amplía en gran medida tu visión. La persona más poderosa es la que no tiene nada que perder y todo que ganar, la que no tiene ego que defender mientras persigue un propósito superior. He ahí la humildad.

Las personas que se autorrealizan con desapego, como comentamos en el capítulo 1, se dan cuenta de que alcanzar sus metas más altas implica conectar con los demás, aprender de ellos y ayudarlos. El profesor Mihály Csíkszentmihályi, de la Universidad de Chicago, que ha estudiado a miles de personas con altas capacidades durante su investigación sobre el flujo creativo, concluyó: «Para alcanzar un rendimiento óptimo hay que tener un propósito fuertemente dirigido y que no sirva al ego».[13]

Al conectar profundamente con otras personas, captas su visión y ves más allá y con más intensidad. Esta conexión te aporta fuerza para ampliar tus convicciones y superar las adversidades a las que te enfrentas. Tu poder interior es el libre albedrío, la capacidad para elegir ver más allá de las necesidades y de los deseos transitorios. Sin embargo, para poder aprehender la grandeza que te aguarda y dejar que emerja tu yo auténtico, primero necesitas desapegarte de esas cosas transitorias.

Como hemos visto, Lewis Pugh no nadó en el Polo Norte por glamur o por dinero, sino para interpelar a la sociedad acerca de los efectos del calentamiento global, en concreto, en los arrecifes de coral moribundos que había observado con sus propios ojos. Tenía un propósito superior que le dio fuerza para afrontar la muerte.

La conexión de Pugh con su equipo fue otro factor fundamental de su épico logro. Tras el último intento fallido, previo a la travesía en el Ártico, su coach David Becker lo llevó ante el barco y pergeñó un plan:[14]

> Tu equipo está compuesto por 29 personas de diez países distintos. Vamos a poner una bandera cada cien metros. La primera será la noruega, porque te animará a meterte en el agua [Pugh es británico, y noruegos y británicos son rivales]. La segunda será la sueca, luego irá la rusa, después la canadiense, etcétera, hasta llegar a la última: la británica. Lo que quiero es que pienses en esas personas que se han sacrificado por ti, que te han inspirado tanto como para que hoy estés aquí. Y cuando estés a punto de empezar, lo único en lo que quiero que pienses es en los noruegos del

equipo. Piensa solo en la marca de los cien metros. Por favor, Lewis, no pienses en hacer un kilómetro o no lo conseguirás. Parte la «bestia» en pedazos asequibles, y cuando llegues a la bandera noruega, olvídate de los noruegos y piensa solo en los suecos, y sigue así hasta llegar al final.

Si encuentras un propósito que te aporte su propia recompensa por el simple hecho de alcanzarlo, te dará fuerza. Si ese propósito sirve a un bien superior, dará sentido a tu vida. Al perseguir un propósito superior, tu identidad pasará de lo que tienes y lo que has conseguido al servicio a los demás; con ello aumentará tu valía y disminuirá la preocupación por ti mismo.

Lewis alcanzó su logro por su amor incondicional. Si hubiera estado sujeto a emociones, admiración o resultados, habría abandonado. En su caso, el propósito era superior: abordaba verdades cruciales, no asuntos transitorios.

El coraje: estar plenamente presente

> El valor de quien tiene autodominio se mide por su disposición a ceder.[15]
>
> GEORGE LEONARD,
> *Mastery*

Lewis Pugh tuvo que estar plenamente presente para poder nadar en aguas gélidas. No podía permitirse el lujo de pensar ni por un segundo en lo fría que estaba el agua o en que la mayoría de la gente moriría tras uno o dos minutos de inmersión en un agua tan helada. Estar presente de esa manera en circunstancias de vida o muerte requiere mucho coraje.

El coraje es la capacidad de estar plenamente presente en la adversidad. Estar plenamente presente te permite aprender las lecciones que la vida te pone delante, como vivir con pasión y dejarte regir por el corazón. Sin embargo, no es tarea fácil. Cuesta estar presente cuando te rodean el miedo y la comparación. Hay que tener mucha entereza para estar presente y ser fiel a ti mismo en un mundo que trata de que seas igual que el resto. Si tu meta es rendir de una manera extraordinaria, necesitas aprender a estar plenamente presente en las situaciones más exigentes.

Si tu enfoque está orientado hacia los resultados, hacia algo en el futuro de lo que no tienes todo el control, te resultará difícil tener coraje. Te costará menos si te centras, por ejemplo, en compartir algo bello con tu público. Compartir algo bello, incluso aunque solo adopte la forma de la perseverancia en medio de la adversidad, te ayudará a centrarte en estar plenamente presente.

La valentía se gana estableciendo en el proceso metas clave que puedas controlar a fin de mejorar y tener éxito a diario. En lugar de obsesionarte con el resultado (o con conseguir el mayor rendimiento), redefine el éxito centrándote en un proceso de mejora diaria. Al final de la jornada, pregúntate qué tal te ha ido con estas cuatro metas:

Cuatro metas diarias para ir adquiriendo coraje

1. Esforzarme al máximo.
2. Estar presente.
3. Estar agradecido.
4. Centrarme en mis rutinas y solamente en lo que puedo controlar.

Cuando te des cuenta de lo mucho que dependen de tu mundo interior los resultados extraordinarios, aprenderás a centrarte en los componentes cruciales (como estas cuatro metas) del rendimiento extraordinario. Como en el caso de Lewis Pugh y las banderas colocadas cada cien metros a lo largo de su travesía de un kilómetro, divide tus metas en tramos asequibles. Verás, como le ocurrió a Pugh, que los resultados llegarán por sí solos.

En 2019, uno de mis jugadores de golf del PGA Tour comenzó a llevar a cabo la rutina de encontrarse con su *caddie* antes de cada ronda y repasar estas cuatro metas diarias. Tras el repaso, guardaban un minuto de silencio para visualizarse persiguiendo esas metas. Tras hacerlo durante varias semanas, la estrategia funcionó. Ganaron (más de un millón de dólares).

Todos queremos ganar. Lo que hay que averiguar es cuál es el mejor proceso para triunfar y dar lo mejor de ti. Ese rendimiento óptimo se suele producir cuando es un efecto del proceso, no la meta final. A veces los atletas confunden darlo todo con rendir al máximo. Hablé con Frosty Westering, destacado entrenador de fútbol americano, para que me ayudara a aclararlo.

Frosty Westering diferencia entre los tres tipos de esfuerzo

La cuestión es la siguiente: ¿acaso todo el mundo quiere ser el número uno? Bueno, todos queremos ganar, pero depende de cómo definamos ganar y cómo entendamos gozar la competición, sin miedo a fracasar. Para ello es importante delimitar conceptos. La sociedad dice que hemos ganado cuatro campeonatos nacionales, pero también hemos perdido otros cuatro. Sin embargo, cuando perdimos, los partidos en sí fueron formidables, espectaculares. A continuación defino tres conceptos distintos y los expongo para que nuestros jugadores los puedan entender.

En primer lugar tenemos el concepto de «ser el mejor». De eso es de lo que habla todo el mundo. Ser campeón de la NBA. Cuando ganas en este torneo lo eres todo; cuando no ganas vuelves a casa como un perdedor. Yo no creo que las cosas sean así. En realidad, ser el mejor es consecuencia de otras cosas.

La segunda definición trata del concepto de «rendir al máximo». Bueno, ¿cómo sabes qué es rendir al máximo? Creo que es crucial para un entrenador tratar de ayudar a una persona a alcanzar su potencial. Así que hay que preguntarse: «¿Cómo se mide el potencial?». Existen un montón de pruebas de la condición física (de velocidad, de agilidad, todas las que se hacen en el Combine*), pero hay otra, el juego interior, que es mejor.

En el fútbol americano tienes que ser capaz de correr, acertar con el balón y demás cosas de ese tipo, pero, en realidad, ninguna de ellas es la fundamental. Los padres les dicen a sus hijos que lo den todo para rendir al máximo, pero muchas veces no lo consiguen. Es decir, se esfuerzan, pero no rinden al máximo. Por tanto, tenemos que buscar otra manera de abordar la competición y entender que aunque no seamos los mejores y no rindamos al máximo, sí podemos lograr una cosa, y esa es la tercera definición: «intentar estar a la altura».

Cuando intentamos estar a la altura, nos preparamos para lo que haga falta, salimos y disfrutamos con lo que estamos haciendo incluso aunque no lo hagamos muy bien. Disfrutamos porque hemos trabajado duro y entendemos que eso es lo que nos hace mejorar. Y cuando repetimos esto lo bastante a menudo y estamos rodeados de gente que cree lo mismo que nosotros, incluso aunque no estemos haciéndolo muy bien, empezamos a sacar lo mejor unos de otros. Eso es lo que yo llamo la «doble ganancia».

La doble ganancia es sacar lo mejor de los compañeros de equipo y de uno mismo. Cuando lo hacemos, incluso aunque no estemos alcanzando nuestro máximo potencial, los compañeros nos ayudan a sacarlo; nunca sabes quién va a estar ahí ese día. Aprendemos, pues, a tratar de estar a la altura en todo lo que hacemos, aunque no sea muy bueno. Ahora, si relacionamos todo esto con el asunto de

---

* Draft Combine es un evento de una semana de duración en el que los aspirantes a jugadores de fútbol americano de la NFL son evaluados por los equipos de la liga.

«ser el mejor» podemos decir lo siguiente: al tratar de estar a la altura todo el tiempo y disfrutar compitiendo, empiezas a dar lo mejor de ti cada vez más y a ser el mejor más a menudo.[16]

FROSTY WESTERING,
entrenador de fútbol americano
de la Pacific Lutheran University,
cuatro veces campeón nacional

En lo que respecta a las cuatro metas diarias que hemos señalado más arriba, esforzarse al máximo equivale a tratar de estar a la altura: lo mejor de lo que puedas ser capaz ese día. Puede que no sea mucho. Puede que sea solo un 40 por ciento de lo que podrías hacer normalmente (quizá tengas una lesión que te moleste, un poco de catarro o se te haya muerto la tortuga que tenías de mascota), pero puedes dar el 100 por cien de ese 40 por cien. Si lo haces, eso es un éxito.

El rombo de la vida y la consecución de la *zoé*

Todos los días nos levantamos con una elección que hacer: ¿dejamos que nuestra tendencia natural a centrarnos en nosotros mismos nos lleve hacia nuestras dudas y miedos o elegimos centrarnos en el amor, la sabiduría y el coraje? Si no tomamos una decisión consciente, seguiremos inevitablemente nuestra inclinación natural hacia la base de la pirámide.

Hemos hablado en los capítulos 2 y 3 del camino centrado en nosotros mismos que nos lleva al miedo, y de la senda del propósito que nos lleva hacia la *zoé* en este capítulo. Veamos ahora cómo se junta todo en el rombo de la vida que se muestra en la figura 4.2.

Figura 4.2 El rombo de la vida

ZOÉ

EXPERIENCIAS EXTRAORDINARIAS

RESONANCIA
Convicción — Libertad — Enfoque

VIVENCIA PLENA
Corazón — Mente — Cuerpo

NO CENTRARSE EN EL EGO
No sentir vergüenza — No sentir ofensa — No irritarse

AMOR
Regirse por el corazón

SABIDURÍA
Ampliar la visión

VALOR
Estar plenamente presente

LA ELECCIÓN

CENTRARSE EN UNO MISMO
Visión y crecimiento limitados — Magnificación de los fracasos

INSEGURIDAD
Compararse con los demás — Tener miedo a no dar la talla

AMPLIFICACIÓN DEL EGO
Identidad basada en las posesiones, los logros, el aspecto físico, el dinero o el estatus

EL CRÍTICO — LA MENTE DE MONO — EL EMBAUCADOR
Enfoque infinito en el pasado/futuro

DUDA — ANSIEDAD — FRUSTRACIÓN — AUTORRECHAZO

MIEDO

CORAZÓN ÍNTEGRO — PROPÓSITO SUPERIOR — NATURALEZA HUMANA — CORAZÓN DIVIDIDO

En resumen, el miedo se supera con el amor, la sabiduría y el coraje. Estos tres pilares forman la base sobre la que se sustenta el autodominio que nos permite ser fieles a nosotros mismos y vivir con pasión, sentido y aplomo. El autodominio se manifiesta en la capacidad de estar plenamente presente con una energía positiva, la cual podemos potenciar centrándonos en un proceso de mejora diaria (en lugar de en el resultado) y en el propósito de nuestra vida.

El propósito y el proceso

Cuando nos centramos en el proceso (de mejora diaria) y no en el resultado, estamos abordando los tres pilares de la excelencia interior que hemos descrito con anterioridad: el amor, la sabiduría y el coraje. Estos tres pilares te ayudarán a alcanzar el propósito de tu vida.

Con esto me refiero a lo que más valores, a lo que te haga sentir vivo. En mi caso, mi propósito es compartir el amor divino, la sabiduría y el coraje con deportistas y líderes de todo el mundo. No hay persona más llena de vida que la que persigue un propósito que implique sacrificarse para servir a los demás. Es una energía muy poderosa y positiva.

El viaje hacia la *zoé,* la vida absolutamente plena, tiene que ver más con la experiencia que con el resultado, con las relaciones humanas que con las circunstancias. La búsqueda de la *zoé* consiste en ir directamente a por lo que más nos importa en la vida. Es decir, se trata de encontrar un propósito superior para nuestra existencia. En él residirá la clave de la valentía que te aguarda. Cuando se acerque el final de tu vida, mirarás atrás sin arrepentimiento, con serenidad y satisfacción. Eso es la *zoé*.

PUNTOS CLAVE DEL CAPÍTULO 4

- Hay tres pilares de la excelencia con los que se supera el miedo y que constituyen la base de la fortaleza mental y de la posibilidad de llevar una vida extraordinaria: el amor, la sabiduría y el coraje.

- El amor sirve para regirte por el corazón, la sabiduría amplía tu visión, y el coraje sirve para estar plenamente presente, todo lo cual te hará entrar en resonancia y disfrutar de experiencias extraordinarias.

- El cultivo de los tres pilares de la experiencia es el cultivo del autodominio.

- Para alcanzar tu potencial es crucial redefinir el éxito. Sigue un proceso centrándote en las cuatro metas diarias que hemos visto en el capítulo.

- Tratar de estar a la altura es algo que puedes hacer independientemente de cómo te sientas, y te ayudará a estar presente y con coraje.

- El autodominio es el dominio del ego, la parte de ti que quiere parecer bueno, no serlo; la parte que siempre se siente amenazada, que siempre está comparando. Dominar el ego consiste en:

    ☐ No sentir ofensa

    ☐ No sentir vergüenza

    ☐ No irritarse

- Entrar en resonancia es estar plenamente presente haciendo uso de tus dones y conectando con tu yo auténtico.

- Hay dos componentes cruciales en la valentía: un propósito superior y el amor incondicional.

- La *zoé* es la vida absolutamente plena, la autorrealización con desapego de quienes son fieles a sí mismos.

- La mayor libertad es la de elegir tus pensamientos, y el mayor poder el de amar incondicionalmente.

PREGUNTAS Y ACTIVIDADES COMPLEMENTARIAS

✓ Escribe en tu diario cómo quieres vivir, sentirte y competir.

✓ ¿Qué tipo de elecciones de crecimiento puedes hacer para ampliar tu visión? Comprométete a ponerte en situaciones en las que no te sientas cómodo. ¿Puedes deshacerte de tu inseguridad en situaciones de incomodidad?

✓ Piensa en lo que significa entrar en resonancia. Cuando estás trabajando o haciendo el deporte que amas, ¿qué te conduce a ese estado? ¿Qué te saca de él?

✓ ¿Qué significa para ti perseguir la plenitud absoluta en la vida?

5

El código del samurái
Cómo dominaba el ego
un grupo de guerreros

> Un guerrero considera que su principal preocupación es tener la muerte en mente en todo momento, día y noche [...]. Mientras tengas la muerte en mente en todo momento, serás leal, evitarás infinidad de males y calamidades, estarás físicamente sano y vivirás una vida larga. Y lo que es más, mejorará tu carácter y se fortalecerá tu virtud.[1]
>
> Taira Shigesuke,
> escrito hace cuatrocientos años
> en la guía para un joven samurái

En el capítulo 1 hablamos de la trampa de la sociedad materialista y consumista y de qué manera nos engaña para distanciarnos de nuestro ser auténtico. En el capítulo 2 examinamos la causa del miedo, que consiste en centrarnos en nosotros mismos y que nos genera una miopía en la forma en que vemos el mundo. En el capítulo 3 descubrimos a los tres grandes adversarios de nuestra vida: el Crítico, la mente de mono y el Embaucador. En el capítulo 4 presentamos la solución a nuestro ombliguismo: el amor, la sabiduría y el coraje.

Ahora vamos a ver cómo vivió un grupo de guerreros siguiendo un código compuesto por esas tres virtudes y cómo esto les permitió ser valientes.

La paradoja del samurái

> Debes morir cada mañana y cada noche. Si conservas continuamente el estado de muerte en tu vida diaria, comprenderás la esencia del *bushido*.[2]
>
> TSUNETOMO YAMAMOTO,
> samurái

En el Japón feudal los guerreros samurái ostentaban el poder. Eran legendarios por su lealtad, autodisciplina y honor. Vivían siguiendo un código ético no escrito llamado *bushido*, que significa «el camino del guerrero». Este camino consistía en colocar la virtud y el carácter por encima de todo lo demás. El código, lo mismo que la excelencia interior, se basaba a grandes rasgos en tres valores: el amor, la sabiduría y el coraje. En el amor veían el servicio. En la sabiduría, la impermanencia de esta vida. En cuanto al coraje, ponían el honor y la integridad por encima de las preocupaciones y las recompensas materiales. El marco de su formación era prepararse cada día para luchar hasta la muerte. A fin de ser valiente en el combate, el guerrero tenía que estar preparado para morir.

En nuestra cultura occidental llena de comodidades no es fácil imaginar este panorama. Aunque gran parte del mundo vive en la pobreza, comemos en restaurantes de comida rápida (a toda velocidad) o en establecimientos más sofisticados (si queremos relajarnos) y podemos conseguir que nos envíen cualquier cosa que deseemos a la puerta de nuestra casa. Siempre estamos buscando la manera de hacernos la vida más fácil y cómoda. El entretenimiento es un sector que mueve billones y capitaliza nuestra necesidad de comodidades siempre creciente.

El samurái, por el contrario, encontraba placer en mejorar cada día, libertad en la disciplina y conexión en el servicio a los demás. Mientras que los deportistas profesionales de la sociedad occidental son capaces tanto de rendir bien como de hacer trampas, los samuráis no tenían necesidad del dinero o el estatus que lleva a los deportistas actuales a realizar prácticas prohibidas para sacar ventaja. Al prepararse cada día, el samurái se centraba en lo que era más importante: el espíritu. La paradoja del samurái es que aprendía a luchar hasta la muerte centrándose en el amor: el amor al honor y al servicio por encima de su persona.

El espíritu del autodominio: el amor que vence al miedo

> Dominar a los demás es fuerza. Dominarse a uno mismo te hace valiente.[3]
>
> LAO-TSE,
> filósofo chino

En el capítulo 4 hemos visto que el autodominio consiste en perseguir el crecimiento personal para aprender a vivir con amor, sabiduría y coraje y no dejarnos esclavizar por el ego. Es abandonar la preocupación por uno mismo para averiguar lo que es posible en nuestra vida y quién podríamos llegar a ser si dejáramos de estar a la defensiva. El autodominio implica explorar cómo podemos vivir siendo fieles a nosotros mismos, caminando con amor, en lugar de con miedo, ampliando nuestra visión y viviendo en el momento presente.

Alcanzar el autodominio, como los samuráis, es abandonar los miedos y los apegos que nos han gobernado y entregarnos a un poder superior a nosotros mismos: la fuerza más poderosa que existe, el amor. El amor es estar plenamente presente y sin miedo. No hay miedo en el amor. El amor perfecto aparta el miedo.

El bien y el mal, y todas las cosas bellas

> El amor es nuestra mayor necesidad. El rechazo es nuestro gran miedo. Nos pasamos la vida buscando el amor y evitando el rechazo.
>
> STEPHEN y MARA KLEMICH,
> *Above the Line*

Las dos fuerzas principales del mundo son el amor y el miedo. Siempre estamos experimentado alguna forma del uno o del otro. O estamos en modo defensivo (miedo) o en modo de autoexpresión (amor), es decir, expresando nuestros dones. No hay nadie en el mundo que pueda dar lo mismo que tú. Somos únicos. Cada uno hemos venido para expresar la gloria de nuestro ser auténtico mediante los dones que nos han concedido, pero están ocultos y permanecen así en función de nuestra disposición a enfrentarnos a los miedos y regirnos por el amor.

Puedes hacer mucho dinero, ganar trofeos y hasta tener un millón de seguidores en las redes sociales, pero mientras no te confrontes con tu ego y los miedos que te genera, no podrás aportar al mundo aquello de lo que eres capaz.

Si queremos ser valientes y vivir con libertad, el único modo duradero de hacerlo es que el amor sea la fuerza motora de nuestra vida, es decir, que vivamos con una energía y un propósito que estén por encima de nuestro propio bienestar. Parece extraño que se diga que, para gozar de libertad, haya que dejar a un lado la propia vida, pero así es la ley del universo en acción (si te aferras a tu vida, la perderás; si renuncias, la ganarás). Ya he dicho antes que no me refiero al aspecto moral; es algo que aprendieron por la experiencia las grandes personas que han existido. Al aferrarnos a nuestra vida, nos comparamos con los demás, juzgamos, nos tensionamos y nos separamos. Cuando renunciamos a ella, nos llenamos de gozo y serenidad, libertad y conexión.

Caminar con amor, en lugar de miedo, es vivir por la fe, no por lo que vemos a simple vista. Es vivir por lo que es atemporal e importante de verdad, en lugar de por lo que es superficial y transitorio. No hay otra manera de vivir con plenitud. Las cosas más importantes y poderosas son las que no se ven. Cualquier otro camino puede llevar a alcanzar un montón de placeres triviales o de recompensas monetarias, pero nunca nos aportará paz duradera, fortaleza ni dará sentido a la vida. Las personas que han tenido una vida extraordinaria tenían una convicción extraordinaria: creían en el amor.

E. Stanley Jones, teólogo y amigo íntimo de Gandhi, explicaba:

> Nadie es libre hasta que no lo es en su propio centro. Cuando nos liberamos ahí, entonces somos verdaderamente libres. Quien renuncia a su yo, se despoja de cualquier ilusión, ya no pide nada. Y cualquier cosa que le llegue será ganancia pura. Entonces la vida se vuelve una sorpresa constante.*

Liberarse en el propio centro es dejar de preocuparse por uno mismo, y el modo de hacerlo es a través del amor.

Preguntas y respuestas

Todo lo anterior suscita algunas preguntas:

1. ¿Cómo puedo reconocer que el amor es la fuerza que impulsa todo lo que hago?

---

* Cuando Jones dice «sorpresa constante», creo que se refiere a una gratitud persistente ante la belleza que nunca cesa.

2. ¿Cómo puedo entrenar mi corazón para que se mantenga en el camino correcto en situaciones de estrés o de crisis?

3. ¿Cómo vuelvo al camino del amor cuando llega el miedo?

Y algunas respuestas:

1. La sensación es parecida a la de entrar en resonancia, estado en el que tu principal aspiración es aprender y crecer y compartir tus dones, en lugar de acumular trofeos, premios o éxitos (estos últimos son siempre «derivados» de haber alcanzado la excelencia interior).

2. Alimenta a diario el corazón con palabras, ideas e historias de quienes te han precedido y vivido con amor. Así, cuando llegue una crisis, se manifestará lo que guardas en el corazón. La fortaleza de esos «mentores» estará contigo.

3. Mantén en mente los presupuestos y las herramientas del método de la excelencia interior para recuperarte y volver a ponerte en marcha.

Quizá lo más relevante que separaba al samurái de la persona media era el hecho de que estaba dispuesto a morir, a sacrificarse por otros. Lo más relevante que tienes tú es tu mentalidad y tu firme dedicación al propósito de tu vida.

La vida está siempre presentándonos retos. Si queremos ser creativos y encontrar soluciones, hemos de tener la mente despejada. No necesitamos ponernos a la defensiva ni amenazar para defendernos. Las ideas llegan cuando estamos plenamente presentes, siendo capaces de ver la belleza y sin vivir constantemente a la defensiva.

Cuando cultivamos el autodominio, lo que en esencia hacemos es tratar de no estar a la defensiva y preocupados por nosotros mismos, sino adoptar una actitud amorosa que nos permita actuar integrando corazón, mente y cuerpo. Para comprender mejor las características del autodominio y el ego vamos a compararlos.

Comparación entre autodominio y ego

AUTODOMINIO	EGO
No gira en torno a sí	Gira en torno a sí
Concepto sólido de sí	Inseguro
Agradecido	Se cree con privilegios
No siente vergüenza	Siente vergüenza fácilmente
No se ofende	Se ofende fácilmente
No se irrita	Se irrita fácilmente
Compasivo	Juzgador
Siempre aprendiendo	Siempre comparando
Gana la batalla interior	Quiere ganar a toda costa
Orientado al proceso	Orientado al resultado
Trata de estar a la altura	O ganar o perder
No le importa parecer ridículo	Teme que lo humillen
Está plenamente presente	Vive en el pasado y el futuro
Es fiel a sí mismo	No es consciente de su yo auténtico
Dispuesto a sacrificarse	Busca la gratificación instantánea
Es capaz de sufrir/no estar cómodo	Busca siempre la comodidad
Siente que tiene el control	Lo controlan los resultados
Libertad y pasión	Miedo y tensión
Acoge al adversario	Odia o teme al adversario
Humilde	Arrogante
Aspira a crecer	Busca validación
Visión amplia	Visión limitada
Ve primero la belleza	Ve primero los fallos
Camina por la fe	Camina por lo que ve
Centrado	Disperso
Busca sabiduría	Busca estatus
Tiene pocas necesidades	Dependiente
Tiene un propósito más allá de sus metas	No tiene un propósito real
Imaginación ilimitada	Atado a la experiencia
Trasciende las circunstancias	Atado a las circunstancias
Estable	Impredecible

Renovar la mente

> Tienes un tiempo limitado, así que no lo desperdicies viviendo la vida de otra persona [...]. Ten el valor de seguir los dictados de tu corazón y de tu intuición [...]. Acordarme de que pronto voy a morir es una de las herramientas más importantes que he encontrado para ayudarme a tomar las grandes decisiones de mi vida.[4]
>
> STEVE JOBS,
> fundador de Apple Inc.,
> después de que le diagnosticaran cáncer

Es difícil estar centrado en el cultivo del autodominio cuando tu entorno está infectado por el virus de la afluencia y fundamentado en el ego. Necesitamos renovar la mente constantemente para poder reafirmarnos en nuestro propósito y prepararnos para el sacrificio, incluso para el sufrimiento, si queremos tomar conciencia de nuestro yo auténtico. Todos los días se nos llena la mente de cosas innecesarias y hay que estar eliminando aquello que no somos nosotros y reiniciar el sistema (sobre ello trataremos en el capítulo 6). Para renovar la mente hay que volver una y otra vez a la Verdad con mayúscula (por ejemplo, quién es Dios y quién eres tú), además de capturar los pensamientos, mantener los buenos y desechar los demás. En lugar de dejar que los pensamientos lleguen y se marchen mecánicamente, hay que desarrollar más conciencia de ellos, enfocarse de manera deliberada en los que nos dan fortaleza (los que están relacionados con la Verdad) y descartar los negativos (las mentiras absolutas).

Los samuráis pasaban mucho tiempo meditando, sabiendo que podría ser letal hasta la más leve caída en el enjuiciamiento moral o el egocentrismo, algo a lo que actualmente no le damos ninguna importancia. Si un samurái deshonraba públicamente a otro con duras palabras, podía llegar a exigírsele que se quitara la vida. Sabiéndolo, los samuráis debían mantener la mente ágil y adelantarse a los acontecimientos, y estar dispuestos a sacrificarse, porque su código les exigía rendir cuentas de manera constante y rigurosa.

Para renovar la mente hay que ser, en primer lugar, consciente de que la naturaleza humana es egocéntrica y de que cada mañana, cuando nos levantamos, el ego quiere compararse con otros para sentirse un poco mejor, lo que suele llevar a sufrir estrés y frustración a causa de la gran cantidad de cosas que están fuera de nuestro control. Para renovar la mente, he aquí una rutina que puedes seguir antes de irte a la cama:

Belleza antes de irse a la cama: una herramienta en cinco pasos para renovar la mente

1. **Rememora la jornada.** Repasa el día de principio a fin. Piensa en lo que ha estado bien y en lo que has aprendido.

2. **Recuerda tres momentos bonitos.** Localiza momentos específicos del día por los que puedas sentirte agradecido; cuanto más pequeños sean, mejor. Sentirte agradecido por tu salud no es específico ni pequeño. Agradecer ese momento que has tenido en el gimnasio en el que te diste cuenta de que no estabas ansioso sí es específico y pequeño. Y hermoso.

3. **Reprograma los errores y despide el día.** Imagínate cambiando cualquier situación en la que no te haya gustado tu comportamiento; visualízate haciendo justo lo que te gustaría haber hecho. (En el capítulo 9 daremos detalles sobre cómo hacer esta práctica). Luego di adiós al día. Podrías imaginarte agrupando todos los acontecimientos de la jornada, dando gracias a Dios por ellos y lanzándolos al espacio exterior.

4. **Previsualiza el día siguiente.** Imagínate levantándote y empezando con las tareas diarias. Con este paso te ayudarás a

recordar las rutinas que seguirás y las herramientas que usarás en las distintas situaciones del día siguiente.

5. **Visualiza el día siguiente.** El paso cinco va sobre las sensaciones. Imagínate en alguna parte del día sintiéndote justo como quieres sentirte, enfrascado en tus rutinas, haciendo uso de tus herramientas y asumiendo cada reto con gratitud. Este paso prepara tu subconsciente (como verás en el capítulo 6) generando una gran cantidad de energía y las sensaciones que quieres experimentar al día siguiente.

Al terminar, podrías escribir tus pensamientos en un diario. Muchos nos llevamos las preocupaciones e inquietudes a la cama. Es un error. Durante el sueño, la mente subconsciente procesa los acontecimientos del día y consolida los recuerdos. Si no hemos llevado la jornada de manera positiva, la mente subconsciente podría reforzar aún más el error o el recuerdo doloroso. Esta es una de las razones por las que rezar antes de acostarse es una práctica tan potente: soltamos amarras y dejamos que Dios coja las riendas. Por eso es también tan importante tomarse un día libre a la semana para recargarse por completo (ese día no hay que trabajar ni hacer ninguna cosa pendiente). Así, el subconsciente puede centrarse en posibilidades creativas en lugar de ahondar en el miedo a los resultados adversos.

El miedo y la ansiedad constituyen dos de los grandes bloqueos de la creatividad y la posibilidad. El miedo separa y aísla, divide el corazón y entorpece a la mente subconsciente en su labor de imaginar posibilidades. Sin embargo, cuando aparcamos los errores y los miedos cada noche, el poderoso subconsciente puede imaginar de manera creativa soluciones imprevistas.

Para compartir la gloria, hay que compartir el sufrimiento

> «¿No nos distraerá un recién nacido del tiempo que nos queda juntos? —me preguntó ella—. ¿No crees que tener que despedirte de nuestro hijo te hará la muerte más dolorosa?».
> «Pero ¿no sería formidable si así fuera?», le respondí. Lucy y yo creíamos que la vida no iba sobre evitar el sufrimiento.[5]
>
> PAUL KALANITHI,
> *Recuerda que vas a morir. Vive*
> (un joven neurocirujano que está muriéndose de cáncer, decide con su mujer si antes tener o no un hijo)

¿No sería formidable que la muerte fuera más dolorosa? Parece una pregunta un poco descabellada a primera vista. Pero creo que lo que estaba diciendo el doctor Kalanithi era que cuanto más valioso es algo, más duro resulta perderlo. Cuando experimentamos una pérdida intensa es porque teníamos algo de muchísimo valor. No hay que rechazar un regalo solo porque sepamos el dolor que sentiremos si lo perdemos. De hecho, cuanto mayor sea el dolor de la pérdida, mayor será el don del que disfrutabas. Es mejor haber amado y haber perdido que no haber amado nunca. Todo tiene un principio y un final, y cada final es un nuevo principio. No te pierdas la belleza y el gozo de las cosas por miedo al dolor.

Una diferencia que he notado al viajar a países en desarrollo es que en ellos la gente está menos apegada a las comodidades y los placeres y no teme tanto el dolor. Viven con gozo y agradecidos por lo que tienen. Puede que la obsesión de la cultura occidental por la felicidad sea precisamente lo que limita nuestro gozo y nuestra gratitud.

La felicidad versus el gozo

En este libro entendemos por felicidad un sentimiento positivo y transitorio vinculado a una circunstancia: sentirse bien por algo que está ocurriendo. El gozo, por otro lado, es una sensación profunda de bienestar, libertad y gratitud, que se da independientemente de las circunstancias. Es más profunda y más amplia que cualquier tipo de placer.

El gozo es posible aunque te sientas infeliz por las circunstancias, incluso en medio del sufrimiento, pues no depende de las circunstancias, ni siquiera de los sentimientos. El gozo se basa en el amor, la esperanza y la verdad de quién eres, de la excelencia que has venido a manifestar, de tu valor inherente e infinito y tus posibilidades ilimitadas.

Es difícil no poner la felicidad en un pedestal. La cultura occidental la considera un éxito. Se supone que el éxito tiene que ver con que tu familia y tú seáis felices y disfrutéis de comodidades. La felicidad se ha convertido en la gran meta a alcanzar. Sin embargo, en realidad, perseguir la felicidad es el gran error que cometemos. Si nos pasamos la vida tratando de encontrarla para suplir nuestra falta de gozo, nos apartaremos del camino de la excelencia interior (y de una vida plena) e ingresaremos rápidamente en el de la «mediocridad interior». Acabaremos como un perro que se persigue la cola, mareados y perdiéndonos muchas cosas.

Como los seres humanos nos dejamos llevar por lo que vemos con los ojos, nos ligamos a las circunstancias. Si vemos cosas buenas en nuestra vida, nos sentimos bien. Sin embargo, si se te estropea el coche, tu mejor amigo se va de la ciudad y tienes problemas de salud, es posible que no seas feliz y, esforzándote por sentirte mejor, acabes buscando mejores circunstancias para tener sensaciones más agradables. Estarás siempre reaccionando emocionalmente y tomando decisiones basadas en tus carencias, en lugar de en la abundancia y la belleza. Te apartarás de los beneficios a largo plazo para tener sensaciones a corto plazo.

Cuando las personas tratan de ser felices, es fácil que se pasen la vida intentando acceder a más comodidades para tener cada vez menos problemas. Pero ese es el gran error. Nos afanamos tanto en resolver problemas que nos pasamos la vida apagando fuegos, reaccionando, en lugar de tener grandes sueños y de vivir con creatividad. Nos perdemos una belleza increíble porque pasamos demasiado tiempo enfocados en los problemas en lugar de en las posibilidades.

Cuando pienso en la felicidad y el gozo y en sus diferencias, siempre me vienen a la mente dos situaciones:

Situación A

Marchando en una ceremonia olímpica.

Fui entrenador de bateo del equipo olímpico sudafricano de béisbol en los Juegos Olímpicos de Sídney del año 2000. Acabábamos de escuchar un discurso motivador de Nelson Mandela. Eran los segundos Juegos Olímpicos de verano que se celebraban desde la elección de Mandela como presidente de Sudáfrica, que había puesto fin a siglos de dominación de la minoría blanca. Había pasado veintisiete años en prisión por oponerse al gobierno racista. Su estancia en la cárcel y su sufrimiento no habían sido un fin que persiguiera, sino un medio para cambiar el mundo. Mientras entrábamos en el estadio, se hizo un silencio mágico. Fue un momento increíble.

Situación B

Estoy en el pequeño apartamento de mi amigo Ricky en Los Ángeles. Ricky está tocando a la guitarra una canción espiritual de gratitud. La circunstancia o el momento no tienen nada de especial. En esa época yo estaba completamente endeudado. Acababa de terminar un periodo de cinco años de escritura e investigación a tiempo completo para la primera versión de este libro.

La sensación que tuve al marchar en la ceremonia de apertura de los Juegos Olímpicos fue de una euforia («esto es increíble») que cubría mi ansiedad global («en mi vida hay mucha incertidumbre»).

En el apartamento de Ricky tuve una sensación profunda de bienestar, de que el creador del universo me amaba y que nada de lo que hubiera hecho en mi vida o pudiera hacer en el futuro cambiaría ese amor inmenso. Sentir el amor y el reconocimiento absolutos de un ser sublime e inefable me llenaba el alma de vida, de plenitud.

En la situación A las circunstancias eran excepcionales, mientras que en la situación B no pasaba nada fuera de lo normal. Sin embargo, la manera en la que yo me sentía por dentro era indescriptiblemente diferente. En la situación A la felicidad tapaba la ansiedad. En la situación B yo sentía gozo al margen de las circunstancias inestables de mi vida.

A los occidentales nos mueve el deseo de ser felices; buscamos constantemente circunstancias mejores que nos puedan aportar más comodidades y placer (pues hacemos depender la felicidad de que nos rodeen circunstancias agradables). Por eso el sufrimiento y el dolor son tabú en nuestra cultura; son lo opuesto a la felicidad que tanto valoramos. Al vincular la felicidad al éxito, el sufrimiento es indicativo de que ha habido un fracaso.

Otras culturas tienen una actitud diferente hacia el sufrimiento y la muerte. Mientras estuve en Sudáfrica detecté que la muerte estaba más integrada en el ciclo de la vida, mientras que en Norteamérica se opone gran resistencia a la muerte y al sufrimiento y no se habla de ello; por eso cuando llegan, la conmoción y la pena son considerables.

La muerte en África

Estando en Sudáfrica, iba en el asiento de atrás de una ranchera en dirección a una reserva de caza y apareció en el camino de grava, a unos 75 metros, un ave exótica de gran tamaño. Yo asumí que, a medida que nos acercásemos, el animal saldría volando, pero cuando llegamos a su altura, oí un fuerte golpe y vi plumas flotando.

Al cabo de unos minutos llegamos a la puerta de seguridad de la reserva y el conductor le dijo algo al guardia (supongo que en zulú). El guardia se acercó a la parte delantera de la ranchera, se agachó y sacó de la rejilla el cuerpo muerto del ave. Lo que ocurrió a continuación me sacó un poco de mi zona de confort.

El guardia sujetó el ave con las dos manos con un gesto que parecía de respeto hacia el animal. Luego se lo tendió por la ventanilla al pasajero del asiento delantero como si estuviera pasando un plato de espaguetis. El pasajero lo sujetó con las dos manos y lo meció un poco, como ponderando el peso, y luego se lo tendió al conductor, que hizo lo mismo. ¡Yo tenía miedo de que me lo pasaran también a mí! No llegué a averiguar de qué estaban hablando o por qué se habían pasado unos a otros al animal muerto, pero desde luego su reacción fue muy distinta a la que a mí me habría parecido normal por mi cultura norteamericana; no indicaba la evitación absoluta del sufrimiento y la muerte a la que yo estaba acostumbrado.

Si pudiéramos aceptar que el sufrimiento forma parte de la vida y que vamos a morir, quizá mucho antes de lo que quisiéramos, podríamos empezar a vivir dejando atrás el miedo.

Para aprender el autodominio y vivir una vida extraordinaria, tenemos que aceptar el malestar. Sin dolor, no hay crecimiento. Nunca nos convertiremos en quien hemos venido a ser si nos resistimos a las adversidades y los retos necesarios para nuestro desarrollo. Si queremos estar en buena forma física, no hay manera de conseguirlo sin pasar por cierto nivel de malestar. La mediocridad puede encontrar el modo de evitar el sacrificio y la incomodidad, pero este libro va sobre la excelencia interior, no sobre la mediocridad interior.

Perseguimos la excelencia interior para alcanzar la gloria verdadera: el brillo y la rotundidad que aporta el gozo auténtico a nuestra valía inherente e infinita. Pero para compartir la gloria, hay que compartir el sufrimiento. Es decir, no debemos ser esclavos de las comodidades y el placer, sino olvidarnos de nosotros mismos para así perder el miedo y ser valientes. Al olvidarnos de nosotros mismos, no nos dejaremos llevar por las emociones y los deseos, que crecen sin cesar si no los controlamos, sino que nos volveremos lo bastante disciplinados como para aceptar la desazón y la adversidad. Entonces podremos ver claramente la belleza que siempre está esperando ser descubierta.

Cuanta más comodidad haya en tu vida, más difícil se te hará afrontar el malestar. Esto no quiere decir que las comodidades sean malas, sino que cuanto más tiempo pases en el sofá, más te costará levantarte de él. «Y cuanta más gente haya en el sofá contigo más difícil será también levantarte de él», añade Joshua Medcalf, autor de *Chop Wood, Carry Water*.[6]

Si no tienes cuidado, disfrutar de más comodidades también te hará más blando. Una práctica que te puede fortalecer mucho es ver si puedes pasar tanto tiempo con gente sin hogar como con la que tiene más estatus. Es un hábito beneficioso que te impedirá hacerte adicto a las comodidades, y te ayudará a ser humilde y a tener los pies en la tierra. De lo contrario, la vanidad te llevará a descender rápidamente por el camino de la mediocridad.

Cuanto más dolor haya en tu vida, más gratitud sentirás por los momentos en que no lo haya (nota: me refiero al dolor de la disciplina y del esfuerzo por convertirte en alguien que no eras, no al dolor del abuso, que puede necesitar de una intervención inmediata. Aunque te hayan pasado cosas muy malas, recuerda esto: puedes arrastrar el pasado con resentimiento o liberarte de él gracias al perdón).

El niño de los patines[7]

En Federal Way, Washington, un niño pequeño japonés se levantaba a las tres y media de la mañana, antes de ir al colegio, para patinar. Su padre lo despertaba, le ponía un frontal en la cabeza y lo llevaba a entrenar al aparcamiento. «Era penosísimo», reconoció el joven. Sin embargo, el niño pequeño se convirtió en Apolo Anton Ohno, campeón olímpico de patinaje de velocidad, el más premiado de los deportistas estadounidenses en los Juegos Olímpicos de Invierno.

Cuando se preparaba para la convocatoria olímpica de Vancouver, Apolo le pidió a su entrenador de fuerza y forma física que se fuera a vivir con él para poder entrenar sin cesar. «Pasábamos entre ocho y doce horas diarias haciendo entrenamiento físico, y aparte también hacía entrenamiento mental, rehabilitación y trabajo de recuperación», explicó Apolo.

Cuando le preguntaron por qué creía que tenía tanto éxito, Apolo contestó: «Estoy dispuesto a hacer lo que nadie más». Reconoció que quizá entrenaba excesivamente el cuerpo, pero los efectos que tenía en la mente eran inestimables. Apolo estaba dispuesto a sufrir para ser el tipo de persona que se sentía tan preparada que merecía ganar.

Apolo estaba enamorado del proceso de mejora. Al ir a los juegos de Vancouver nunca se planteó batir un récord. «Está claro que quería ganar carreras y competir alcanzando mi potencial máximo, pero nunca me he enfocado en el resultado. Para mí, el proceso es mucho más importante y significativo».

> La conversación no se acaba cuando fracasas, sino que es justo entonces cuando empieza.[8]
>
> APOLO ANTON OHNO,
> campeón olímpico

Para alcanzar la grandeza hay que pagar un precio. Todos hemos nacido para la excelencia, pero el camino a la gloria está bloqueado por los obstáculos del ego, las comodidades y el placer. El reto es que todos tenemos un cuerpo que siempre desea estar cómodo y nunca quiere recibir un puñetazo en el estómago. Ahí es donde los campeones se distinguen: ignoran la tendencia humana a la comodidad (dormir un poquito más, dejarlo en un momento razonable), sabiendo que lo más importante que están haciendo es entrenar la mente y el corazón para sacrificarse, para no dejarse llevar por las emociones, para ser incansables en la búsqueda de la excelencia.

El sufrimiento atrae nuestra atención de un modo distinto a otras experiencias. Suele ser el único mecanismo que puede penetrar la coraza que nos pone el egocentrismo, ampliando nuestra conciencia e invitándonos a la compasión y la conexión con los demás.

Los psicólogos deportivos Terry Orlick y Shaunna Burke entrevistaron a escaladores que llegaron a la cima del Everest. Al preguntarles cómo lo consiguieron, un escalador reconoció:

> Lo más importante es experimentar la adversidad. He sufrido mucho en otras expediciones antes de ir al Everest. La gente suele preguntarme qué hace falta para alcanzar esa cima y, siendo sincero, es toda una vida de sufrimiento. En eso te apoyas, en que sabes que puedes aguantarlo. Escalar el Everest comporta una cansancio terrible que te llega hasta lo más hondo del alma. Así que la primera vez que afrontas la adversidad cuando estás ascendiendo hacia esa cima, y estamos hablando de un largo periodo de sufrimiento, eres capaz de sobrellevarlo porque te dices: «Sí, he sufrido así antes, y durante periodos largos de tiempo».[9]

BARRERAS QUE NOS IMPIDEN APRENDER DEL SUFRIMIENTO

En la cultura occidental el sufrimiento es lo opuesto al éxito y se aspira a evitarlo a toda costa. Esta percepción nos impide aceptar el sufrimiento y aprender de él. El valor que concedemos a una experiencia afecta a cómo la vivimos. Si consideramos que el sufrimiento no tiene sentido, que es algo que no nos merecemos, entonces lo magnificaremos cuando tengamos que experimentarlo.

Una gran parte del sufrimiento proviene de pensar que no deberíamos estar sufriendo. Tenemos por un lado el dolor que comporta la vida, y por el otro la interpretación que hacemos de ese dolor. Si estás deprimido, tienes la depresión por un lado y, por otro, la interpretación que haces de que no deberías estar deprimido, lo que duplica la depresión que sientes.

El método Wim Hof de exposición al frío (leerás sobre él en el capítulo 8) enseña a centrarse en las partes del cuerpo que están frías, en lugar de tratar de ignorarlas. Cuando tenemos dolor, lo que solemos hacer es desear que desaparezca o bien ignorarlo, mientras que con este método aprendes a concentrarte en el dolor y a aceptarlo.

También el miedo cobra fuerza cuando tratamos de ignorarlo. Una de las principales barreras que nos impide aprender del sufrimiento es el miedo, que se enfoca en el yo, en el futuro y en lo desconocido. ¿Qué me va a pasar? O ¿cuándo acabará esto? El miedo a no ser capaz de aguantar y, en última instancia, el miedo a no sobrevivir, desencadenan la necesidad de escapar del sufrimiento.

La adicción a la felicidad

Cuando rechazamos el dolor y la adversidad o escapamos de ellos, nos lanzamos por la resbaladiza cuesta de la adicción. La adicción es esencialmente la misma sea al sexo o al chocolate, a las metanfetaminas o a la heroína, a las compras o a complacer a la gente. Con la adicción tratamos de evitar el dolor (a menudo emocional) y encontrar un sustituto que nos permita soslayar nuestros miedos. El problema es que la situación no desaparece cuando la evitamos, sino que empeora. No desaparece porque te está enviando un mensaje: «Deja de escapar del malestar y el dolor emocional. Cuando lo afrontes, te darás cuenta de que eres mucho más fuerte de lo que creías».

Sea cual sea la adicción, el proceso que ocurre en el cuerpo es el mismo: cuando la comida, la droga o el agente adictivo que sea penetra en la mente o en el cuerpo, se produce una reacción química a la que nos volvemos adictos.

No creas que por tener buena forma física o mucho dinero en el banco tu adicción es distinta a la de una persona bulímica o drogodependiente. En muchos sentidos, esas adicciones invisibles son mucho más difíciles de superar porque resultan aceptables socialmente o incluso pasan desapercibidas. Piensa en la adicción al orgullo o a la necesidad de reconocimiento. Es una adicción oculta que afecta a todas las áreas de la vida, pero la mayoría de la gente se la lleva a la tumba. La razón es que no la ven como un problema, sino como un poder. ¿En qué consiste tu adicción?

Además de al orgullo (y a la necesidad de reconocimiento o de tener la razón), otra adicción común, pero que pasa desapercibida, es a las comodidades. Todo tiene que ver con lo que antes hemos dicho acerca de la «gran meta a alcanzar» (que es, en realidad, el «gran error»): la búsqueda de la felicidad, la convicción de que debemos ser felices, disfrutar de comodidades y no sufrir dolor alguno. Tanto el orgullo como el placer, el ego y las comodidades son obstáculos para la transformación que aguarda a quienes están dispuestos a afrontar sus miedos.

Por qué debemos aceptar y asumir el sufrimiento

> Yo no evito el sufrimiento. Lo amo. Amo lo que me aporta, lo que está al otro lado. Cuando escalamos el Everest, estamos todos sufriendo juntos, afrontando la misma batalla, persiguiendo el mismo sueño. El sufrimiento hace que el logro te satisfaga muchísimo más.[10]
>
> Elizabeth Rose,
> canadiense más joven en escalar
> las Siete Cumbres

Sufrir no tiene por qué ser un obstáculo para la plenitud de la vida. De hecho, el sufrimiento puede convertirse ciertamente en el medio para alcanzar el gozo y la serenidad. Aceptarlo es silenciar la voz del Crítico en la cabeza, pues para el ego y el Crítico el sufrimiento es malo. ¿Cuál es el mayor miedo del Crítico? ¿No es el miedo a que la vida vaya en la dirección equivocada, hacia el fracaso o, peor, hacia el sufrimiento? Cuando aceptamos el sufrimiento, podemos trascender nuestras circunstancias; ya no estamos encadenados a lo que está ocurriendo, nos hemos liberado de la mente y el cuerpo, con todos los altibajos que comportan. Podemos ver más lejos, desde un nuevo punto de vista, con mayor sentido y claridad. Quizá solo con ojos llenos de lágrimas nos sea posible ver quiénes somos realmente.

A lo largo de la historia, las personas que han vivido la vida más extraordinaria construyeron su carácter sobre el sufrimiento (véase Gandhi, Mandela, Martin Luther King Jr. o la madre Teresa de Calcuta). Conocían el valor del sacrificio y por eso estaban dispuestos a sufrir.

El doctor Viktor Frankl vio en los campos de concentración que los más resistentes no eran los más fuertes físicamente o los más combativos, sino aquellos con convicciones profundas que no cedían ante las condiciones brutales a las que se veían sometidos. Parte de su fortaleza provenía del deseo de responder a su vida del mejor modo que podían, que era ser dignos en el sufrimiento, aceptar el dolor con honor. Frankl explica:[11]

> Fiodor Dostoievski dijo: «Hay solo una cosa que me aterra: no ser digno en mis sufrimientos». Estas palabras me venían con frecuencia a la mente tras conocer a esos mártires cuyo comportamiento en los campos de concentración, cuyo sufrimiento y muerte puso de manifiesto que no es posible perder la última libertad interior [...]. Mantuvieron la dignidad en el sufrimiento; el modo que tuvieron de soportarlo fue un auténtico logro interno. Es esta libertad espiritual, que nadie puede arrebatarnos, la que da verdaderamente sentido a la vida [...]. Tuvimos que aprender nosotros mismos, y,

además, enseñarles a personas desesperadas, que no importa realmente lo que esperemos de la vida, sino lo que la vida espera de nosotros. Tuvimos que dejar de preguntarnos sobre el sentido de la vida y, en cambio, empezar a pensar que somos nosotros a quienes la vida está cuestionando, a diario y en cada momento.

Cuando Nelson Mandela fue a hablar al equipo olímpico sudafricano en la Villa Olímpica, su llegada causó un gran revuelo. Conocerlo era un honor increíble. Mientras nos daba una pequeña charla y nos deseaba buena suerte, no pude evitar pensar en el increíble sacrificio que había hecho por su país, de qué manera había elegido poner las necesidades de su pueblo por delante de las suyas propias. Mandela estuvo dispuesto a sufrir y mediante ese sufrimiento se convirtió en uno de los líderes mundiales más destacados.

¿Cómo fue Mandela capaz de sufrir durante veintisiete años una prisión injusta y salir de esa situación sin resentimiento hacia sus captores y hacia los siglos de dominio racista? El sufrimiento diario lo moldeó. ¿Quién podría haber imaginado lo que le aguardaba a Mandela, que llegaría a ser presidente, a poner fin al *apartheid* en Sudáfrica y a cambiar el mundo? ¿Quién sabe cómo nos hará evolucionar el sufrimiento y cómo dará forma a nuestro futuro?

Sufriremos. Y cada momento de malestar nos ofrece la oportunidad de resistirnos al padecimiento o de asumirlo. Si nos resistimos, nuestra perspectiva se estrecha. El sufrimiento parece peor y nos sentimos víctimas. «¿Qué me está ocurriendo?», nos preguntamos autocompadeciéndonos. Al ponernos a la defensiva y dejar que nos domine el miedo, entorpecemos al aprendizaje y el crecimiento.

«Todo ocurre para enseñarme y ayudarme. Todo va encaminado a mi bien».

Cuando aceptamos la adversidad con la convicción de que todo sucede para enseñarnos y ayudarnos a asumir la excelencia que hemos venido a manifestar, nuestra perspectiva se amplía.

Una de las mayores diferencias entre el viaje hacia la plenitud absoluta y una vida de frustración y miedo es la siguiente: la plenitud se encuentra en el lado opuesto al egocentrismo, lo que incluye estar dispuesto a sufrir. Cuando te olvidas por completo de tu «yo» en favor de un propósito superior, para amar a los demás por encima de todo, ese altruismo te saca de tu cabeza y silencia al Crítico, a la mente de mono y al Embaucador. Te ayuda a estar plenamente presente, con el corazón, la mente y el cuerpo, y te colma de una serenidad y un gozo que resultan adictivos. Se trata de una adicción que fortalece, que pone de manifiesto la gloria que has venido a experimentar a este mundo.

Si sacrificas por completo tu «yo» por los demás o por alguna causa noble, o si afrontas tus miedos y estás dispuesto a sufrir para aprender y crecer, se te revelarán una belleza y una gracia increíbles de una manera que el resto del mundo no puede ver. Y, mediante tu viaje, iluminarás también esa belleza para ellos.

La posición más peligrosa

Nos hemos obsesionado tanto comparándonos con los demás y queriendo tener éxito (para saber que somos alguien, que estamos bien) que a menudo hemos elegido el camino incorrecto para perseguir nuestros sueños. En su libro *Mente zen, mente de principiante*, Shunryu Suzuki comparte la siguiente lección:[12]

> En nuestras escrituras se dice que hay cuatro tipos de caballos: los excelentes, los buenos, los regulares y los malos. El mejor caballo correrá despacio y rápido, a derecha e izquierda, según la voluntad del jinete, antes de ver la sombra del látigo; el segundo mejor correrá igual de bien que el primero antes de que el látigo lo llegue a tocar; el tercero correrá cuando sienta el dolor en el cuerpo; el cuarto cuando el dolor le penetre hasta el tuétano.

Podrás imaginarte lo que le cuesta al cuarto tipo de caballo aprender a correr. Cuando oímos esta historia casi todos queremos ser el mejor caballo. Y, si no podemos ser el primero, queremos ser el segundo mejor. Pero es un error. Cuando aprendes con demasiada facilidad, te tienta no trabajar duro y no penetrar hasta el tuétano de una práctica.

Si estudias caligrafía, habrás visto que quienes no son tan hábiles suelen convertirse en los mejores calígrafos. Los que son muy hábiles con las manos encuentran normalmente una gran dificultad después de llegar a cierta fase. Esto es igual de cierto en el arte y en la vida.

Cuando ganamos, somos como el mejor caballo. No sentimos el látigo. Esta es una posición muy peligrosa, quizá la que más peligro entraña, porque podemos caer en la tentación de aflojar. La victoria siempre es peligrosa porque nos coloca en un lugar donde es posible que sintamos un orgullo y una arrogancia que nos lleven a pasar por alto nuestros defectos. También es peligroso fracasar, porque tenderemos a internalizar el fracaso y a caer en el autorrechazo.

La vía del campeón es muy estrecha y hay pocas personas dispuestas a transitarla. Es el camino del riesgo y el fracaso, del aprendizaje y el crecimiento. El campeón no es el que tiene talento, sino el que actúa con determinación (pasión y perseverancia); quizá no sea la determinación que tienes tú ahora mismo, sino la que adquieras cuando afrontes tus miedos y estés dispuesto a fallar.[13]

¿Cuál es tu historia? ¿Estás sintiendo el látigo? ¿Está el dolor que penetra hasta el tuétano haciéndote recular... o renovándote la mente?

Figura 5.1 La línea vital del sufrimiento y el crecimiento

Los 12 pasos para el cambio de vida de millones de personas

Este es el caso de unas personas que conocieron el sufrimiento y encontraron un método no solo para trascender su aflicción, sino también para conquistar sus demonios y cambiar la vida de millones de personas en todo el mundo. Durante la depresión económica de los años treinta del siglo pasado, Bill Wilson se hizo alcohólico y después encontró un modo de vida que le permitió superar su adicción. Fundó, junto con el doctor Bob Smith, Alcohólicos Anónimos y creó un programa de doce pasos que se ha adoptado en todo el mundo para afrontar infinidad de adicciones y padecimientos.

El programa aborda las tres dimensiones de la experiencia humana: física, mental y espiritual. Físicamente, la gente se ve impotente para cambiar. Mentalmente, saben que el modo en el que están viviendo les hace daño, pero ese conocimiento y el deseo de cambiar no bastan. La raíz del problema es espiritual.

La enfermedad que trata este sistema de doce pasos es el egocentrismo.[14] Al ir trabajando los distintos pasos, se sustituye el egocentrismo por una conciencia moral creciente y una voluntad de autosacrificio y acción constructiva y desinteresada. Los doce pasos ayudan a los miembros a superar el egocentrismo mediante los siguientes principios:

- Estar dispuesto a dejar morir la naturaleza anterior y su manera de actuar.
- Buscar la autoconciencia para ver las cosas como son.
- Renunciar al control y a la idea de que uno puede hacerlo todo solo.
- Tener una visión más allá de sí mismos para conectar con un poder superior y con los demás.

(Véanse los 12 pasos en el Apéndice).

Ryan S. se acostumbró a apaciguar con alcohol el dolor emocional que sentía.[15] Acabó en un centro de rehabilitación donde se practicaban los principios de Alcohólicos Anónimos. Su vida se transformó. Le pregunté a Ryan cómo fue capaz de superar su adicción al alcohol y qué aspecto resultó clave para cambiar. Me explicó: «Al ser consciente de que no podía controlar a la gente, las situaciones y las cosas, dejé de seguir intentándolo. Me di cuenta de que no podría manejar mi vida si no cedía el control». Y continuó: «Uno de los mejores momentos de mi vida fue cuando, saliendo del centro [tras acabar el tratamiento], sentí una gran serenidad. Al ceder el control de mi vida a un poder superior a mí, mi existencia pasó de ser física y mental a espiritual. Comprendí cómo era la paz verdadera».

Mientras estaba en tratamiento, Ryan recitaba un mantra/oración a diario, cientos de veces, que lo ayudaba mucho. Era la oración de la serenidad:

Dios, concédeme serenidad para aceptar las cosas que no puedo cambiar, valor para cambiar las que sí puedo, y sabiduría para diferenciar entre unas y otras.

Ryan tomó conciencia de aquello que sabían tan bien los samuráis: todos nos vamos a morir. No es algo que podamos controlar, igual que ocurre en gran medida con el resto de nuestra vida. Por tanto, Ryan decidió que controlaría solo lo que pudiera y dejaría el resto en manos de Dios. Así, eligió el camino más poderoso posible: caminar por la fe, no por la vista.

El servicio a los demás

Estos mismos principios han funcionado en otros programas en todo el mundo, desde los de deportistas de élite hasta el código de los samuráis. La exestrella de fútbol americano de los New York Giants David Tyree sabe muy qué significa la muerte del yo.[16] Siendo deportista profesional, Tyree cayó en una senda de comportamiento egocéntrico que lo condujo al consumo de drogas y lo llevó a pasar un tiempo en la cárcel. Un día las cosas cambiaron para este jugador, conocido por la milagrosa «recepción con casco» que ejecutó en la Super Bowl de 2008. Tyree contó que el punto de inflexión ocurrió cuando aceptó «rendirse hasta cierto punto» a fuerzas superiores al fútbol o sus jugadores. «El término "rendirse" no resulta muy popular entre los varones —dijo—, pero, sinceramente, es justo lo que hay que hacer».

Cuando ves que un equipo muy fuerte sacrifica las necesidades de las personas individuales en favor del bien común, y que esa estrategia ayuda a cada miembro del equipo, entonces se vuelve más patente el valor de sacrificarse (uno mismo y el egocentrismo que conduce al miedo). Como se describió en el capítulo 4, Lewis Pugh superó sus miedos y dudas gracias a una potente conexión con otras personas y a un propósito superior. Como consecuencia, fue capaz de encarar con confianza y determinación la posibilidad de morir. Los samuráis vivían al servicio de otros con un olvido de sí mismos que prevalecía por encima de su propia vida; estaban incluso dispuestos a morir por estos ideales. Los miembros de Alcohólicos Anónimos tienen un pacto basado en la muerte de su yo anterior, en la humildad, el servicio y la conexión con los demás.

Los ocho apegos

> Nunca he rezado para hacer un hoyo. Siempre he rezado para reaccionar en caso de fallarlo.[17]
>
> CHI-CHI RODRÍGUEZ, golfista de primera línea

Mientras escribía el primer manuscrito de este libro, el equipo de golf masculino de la Universidad de British Columbia (UBC), que aspiraba a ganar el campeonato nacional y partía como favorito, se derrumbó. Durante el torneo, de cuatro días, en su lucha desesperada por ganar, perdieron el gozo y la compostura y, a medida que pasaban las jornadas, se fue apoderando de ellos el nerviosismo y la inseguridad. Al final perdieron. El año siguiente todo fue muy distinto, pues aprendieron a cultivar la excelencia interior. Se convirtieron en el primer equipo no estadounidense de la historia en ganar el campeonato de la National Association of Intercollegiate Athletics (NAIA) y, a las pocas semanas, se alzaron con el título de campeones nacionales en Canadá.

El capitán Sean Hurley explica qué fue lo que cambió:[18] «El año pasado éramos un puñado de individualidades esforzándonos por cumplir las expectativas y ganar. Este año cambió todo. Al trabajar con Jim, ganar dejó de ser una "prioridad". Nos centramos en jugar con pasión los unos con y para los otros, y dejamos que las cosas discurrieran solas. Nuestro mantra era "El marcador es para los aficionados; nosotros jugamos por amor al juego"».

Para conseguir la máxima libertad, hay que estar dispuestos a fracasar y no apegarse a los deseos. Si no tenemos expectativas sobre cómo deben desarrollarse las cosas, gozaremos de libertad para manejar cualquier obstáculo. Mientras cultivamos el autodominio, estos son los ocho apegos que más nos afectan (sin que tengan que darse en un orden en particular):

- Cómo nos ven los demás
- El dinero y las posesiones
- Lo que queremos (metas)
- Las comodidades
- El pasado
- Cómo son las cosas (*statu quo*)
- Las expectativas
- El yo (y todos los aspectos que relacionamos con el «yo»)

La clave es vivir como si fueras a morir mañana y te prepares como si fueras a vivir para siempre. Una vez que tengamos eso claro, ¿cómo nos libramos de estos apegos y obsesiones? O, podríamos decir: ¿cómo alcanzamos el autodominio, teniendo en cuenta que se trata en gran medida de una cuestión de deshacerse de los apegos?

La superestrella y la piruleta

Un día una superestrella del deporte (entre las diez mejores del mundo) me dijo que se apegaba demasiado a los resultados y se daba cuenta de que aquello le hacía perder la concentración cuando más la necesitaba. «¿Cómo hago para no obsesionarme tanto?», me preguntó. Y yo le pregunté: «¿Puedes pensar en una manera de quitarle fácilmente una piruleta a un niño al que le encantan las chuches, sin que oponga resistencia?». «No se me ocurre ninguna manera fácil de hacerlo», dijo. Le contesté: «Darle al niño una piruleta más grande a cambio».

Uno de los principales problemas de los deportistas, los artistas y las personas que se mueven por objetivos es que se fijan unas metas demasiado bajas. Su finalidad más alta es ganar, ya sea una medalla olímpica, un campeonato del mundo o el puesto de CEO en una gran empresa. Podrías pensar que esos objetivos son bastante altos, y así es, pero, para los estándares de la excelencia interior resultan demasiado bajos. Esas metas representan tan solo símbolos de lo que esas personas quieren realmente, que es una vida rica y plena, convertirse en la persona que están llamados a ser. ¿De qué vale obtener una medalla olímpica o ser CEO y ganar treinta millones de dólares al año si estás lleno de ansiedad y vives con el miedo constante a perderlo todo?

Lo que hago es ayudar a la gente a conseguir que vaya directamente a por lo que quiere de verdad: una vida plena. Ve a por ello construyéndote como persona, de modo que puedas tener un rendimiento extraordinario y alcanzar la plenitud: la tienda de dulces entera. Si tu máxima meta es ganar la medalla de oro, te asaltarán muchos miedos en el camino que vas a recorrer, pues habrá infinidad de cosas fuera de tu control y pocas probabilidades de alcanzar lo que te has propuesto. Si aspiras a una vida plena como máxima meta, el viaje que te espera estará lleno de emociones y habrá muchas probabilidades de que cumplas tu propósito. Pero lo que es más: cuando lo que te propones es alcanzar una vida plena, también tendrás muchas probabilidades de conseguir la medalla de oro.

Aspirar a la tienda entera de dulces (una vida plena) es cultivar el autodominio persiguiendo como metas más altas el amor (regirte por el corazón), la sabiduría (ampliar tu visión) y el coraje (estar plenamente presente). Esto significa abandonar la preocupación por ti mismo y encontrar un propósito superior al que puedas dedicar tu vida. Un propósito superior a ti mismo te ayudará a establecer conexiones potentes y a iniciar tu viaje hacia el autodominio. Verás aumentar tu gozo junto con el de los demás.

A medida que desarrolles la autoconciencia y cultives el amor, la sabiduría y el coraje, serás más capaz de ver cómo encaja tu lugar en el mundo con tu propósito superior. Este viaje de autoconciencia y sentido es un camino hacia la libertad. En tu búsqueda del éxito, el triunfo último es ser tu yo auténtico, la mejor parte de ti, valiente y plenamente presente, siempre aspirando a aprender y crecer y a ayudar a los demás a hacer lo mismo. Para ello, debes estar dispuesto a morir, sacrificando tu antigua naturaleza egocéntrica y dejando a un lado tu ego en favor de algo superior. Es difícil porque tendrás que afrontar tus miedos. Sufrirás, pero al asumir el sufrimiento, adquirirás disciplina, que vendrá de la mano del honor. Si existe algo que te resulte tan valioso y significativo como para que sacrifiques tu vida por ello, entonces habrás encontrado el modo de perder el miedo.

Vivir sin miedo es vivir con libertad, sin que te inhiban las restricciones sociales, asumiendo riesgos, acercándote al borde del precipicio para observar la amplia vista sin temblar ni dudar. No todo el mundo es capaz de hacerlo. De hecho, no es algo que pueda conseguir la mayoría. Es un reto para los valerosos.

Lo que te pido que hagas es que pongas a prueba tu corazón y tu alma para indagar en quién eres. Quiero que averigües si eres sincero contigo mismo o si, por el contrario, estás lleno de apegos a cosas externas y te invade la inseguridad que te lleva a tratar de complacer siempre a los demás y de encajar. Cuando te preparas hoy como si fuera tu último día sobre la tierra, eliges una vida llena de crecimiento y momentos preciados.

PUNTOS CLAVE DEL CAPÍTULO 5

- En el autodominio intervienen la autoconciencia, la disciplina y el crecimiento personal.

- El autodominio se logra al abandonar la preocupación por uno mismo y servir a los demás.

- Los éxitos extraordinarios son «efectos colaterales» (derivados) del autodominio.

- La inseguridad y el apego a las circunstancias y los resultados son dos de los mayores obstáculos para el éxito extraordinario. Conducen a un análisis excesivo y a un juicio constante de las circunstancias. El ego amplifica esos obstáculos y el autodominio los aminora.

- Para cultivar el autodominio y tener una vida formidable, hay que asumir el sufrimiento.

- Recuerda el presupuesto de partida: «Todo ocurre para enseñarme y ayudarme. Todo va encaminado a mi bien».

- El ego se queda atrapado en los placeres transitorios, mientras que el autodominio se centra en las virtudes permanentes que fortalecen.

PREGUNTAS Y ACTIVIDADES COMPLEMENTARIAS

- ¿Cuáles son tus apegos? ¿A qué te aferras con tanta fuerza que afecta a tus relaciones, tu crecimiento o tu rendimiento?

- ¿Cuál es la pequeña piruleta a la que te aferras? ¿Estás dispuesto a soltarla a cambio de conseguir la tienda entera de dulces? ¿Estás dispuesto a tener miedo?

- ¿Cómo te afecta la inseguridad? ¿En qué tareas o situaciones vitales te pones a compararte con los demás?

- Anota tus apegos en tu diario y escribe cómo puedes perseguir tus metas sin dejar que las dudas, los miedos o la dependencia entorpezcan tu crecimiento.

- Todos los días cuando te despiertes, pregúntate cómo vivirías si ese fuera tu último día.

- ¿Cómo puedes cambiar tu enfoque del éxito exterior al autodominio? ¿Qué está entorpeciendo tu cultivo del autodominio?

6
Cambia de estado, cambia de vida
Cómo controlar las emociones

> Lo que rige la vida en cualquier momento dado no son ni las circunstancias externas ni los pensamientos ni las intenciones, ni siquiera los sentimientos, sino el alma. El alma es el aspecto del ser que correlaciona, integra y da vida a cualquier cosa que esté ocurriendo en las distintas dimensiones del ser. No dirigimos el alma, sino que la alimentamos, y el alma nos dirige a nosotros.[1]
>
> DALLAS WILLARD, decano de la facultad de Filosofía, University of Southern California

Cambia o muere: ¿qué pasaría si te dieran esa opción? ¿Podrías cambiar tu vida si realmente tuvieras que hacerlo? Aunque parezca increíble, la gente a menudo no es capaz. Quizá seas consciente de que necesitas comer más sano o hacer ejercicio con más frecuencia, pero te cuesta mucho convertir esas buenas ideas en hábitos. Surgen obstáculos que te derrumban emocionalmente y te llevan a perder la disciplina necesaria para tomar esas decisiones tan acertadas. Sin embargo, si quieres ser íntegro y valiente, tienes que poder adaptarte a circunstancias que no te es posible controlar. Si quieres poner en práctica cambios positivos y duraderos y vivir una vida plena, necesitas aprender a dirigir cómo te sientes.

Dejamos que las emociones nos gobiernen la vida. Cuando nos sentimos bien, nos tomamos los contratiempos con calma, vemos más oportunidades y nos resulta un poco más patente la belleza que nos rodea. Cuando nos sentimos mal, los obstáculos nos parecen mayores y más difíciles de superar. Reaccionamos constantemente a las circunstancias, y a los pensamientos y las emociones que se derivan de ellas. Todo gira en torno a cómo nos sentimos. Por eso necesitas aprender a dirigir y cambiar tu estado, es decir, cómo te sientes de manera global.

La palabra «estado» viene del latín *status*, que es la situación en la que se encuentra algo. A los efectos de este libro, diremos que el estado es la suma de las emociones y la fisiología, la vibración global de la energía del corazón, la mente y el cuerpo. ¿Con qué frecuencia eres consciente de tu estado global?

En este capítulo aprenderás a controlarlo. Empezaremos explicando que los resultados provienen de los comportamientos; estos provienen de las emociones, y estas, de los pensamientos. Aunque, en principio, este modelo parezca bastante sencillo, es básico que lo comprendas bien para aprender a controlar tu estado.

Si queremos sentirnos mejor más a menudo, tenemos que examinar (y quizá transformar) la fuente de las emociones, que fluyen del corazón.

Antes de pasar a examinar el corazón, echemos un vistazo a los pensamientos y cómo se forman.

La gota de limón

> Como estamos constantemente reaccionando al mundo exterior, no tenemos poder. Hay dos opciones: o creas conscientemente tu vida o reaccionas a ella.[2]
>
> JOHN KEHOE,
> *Mind Power into the Twenty-First Century*

Revisa tu día. ¿Hubo algo frustrante o divertido? ¿Cuáles fueron las circunstancias que crearon esa emoción en tu interior? La forma en que experimentamos la vida parece bastante clara: ocurre algo y respondemos a ello. Si es bueno, nos sentimos bien. Si es malo, nos sentimos mal. Pero ¿cuál es la causa que subyace a cómo nos sentimos?

Obtenemos información del mundo mediante los cinco sentidos: vista, olfato, gusto, oído y tacto. Nuestra percepción de los hechos genera pensamientos y emociones que se convierten en creencias sobre lo ocurrido. Estas creencias determinan la forma en que experimentamos el hecho. Y a veces esas creencias nos limitan. Con el tiempo, establecemos pautas en nuestras creencias que determinan si podemos superar las dificultades de la vida o caer en la tristeza y la desesperación. Lo que creemos y, en consecuencia, la manera en que percibimos el mundo, es crucial.

Experimentamos la realidad no solo mediante los sentidos, sino también mediante la imaginación. Cuando una idea entra en la mente, el cerebro crea una imagen de ella. Como el cerebro no puede distinguir entre lo que se imagina de manera de vívida y lo que es real, suele procesar lo imaginado como si fuese real.

Digamos que te invito a mi cocina y nos acercamos a la tabla de cortar. Tengo una bolsa de jugosos limones de gran tamaño y corto uno por la mitad. Ahora te voy a pedir que inclines la cabeza hacia atrás, que abras la boca y que cierres los ojos unos segundos. ¿Qué ocurre a continuación? Imagina el limón que sostengo sobre tu boca y el aroma cítrico que desprende. Te cae en la lengua una gota del zumo. Si te has imaginado lo que acabo de decirte, seguro que has empezado a salivar. La imaginación puede crear realidad en cualquier momento y en cualquier lugar.

El mundo que ves es una proyección que hace el cerebro en función de la información de la que dispone. Toma la nueva información, la ordena haciendo uso de la memoria y crea tu experiencia específica de los hechos. Pero tu experiencia no coincide con lo que es el mundo real, porque es tu interpretación del mundo basada en tu pasado y en lo que has llegado a creer sobre ti y sobre él.

Diagrama 6.1

Circunstancia X → Filtrada por los recuerdos y las creencias → Pensamientos → Emociones → Actos → Resultados

Nota: A los efectos de esta explicación, los resultados son las circunstancias que se crean en tu vida como consecuencia de tus actos. Los resultados forman parte de tus circunstancias.

Las creencias proceden del sentido que le da tu mente a cada hecho de tu vida. Son completamente sesgadas. Los mapas de la percepción de algunas personas son abruptos y montañosos, con peligros que acechan a la vuelta de cada esquina, mientras que los de otras personas son llanos y hermosos, con oportunidades a cada paso. El sesgo explica por qué dos individuos pueden vivir un mismo hecho y tener experiencias totalmente distintas, como en la historia en la que dos personas miran entre los barrotes de su prisión, y una ve lodo y la otra estrellas.

Nuestros mapas de percepción determinan lo que vemos, que afecta en gran medida al sentido que damos a las cosas y, por tanto, a las opciones que tenemos. En el mundo existen muchísimas posibilidades, pero solo podremos planteárnoslas si somos capaces de verlas o, al menos, si sabemos que existen. Si lo único que ves es gallinas y pienso para gallinas, da igual que seas un águila: la posibilidad de volar no formará parte de tu mundo.

No es necesario que el mapa de la percepción encaje perfectamente con el mundo, lo que, además, dificultaría las cosas, pues habría demasiado que procesar. El espectro visible de los seres humanos se limita a siete colores; no podemos ver como las águilas o los búhos. Ni oír como un leopardo o un conejo. Estas limitaciones nos permiten manejar la vida sin abrumarnos con demasiada información.

En conclusión, es muy importante que aprendamos a reconocer las creencias que nos limitan y que nos esforcemos por permanecer abiertos a las posibilidades si queremos disfrutar de una vida de libertad, con amor, sabiduría y coraje.

Cómo toma decisiones el cerebro

> La respuesta emocional apropiada ante un problema constituye un setenta y cinco por ciento de la solución.[3]
>
> JIM LOEHR,
> *Mental Toughness Training for Sports*

El cerebro recibe y procesa información continuamente. Hay tanta cantidad que hace falta organizarla para averiguar qué significa. El principal modo en que la mente organiza la información es a través de la búsqueda de pautas de almacenamiento. Es una máquina de creación de sentido; está constantemente sacando conclusiones para crear pautas. Cuando ocurre un hecho o visualizamos un objeto, el cerebro localiza todos los modelos almacenados donde podría encajar ese objeto o ese hecho. Una vez que ha reconocido el modelo, usa la información de la que dispone para guiarnos por la experiencia. De este modo, busca modelos o pautas mediante cuatro procesos: presuposiciones, generalizaciones, eliminaciones y distorsiones.

PRESUPOSICIONES

Son uno de los principales modos de procesar la información. Se trata de cosas que aceptamos como ciertas sin prueba de ello. El cerebro no necesita prueba; lo que necesita es una pauta o modelo. Su forma de funcionar consiste en aprender a reconocer las pautas y los modelos y luego recordarlos, tanto si son útiles como si no. Las presuposiciones sirven para que podamos procesar la información sin tener que pasar horas deliberando. Si, por ejemplo, cabimara el odern de lsa pabalras en etsa fasre, seguirías entendiendo lo que escribo siempre que la primera y la última de las letras de la mayoría de las palabras estuvieran en el orden correcto. El cerebro de casi todas las personas cambiaría rápidamente las palabras mal escritas a la más cercana y apropiada (para leer «Si, por ejemplo, cambiara el orden de las palabras en esta frase, seguirías entendiendo lo que escribo»). Así es como funcionan las ilusiones ópticas: el cerebro saca conclusiones. No le importa si algo es verdadero o falso, sino si encaja en el modelo o pauta que ya «conoce».

Por ejemplo, si vemos una pata de elefante, el cerebro enseguida asume que la pata está conectada al cuerpo de un elefante que tiene otras tres patas, dos orejas de gran tamaño y una trompa muy larga. En este caso, somos capaces de crear una imagen completa habiendo visto solo una parte.

El problema es que no siempre queremos la imagen completa. A veces necesitamos enfocar la mirada y centrarnos en una parte pequeña. A causa de la forma en que recoge la información (buscando pautas o modelos), el cerebro siempre quiere saltar al entorno circundante en lugar de permanecer fijo en la tarea actual. Una cantante de ópera desea cantar maravillosamente, pero su cerebro quiere juzgar su interpretación mientras canta, o calibrar cómo reacciona el público. Un jugador de béisbol trata de centrarse en el bateo y en la calidad de sus movimientos, pero su cerebro quiere saltar al futuro.

He aquí una prueba que puedes hacer:

1. Fíjate en un cuadro o una fotografía de un objeto o una escena que esté colgado en la pared del lugar donde te encuentres.

2. Mira solo la esquina inferior derecha.

3. Intenta impedir que tu mente salte al cuadro completo. No dejes que piense en lo que está unido a la pequeña parte a la que estás mirando.

¿A que es difícil?
El mensaje principal que quiero transmitirte aquí es que el enfoque mejora cuando desglosas una tarea en sus elementos más básicos y te concentras solo en uno de ellos. Si eres jugador de golf: golpear bien la pelota. Si eres músico: interpretar bien un compás. Sé consciente de que la mente puede querer saltar continuamente a conclusiones y presuponer cosas que quizá no sean útiles ni ciertas.

GENERALIZACIONES

Igual que las presuposiciones, las generalizaciones se basan en las pautas o modelos almacenados en el cerebro. Los recuerdos de hechos similares forman un modelo del que aprendemos y el cual usamos para hacer predicciones sobre hechos futuros.
He aquí un ejemplo:

1. Entras en una estancia oscura y accionas un interruptor.

2. La estancia queda iluminada.

3. Entras en habitaciones oscuras varias veces. Cada vez que accionas los interruptores, quedan iluminadas.

4. El cerebro acaba conectando los interruptores con estancias iluminadas. Esto es una generalización.

Las generalizaciones son muy útiles. Sin ellas, tendríamos que estar continuamente aprendiendo cosas sencillas. El problema es que este proceso puede ir demasiado lejos. Imagina que te ha salido mal la exposición de un proyecto importante en el trabajo porque no encontrabas las palabras. El cerebro podría generalizar que siempre que haces presentaciones importantes te quedas sin palabras, algo que no es necesariamente cierto. Las generalizaciones que contribuyen a que tengas una visión negativa de ti mismo y de lo que puedes hacer limitan el modo en que ves el mundo y cómo actúas.

Eliminaciones

Rendimos mejor cuando descartamos pensamientos innecesarios y dejamos actuar a la intuición. Cuando hablamos de eliminación, nos referimos a prestar atención a algunos aspectos de nuestra experiencia e ignorar otros.

Este proceso es crucial en la interpretación, donde múltiples cosas suceden al mismo tiempo, y el intérprete debe centrarse en la tarea que tiene entre manos y no dejarse distraer. El problema con la eliminación es que este proceso estrecha la visión y puede hacernos perder oportunidades.

Piensa que vas caminando por la ciudad de Nueva York. La oleada de luces e imágenes, vendedores y artistas callejeros inunda de información tus sentidos. Para no abrumarte, el cerebro elimina muchos de los datos que recoge. Lo que mantiene o borra se basa en tu mapa único del mundo, es decir, tu forma de mirar. Las eliminaciones, al limitar lo que ves, afectan a lo que crees que es posible. Podrías apuntar demasiado bajo si no ves suficientes posibilidades, o de manera demasiado amplia si no logras ver el camino adecuado.

Distorsiones

La distorsión ocurre cuando el cerebro otorga demasiada relevancia a una pauta. Digamos, por ejemplo, que te has puesto nervioso y has olvidado lo que ibas a decir en las últimas dos exposiciones que has hecho en el trabajo. Estos reveses menores pueden desencadenar pensamientos negativos como «Siempre me pasa lo mismo» o «Todo me sale mal». En este ejemplo «siempre» y «todo» son palabras que distorsionan o exageran la verdad. El problema con las distorsiones es que cuando las estamos aplicando no nos damos cuenta. Los pensamientos negativos dirigidos a nosotros mismos o a nuestro rendimiento pueden generarnos frustración, ansiedad o depresión. Es importante darnos cuenta de que la mente distorsiona las cosas, y de que no siempre podemos confiar en ella. Necesitamos entrenarla y aprender a reconocer los momentos en que distorsiona.

La historia de tu corazón

Lo que te controla en cada momento dado son las historias y las ideas que se han asentado en tu corazón, especialmente la historia global que has llegado a creerte sobre quién eres: lo que es más valioso, importante y posible en tu vida. Todo ello tiene un efecto considerable en la energía de la que dispones en cada momento o en un estado global.

Las personas que se autorrealizan con desapego (véase el capítulo 1, cuando hablábamos de Maslow) han desarrollado una conciencia muy precisa de sus pensamientos y han aprendido a gestionarlos bien. Lo han hecho organizando el entorno y llenándose la mente de historias e ideas edificantes. Estas historias e ideas sustentan pensamientos positivos continuos que ayudan a crear emociones estimulantes. No es que las personas que se autorrealizan con desapego no presupongan cosas, no generalicen y no eliminen información ni distorsionen, pero sí reconocen esos procesos y son capaces de gestionarlos. Controlan sus pensamientos, en lugar de dejarse controlar por ellos.

«¿No quieres que se enfade?», le preguntaron. Roach dijo: «No, no quiero que se enfade. Tenemos un plan. Y quiero que siga el plan».[4]

FREDDIE ROACH,
legendario entrenador de boxeo tras
preguntarle si a su boxeador Óscar de la Hoya
le enfadaban los constantes ataques verbales
de su adversario antes de una pelea

Lo que atrae tu atención te atrae a ti

Una persona educada se distingue por ser capaz de sopesar un pensamiento sin aceptarlo.

ARISTÓTELES,
filósofo griego, 384-322 a. C.

Como he mencionado antes, las personas que se autorrealizan con desapego son capaces de organizar su entorno. Eligen deliberadamente lo que ven cada día en su casa y en su lugar de trabajo, así como a qué prestan atención. Se centran en relaciones edificantes y deseos que inspiran, enseñan y fortalecen. A diario llenan deliberadamente su corazón con amor, sabiduría y coraje. El doctor E. Stanley Jones, amigo de Gandhi, lo expresó muy bien: «Lo que atrae tu atención te atrae a ti».[5] Te atrae a ti. Dicho con otras palabras, aquello en lo que te enfocas dirige hacia dónde van tus pensamientos, y esos pensamientos se convierten en emociones, actos y resultados. Es decir, aquello en lo que te enfocas controla tu vida.

Imagina que estás viendo una película. Si te engancha, todo tu ser queda absorbido por ella. Se te acelera el corazón si persiguen al protagonista o se te llenan los ojos de lágrimas si se le rompe el corazón. Tu mente, incapaz de diferenciar entre la realidad y lo que estás imaginando tan vívidamente, siente la película como si fuera real.

Es decir, lo que ves, oyes y lees tiene un efecto enorme en lo que piensas, sientes y crees, así que elige con cuidado.

Horario de máxima audiencia

> Solo hay un modo de cambiar radicalmente tu comportamiento: cambiar radicalmente tu entorno.[6]
>
> Dr. B. J. Fogg,
> director del Standord Persuasive Lab

Tu entorno —las cosas circundantes con las que interaccionan tus sentidos a diario— tiene un efecto crucial en tu estado, que es el que genera tu comportamiento. También es crucial en el desarrollo del control emocional. Sin que seas consciente, los hechos y las personas con las que te encuentras a diario, por muy insignificantes que te puedan parecer, afectan a lo que piensas y lo que sientes y, por tanto, a la manera en la que actúas.

En 2008 se llevó a cabo en Yale un estudio del comportamiento en el que se pidió a los participantes (estudiantes de la universidad) que contestaran a preguntas sobre distintas personas.[7] Sin embargo, los estudiantes no sabían que el estudio ya había comenzado en el ascensor que los llevaba al laboratorio.

En el ascensor, una persona que ayudaba en el experimento (sabía lo que tenía que hacer, pero no conocía el propósito del estudio) le preguntaba al estudiante si le importaba sujetar un momento su café, que podía estar caliente o llevar hielo.

Cuando los participantes llegaban al laboratorio, recibían un cuestionario sobre su impresión acerca de la personalidad de distintos sujetos. Los estudiantes que habían sostenido el café caliente percibían a las personas del cuestionario con cualidades más positivas que aquellos que habían sostenido el café con hielo.

En un estudio complementario posterior, los participantes

sostenían bolsas terapéuticas de frío o calor como si estuvieran evaluando productos y luego se les decía que podían recibir un certificado de regalo para un amigo o un regalo para sí mismos. Las personas que habían sostenido las bolsas calientes eran más proclives a pedir el certificado de regalo, mientras que quienes habían sostenido las bolsas frías tendían a quedarse con el regalo. Dicho con otras palabras, quienes habían sostenido el café o la bolsa calientes tendían a ser más generosos que quienes habían sostenido el café o la bolsa fríos.

Los autores de los dos estudios, John Bargh y Lawrence Williams, estaban tratando de comprobar hasta qué punto afecta el entorno a nuestros pensamientos, emociones y comportamientos. Su conclusión fue que nos afectan en gran medida cosas sutiles del entorno, a menudo sin que seamos conscientes.

Hay investigaciones que demuestran la efectividad de técnicas de sugestión, tales como introducir una palabra, una imagen o un estímulo físico para influir en un comportamiento. Si se menciona la palabra «profesor» a alguien que vaya a realizar una prueba de cultura general, sacará mejor puntuación. Si se le menciona alguna palabra que pueda asociarse con falta de inteligencia, lo hará peor.

Los objetos que aparecen en tu campo de visión te afectan en gran medida, suscitándote emociones (un hermoso atardecer, una obra maestra de arte, una fotografía, etc.). Para sentirte bien más a menudo necesitas que pasen por tu mente de manera sistemática ideas más positivas. Pueden tomar la forma de palabras, símbolos, canciones o imágenes. Por supuesto, puedes combinarlos: un collage de imágenes de tus metas, asociadas con palabras positivas, tendría un gran efecto. También puedes usar esos términos para realizar afirmaciones (véase el capítulo 7) o añadir imágenes a una banda sonora para crear una película. (Ve a <www.innerexcellence.com> y suscríbete para recibir en tu correo electrónico nuevas ideas y herramientas que te ayuden a desarrollar tu excelencia interior). Lo hagas como lo hagas, organizar tu entorno para que se oriente hacia hábitos que te ayuden a poner en práctica tu propósito y tus principios —y cómo quieres sentirte— es un componente clave del entrenamiento de tu mente y tu corazón.

Recuerda: nos movemos hacia aquello en lo que nos enfocamos. Si una niña que esté aprendiendo a montar en bici se centra en la piedra que tiene delante, chocará con ella. Si le dices a tu hijo de cuatro años que se aleje de ese charco de barro, ¿crees que el pequeño va a evitar la imagen que acabas de ponerle en la mente?

Dirige los deseos del corazón

Los deseos, sobre todo los que representan lo que más anhelamos, son poderosísimos: influyen en cómo vemos el mundo y en aquello por lo que nos esforzamos. Nos llenan el corazón de emociones y miedos y nos llevan a luchar o a huir. Los deseos fuera de control crean adicciones y obsesiones que nos hacen perder el gozo y la pasión de hacer cosas y vivir. Cuando tenemos hambre, necesitamos comer; cuando queremos chocolate, no podemos pasar sin él (qué cierto es). Los deseos son muy poderosos, pero pueden volverse en nuestra contra. La naturaleza humana siempre nos va a dirigir hacia la gratificación inmediata. La disciplina es la capacidad de retrasarla, de rechazar algunos deseos y aceptar otros. El deseo es un motivador fantástico y un amo terrible. Si cediésemos constantemente a los deseos, comeríamos y dormiríamos demasiado, agotaríamos la tarjeta de crédito...: nos volveríamos esclavos de ellos. Los deseos nos conducen a emociones, y estas suelen vencer la fuerza de voluntad. Dicho con otras palabras, aunque sepamos lo que debemos hacer, no siempre lo hacemos.

Todos somos capaces de descartar ciertos deseos porque están en total desacuerdo con nuestros valores. Aunque queramos algo desesperadamente, no vamos a robarlo. El problema viene cuando cedemos tanto a los deseos que dejamos de descartar algunos que antes sí teníamos bajo control, cuando las cosas se nos van de las manos.

Según Dallas Willard: «Las personas dominadas por el ego creen que sus emociones deben ser satisfechas».[8] Ocurre que cuando no consigues lo que crees que «tienes que» conseguir (para satisfacer tus emociones), te frustras y te pones ansioso. Necesitas, por tanto, evitar que te controle el ego. A medida que desarrolles el autodominio dejarás de ser esclavo de tus emociones. Tendrás más autocontrol que te ayudará a descartar deseos que no te fortalecen (por ejemplo, recompensas transitorias y estatus) antes de que se te vayan las cosas de las manos.

Nuestros deseos más profundos nos controlan. Por tanto, tenemos que asegurarnos de que estos nos fortalezcan y den sentido a nuestra vida. Victor Frankl comprobó que las personas que sobrevivieron al Holocausto no eran las más fuertes o las más combativas, sino aquellas cuya vida tenía un sentido más profundo, algo que no se les podía arrebatar.[9]

Igual que comer sano crea el deseo de consumir más alimentos saludables, y ejercitarse crea el deseo de hacer ejercicio con regularidad, podemos aumentar nuestro deseo de tener hábitos edificantes. Entonces ¿cómo cambiamos lo que deseamos? Empieza pensando profundamente en lo que más quieres, más allá del éxito mundano. En última instancia, creo que caerás en la cuenta de que tu mayor deseo es vivir con plenitud, estar lleno de confianza y de gozo sean cuales sean las circunstancias.

La elección

En el verano de 2018 llevé a mi hermana y a mis padres a dar una vuelta en ferri desde Seattle hasta la isla de Bainbridge. Fui a la cubierta superior y aspiré el aire fresco. Al mirar a las islas que me rodeaban, me fijé en una casa preciosa con vistas al mar. Entonces se me ocurrió este pensamiento: ¿qué preferiría tener? ¿Una casa de diez millones de dólares con vistas al océano y el estrés y la ansiedad de una persona con ese estilo de vida? ¿O vivir en un apartamento con un sueldo normal, pero llevando una existencia plena, llena de gozo y confianza, independientemente de las circunstancias, hasta el final de mis días? Hice esta pregunta a mucha gente y la mayoría me respondía que querían tanto la casa como la serenidad, pero si tú tuvieras que elegir una o la otra, ¿con cuál te quedarías?

Tómate un tiempo para contestar. Si eliges la casa, ¿seguirías haciéndolo si nadie más que tú pudiera verla nunca? La estrella de cine Jim Carrey ha dicho que desearía que todo el mundo pudiera hacerse rico y famoso y tener todo lo que se les antojara para que se dieran cuenta de que así nunca serían felices.

Cuando te percatas de que la razón por la que quieres ser campeón del mundo o presidente de una gran empresa o tener una casa preciosa con vistas al mar es porque crees que te aportará libertad, paz y gozo, ¿no crees que deberías ir a por esas cosas directamente? ¿Y si ir a por esas cosas directamente también te proporcionase las mejores oportunidades para conseguir un éxito extraordinario (ser campeón del mundo, CEO, etc.)? ¿No sería mejor tomar la ruta directa y dejar que esas otras cosas te llegasen por añadidura?

La ruta directa a una vida plena, llena de gozo y confianza, es desear profundamente lo que más te pueda fortalecer y dar estabilidad. ¿Y qué es lo que más te puede fortalecer y dar estabilidad? El amor incondicional. Siempre presente, siempre valiente, que nunca falla. Con límites estrictos y el máximo respeto por Dios, uno mismo y los demás. Si la base de tu vida es amar y fortalecer a los otros, te parecerá fácil descartar los deseos inestables y asumir el amor, la sabiduría y el coraje. Aumentará tu libertad, se ampliará tu visión y serás más valiente, lo cual te ayudará en todas las facetas de la vida, especialmente en el rendimiento en tu profesión.

Aprende a enfocarte y a relajarte

He aquí tres habilidades importantes que aprenderás y te ayudarán a controlar tu estado (emociones y fisiología):

1. Cómo enfocar la mente con suavidad y nitidez.
2. Cómo relajar el corazón, la mente y el cuerpo moderada y totalmente.
3. Cómo pasar de estar enfocado a estar relajado.

El enfoque suave es la capacidad de mantener una concentración relajada cuando no necesitas estar completamente centrado en la tarea, pero pronto te hará falta. Es necesario entre periodos de actividad como los de los servicios en un partido de tenis, las entradas en el béisbol o las jugadas en el fútbol. Si no eres capaz de mantener este enfoque suave querrá decir que o bien no estás centrado en absoluto o bien estás demasiado enfocado y no podrás mantener esa intensidad durante toda la actividad. Los dos casos te darán problemas.

El enfoque nítido es la capacidad de centrarte deliberadamente en la tarea que tienes entre manos y aportarle la energía y la presencia necesarias para alcanzar tu máximo rendimiento. Este enfoque es necesario en los momentos clave de una actividad, como servir en el tenis, lanzar en el béisbol o placar en el fútbol americano.

Por lo general, la relajación moderada se practica a la vez que el enfoque suave. Relajarse moderadamente implica reducir la cantidad de pensamientos y ahorrar energía para cuando haya que aplicar el enfoque nítido.

Esta relajación moderada no solo es necesaria en los momentos apropiados de la actividad en la que queremos rendir al máximo. También es esencial antes y después de ella, en los días de descanso.

La relajación total es la capacidad de descansar por completo, con siestas y sueño nocturno. Cuando dormimos, se ralentizan las ondas cerebrales (ondas delta). Si reducimos la energía durante la actividad en la que queremos rendir al máximo, las ondas cerebrales tienen una velocidad moderada (normalmente alfa). Si estamos ansiosos, van demasiado rápido (ondas beta).

Uno de los principales retos a los que se enfrenta la cultura occidental hoy en día en lo tocante a la concentración es la falta de sueño. El golfista Gareth Bale (y superestrella del Real Madrid) suele dormir entre nueve y diez horas por la noche y se echa siestas de una o dos horas al día, despertándose exactamente cuatro horas antes de los partidos.[10] Dormir bien requiere la capacidad de desconectar la mente y relajarse por completo.

La tercera habilidad consiste en pasar del enfoque a la relajación. Como hemos dicho más arriba, lo ideal es pasar del enfoque suave (y la relajación moderada) entre los periodos de actividad al enfoque nítido durante la actividad.

Ir despacio

La mayoría de la gente va casi todo el tiempo como si estuviera pisando el acelerador; pocas veces se relaja. Está atrapada en las circunstancias y los detalles de la vida, y no suele dejar a la parte creativa del cerebro la libertad de soñar. Si queremos aprender a controlar las emociones, primero tenemos que aprender a relajarnos. Relajarse no implica aflojar, sino solo levantar el pie del acelerador, ralentizar la mente y el cuerpo. Es importante practicarla en los momentos de inactividad para poder estar más centrado y bajo control en los de máximo rendimiento.

Una manera de practicar esta ralentización y de adquirir mayor autoconciencia es utilizar la visión periférica. Puedes probar esto ahora mismo mientras estás sentado o conduces. Al mirar hacia delante, comprueba qué notas en el extremo izquierdo y derecho de tu campo de visión. No muevas la cabeza ni los ojos, mantén la vista al frente. ¿Qué percibes? Mientras practicas esto, prueba también a identificar los sonidos que oigas. Al ejercitarte en el uso de la visión periférica, también te estarás ejercitando en ser más consciente de lo que oyes, así como en mejorar tu capacidad de relajación y concentración e ir pasando de una a otra.

El enfoque suave

En el Princeton Biofeedback Centre, los estudiantes aprenden un concepto llamado «enfoque abierto», desarrollado por el doctor Les Fehmi. Es un modo de centrar la atención para ayudar a reducir síntomas relacionados con el estrés y aumentar el bienestar. El enfoque abierto es una forma amplia e inmersiva de prestar atención, en contraposición al enfoque estrecho y estresante al que hemos aludido más arriba cuando hemos hablado de la gente que siempre va con el pie puesto en el acelerador. Fehmi explica: «La conciencia flexible del enfoque abierto nos permite entrar y salir del estado de descanso total, dejando que el cuerpo se recupere y que, en consecuencia, pueda curarse de problemas causados por el estrés, tan comunes hoy, así como prevenirlos».[11]

La idea básica que subyace aquí es que la mayor parte del estrés proviene de reprimir y limitar el número de sensaciones que experimentamos al mantenernos de manera constante en el modo de enfoque estrecho. El principal modo de aprender a aplicar el enfoque suave es ejercitarnos prestando atención a los distintos sentidos de varias maneras.

Practicar el enfoque abierto es un modo muy eficaz de fijarte en cómo prestas atención y cómo te relajas, y cómo vas pasando del enfoque estrecho al amplio. El doctor Fehmi explica:[12]

> El entrenamiento de la atención con el enfoque abierto ayuda a tomar conciencia de cómo afrontamos el amplio abanico de experiencias sensoriales, así como el espacio entre ellas. Aprender a fomentar una atención no exclusiva y exenta de juicios apoya la integración de las experiencias con apertura y flexibilidad. Estas técnicas contribuyen a aliviar el estrés, a manejar el dolor físico, a regular las emociones y a preparar el terreno para el rendimiento óptimo y los momentos trascendentes. Si se practica con regularidad, puede generar cambios considerables en la vida de las personas.

Practica un enfoque más suave

Detente por un momento y visualiza tu mandíbula y todos los músculos faciales que la sustentan. Céntrate en la zona de la mandíbula mientras relajas todos los músculos que la rodean.

Ahora visualiza el espacio y la distancia que hay entre tus ojos. Trata de experimentar las sensaciones que se están dando ahora mismo en esa zona y alrededor de los ojos.

A continuación, visualiza el espacio que hay entre la página o la pantalla y tus ojos. Visualiza el espacio tridimensional que hay entre tus ojos y las palabras.

Ahora aumenta tu conciencia del espacio que hay hacia el límite izquierdo y derecho de la página o de la pantalla. Permite que se amplíe gradualmente tu campo de percepción hasta incluir la parte superior, la inferior y los lados de la página o la pantalla. Continúa leyendo y, mientras lo haces, amplía lentamente la conciencia del espacio que ocupa tu cuerpo. ¿Qué partes del cuerpo notas mientras estás sentado leyendo esto o desplazándote escuchándolo? Amplía tu conciencia para incluir toda la estancia o el vehículo en el que vas ahora mismo.

He aquí un ejercicio que propone el doctor Fehmi:

¿Puedes sentir el espacio que hay entre tus dedos pulgar e índice y alrededor de ellos, así como el espacio que ocupan? Si cierras los ojos serás capaz de sentirlo mejor.

Centrarse: reiniciar el sistema

Otro modo de practicar la atención y el enfoque es mediante la respiración.

Puedes hacerlo aprendiendo a:

- Controlarla con respiraciones largas, lentas y profundas.
- Centrando la mente en una tarea simple.

Por qué hacerlo

¿Te acuerdas de que el ego, el Crítico, la mente de mono y el Embaucador están siempre tirando de ti hacia el pasado o el futuro, interrumpiendo tu concentración? Pues centrarte te mantiene en el presente enfocando la mente en el cuerpo. La respiración profunda y controlada lleva energía al centro del cuerpo, justo debajo del ombligo. La mente, vacía de pensamientos sobre el pasado o el futuro, es capaz de recargarse durante este proceso.

Estos ejercicios hay que practicarlos a lo largo del día, todos los días, no solo cuando creas que vas a necesitar rendir al máximo. Si quieres tener la mente despejada cuando te toque rendir óptimamente, necesitas practicar el control del enfoque y la energía a diario. Así podrás hacerlo estando bajo presión cuando más lo necesites.

Aquí tienes algunos ejercicios con los que puedes practicar:

El reinicio básico

Usa esta herramienta en cualquier momento en que no estés presente (por ejemplo, estresado, frustrado, enfadado o nervioso).

1. Deja de hacer lo que sea que estés haciendo (caminar, hablar, etc.).

2. Elige un punto por encima del horizonte (una nube, la rama de un árbol, etc.).

3. Mira fijamente a ese lugar; no apartes de él los ojos.

4. Detén todos los pensamientos mientras miras fijamente a ese punto.

5. Haz una inspiración larga y lenta por la nariz (cuenta más o menos hasta 4).

6. Exhala mientras relajas la mandíbula y todos los músculos faciales (cuenta más o menos hasta 6).
   a) La exhalación tiene que ser más larga que la inhalación.
   b) Mientras sueltas el aire, suelta también todos los deseos y preocupaciones.
7. Haz esto dos veces. Si solo tienes tiempo para una vez, no pasa nada.

Este es el reinicio básico que deberías practicar y usar con regularidad.

La respiración cuadrada

1. Busca una buena postura. Lo ideal es que te sientes recto. Cierra los ojos.

2. Inhala profundamente por la nariz (cuenta hasta 4) expandiendo las costillas y permitiendo que entre el aire en los pulmones.

3. Contén la respiración (contando hasta 4).

4. Exhala por la nariz o la boca (contando hasta 4) mientras desinflas el diafragma y dejas que el ombligo se acerque a la columna. Al hacerlo, si notas alguna tensión en los músculos faciales, relájalos. Afloja la mandíbula. Estas dos cosas son cruciales, pues la tensión suele concentrarse en la mandíbula y los músculos de alrededor (es muy útil recordarlo en las situaciones en que estamos sometidos a presión).

5. Contén la respiración (contando hasta 4). Repite todas las veces que lo desees.

Cuando tengas la mente agitada y necesites calmarla, prueba a respirar profundamente. Para desacelerar el corazón o los pensamientos, respira más despacio. Con este ejercicio básico como punto de partida, vamos a añadir ahora unas variaciones. La primera es imaginar que, con cada inspiración, estás inhalando energía vivificante y, con cada exhalación, salen de tu cuerpo todas las preocupaciones, inquietudes y ansiedades. (Para darle más fuerza a la imagen también puedes visualizar que la energía vivificante entra en tu cuerpo como si fuera una especie de neblina). A continuación añadimos pensamientos positivos a la respiración. En su libro *Coaching the Artist Within,* el doctor Eric Maisel aporta un ejercicio eficaz al que llama «secuencia para centrarse» y cuyo primer paso es «Estoy parando por completo».[13]

Para apagar la mente, dirás dentro de tu cabeza al inhalar: «Estoy...» y al exhalar: «... parando por completo».

Si quieres, puedes imaginar que bajas despacio por una escalera dirigiéndote a un lugar tranquilo y apacible. Estás apagando el sistema. Existen unas cuantas variaciones que puedes probar. Sustituye la frase «Estoy parando por completo» por:

Estoy... plenamente presente.
Estoy... centrado y relajado.
Estoy... tranquilo y confiado.
Estoy... desconectando.
Soy... brillante y exitoso.
Soy... una estrella.
Soy/estoy... [añade lo quiera que desees sentir o ser].
Céntrate... y disfruta.
Relájate... y sonríe.

No espero nada

Hay un mantra que los samuráis recitaban antes de entrar en combate: «No espero nada, me preparo para cualquier cosa». Cuando quieres rendir al máximo, las expectativas pueden suponer un obstáculo porque causan tensión y miedo y te sacan del presente. Por definición, las expectativas implican mirar al futuro. Los ejercicios para centrarse se hacen para llevar la energía al centro del cuerpo y para que la mente esté presente. «No espero... nada» es un ejercicio muy eficaz para centrarte, en el que expresas que no tienes necesidades, que puedes manejar cualquier circunstancia. No tienes expectativas de cómo deberían ser las cosas.

He aquí cómo se hace:

Haz una inspiración larga y lenta por la nariz y di: «No espero...»; luego contén la respiración unos segundos y después exhala y di en silencio: «... nada». Si lo haces dos veces reducirás la ansiedad y lo notarás mucho.

Imagina a un samurái antes de iniciar un combate de espada en el que uno de los dos contendientes va a morir. Para rendir al máximo, el samurái debe estar centrado y concentrado todo el tiempo. Sobre todo no puede permitirse el lujo de distraerse con la idea de circunstancias imprevistas. Las expectativas, en el sentido que le damos a esta palabra, no tienen nada que ver con la confianza, que es fe en el futuro. Se trata de una simple anticipación de los acontecimientos por venir, operación mental que es mejor evitar en el momento en el que necesitamos rendir al máximo (la dejaremos para cuando practiquemos la visualización). Nos preparamos para el futuro a diario fijándonos metas orientadas a un proceso, repitiendo afirmaciones y visualizando resultados futuros. Sin embargo, en el momento en que queremos rendir al máximo, debemos estar plenamente en el presente.

Aprender a no esperar nada y estar preparado para cualquier cosa es una buena manera de permanecer presentes y ganar la batalla interior. No quiere decir que no queramos abundancia o que no deseemos ganar; se trata de no apegarse a ninguna circunstancia que pueda surgir.

Imaginemos, por ejemplo, que vas en coche a un acto importante. Comienzas a ponerte nervioso. Tu mente se agita y el corazón te late más rápido. Paras el coche. Sabes que no es así como quieres sentirte, así que decides centrarte. La mente empieza a calmarse y, al cabo de pocos minutos, el corazón vuelve a latir con normalidad. Te sientes mejor, quizá sigues nervioso, pero no tan disperso. Así que usas el mantra/la herramienta de «No espero nada, me preparo para cualquier cosa». Ahora tienes más paz y presencia de ánimo.

Las expectativas suelen ser lo más difícil de manejar cuando has hecho algo en el pasado (ganar un campeonato o conseguir un contrato muy importante para la empresa, por ejemplo) y sientes que la gente espera que repitas el logro. Quizá conseguiste que se firmara un acuerdo muy ventajoso y todo el mundo está diciendo lo bien que volverás a hacerlo. Ahora cada vez que hagas algo, sea grande o pequeño, la gente esperará constantemente el mismo éxito. Es fácil sentirse abrumado en estos casos. A veces en el golf el hoyo de 5 pies es mucho más difícil que el de 10 a causa de las expectativas.

Otra opción para centrarse es similar a la del ejercicio anterior, pero eliminando lentamente las palabras hasta que solo quede una. Vamos a usar «Estoy aquí… ahora» como ejemplo. Di estas palabras mentalmente:

Primera respiración:
(Inhalación) «Estoy aquí…»
(Exhalación) «… ahora»

Segunda respiración:
(Inhalación) «Estoy aquí…»
(Exhalación) «… ahora»

Tercera respiración:
(Inhalación) «Estoy…»
(Exhalación) «… aquí…»

Cuarta respiración:
(Inhalación) «Estoy…»
(Exhalación) *silencio*

Otra variante puede ser hacer el mismo ejercicio usando diferentes palabras:

En la primera respiración: «Estoy tranquilo y sé que soy Dios». En la segunda respiración se abrevia a: «Estoy tranquilo... y sé que soy». Luego a «Estoy tranquilo» y «sé». Después a «tranquilo» y «sé». Y, por último, solo «sé».

Cuando te estés centrando, también podrías añadir una imagen que represente cómo quieres sentirte. Podría ser una imagen en tu mente de uno de tus momentos de máximo rendimiento o la de tu momento por llegar.

Erika K., bailarina del ballet nacional de México, salía al escenario horas antes de que llegase nadie y se quedaba en silencio en el centro.[14] Antes de una actuación importante hacía varias respiraciones profundas y se imaginaba estirándose hacia al público y dándole un abrazo conjunto. Luego visualizaba una energía que venía de arriba y fluía a través de ella hacia todas las personas del público. Entraba en comunión con ellas y con todo su entorno. En esta rutina previa a la actuación imaginaba una armonía perfecta y generaba potentes emociones que le permitían actuar con confianza y excelencia.

Anclarse y liberar distintos estados

¿Por qué anclarse?

¿Te acuerdas de algún momento en que tuvieras un rendimiento increíble y todo te saliera a pedir de boca y estuvieras plenamente presente? Así es como deberías sentirte cada vez que quieras rendir al máximo. Antes de los momentos clave es muy importante saber cómo quieres sentirte y conseguir acceder a esa emoción. Si pudieras imaginar ese momento de nuevo, lo que veías, olías, oías, saboreabas y sentías, serías capaz de revivir esa experiencia tan positiva. Es posible acceder a ella, en especial a cómo te hizo sentir, creando un «ancla».

Qué es anclarse

Un ancla es una imagen, un sonido, un sabor, un olor o una sensación táctil vinculada a una emoción. Ivan Pavlov descubrió este procedimiento trabajando con perros en 1897.[15] Hacía sonar una campana y alimentaba a los perros, y lo repetía hasta que solo por el sonido de la campana los perros ya salivaban. A este emparejamiento de estímulos se lo conoce con el nombre de «condicionamiento clásico».

El subconsciente crea anclas a estímulos todo el tiempo sin que tú lo sepas. Por ejemplo, cuando oyes cierta canción que era un éxito en tu último año de instituto, te trae a la cabeza recuerdos con emociones intensas vinculadas. Las emociones están ancladas a la canción.

Puedes crear un ancla de la siguiente manera:

1. Piensa en un momento en el que te sintieras increíblemente seguro de ti mismo y poderoso (con el mayor detalle posible para que la emoción sea fuerte).

2. Cuando la emoción se acerque al punto álgido, realiza una acción sencilla que conecte alguno de tus sentidos con la emoción (por ejemplo, huele algo fuerte y relajante, como aceite esencial de yerbabuena. El olor debe ser único o, si te recuerda a algo, debería ser positivo).

En este ejemplo, anclas la confianza y la potencia al olor del aceite de yerbabuena. En el futuro, cuando puedas necesitar acceder a esa emoción, oler este aceite te ayudará a recuperarla.

Podrías usar otras anclas como apretar el puño, levantarlo o ponerte una canción. Aunque todos tenemos nuestros modos sensoriales principales o específicos para recordar o experimentar situaciones, el olfato suele ser el ancla más fuerte. Parece tener una entrada directa a las emociones.

Por supuesto, hay veces en que nos domina la frustración, la ansiedad o el miedo y queremos cambiar la manera en que nos sentimos. Con entrenamiento, podemos aprender a mantener las emociones positivas y descartar las negativas.

CÓMO DESCARTAR LAS EMOCIONES NEGATIVAS

Para descartar emociones que no queremos tener, necesitamos aprender a disociarnos de ellas. La disociación implica cambiar emociones que no nos resultan útiles por otras que sí. He aquí un ejercicio que puedes hacer para desligarte de emociones que no quieres:

La técnica de flotar

1. Siéntate en una silla y céntrate. Toma conciencia de tu cuerpo.
2. Imagínate flotando fuera del cuerpo hacia el techo. Visualízate a ti y a la habitación que ves debajo con todo detalle.
3. Flota sobre la habitación y sobre el edificio donde te encuentras hasta que puedas ver el área circundante.
4. Continúa flotando hacia arriba hasta que veas la ciudad entera, así como los ríos u otros elementos de la orografía (por ejemplo, las montañas si hay alguna cerca).
5. Recuerda que tú estás abajo y ves a la vez el edificio, el área circundante, la ciudad, la provincia, etc. Date permiso para dejar TODOS tus problemas y preocupaciones abajo. A medida que te eleves cada vez más, siente la libertad y la serenidad que se experimenta allá arriba.
6. Sube hasta las nubes. Ahora estás tan arriba que puedes ver

todas las ciudades de la región y las cadenas montañosas, e incluso las provincias colindantes.

7. Sigue subiendo hasta que veas todo el país, los océanos y luego los continentes y, al final, la forma esférica de la Tierra.
8. Cuando estés listo, empieza a descender. Mientras te vas acercando a la silla donde estás sentado, siente que todas tus preocupaciones e inquietudes te van abandonando.

Recuerdos versus emociones actuales

Como ya he mencionado, ciertas anclas desencadenarán recuerdos que no quieres. Puede que estén ligados a emociones que no sean relevantes hoy o que no te resulten útiles. Por ejemplo, si oyes una canción en la radio que te recuerda a una relación del pasado, quizá eches de menos a esa persona y te sientas triste incluso aunque a día de hoy seas feliz y hayas entablado otra relación que sea fructífera. Al darte cuenta de que solo es un recuerdo de cómo te sentiste en un momento dado y que no tiene nada que ver con cómo te sientes hoy, podrás descartar la sensación con mucha mayor facilidad.

Piensa en algún momento en que no rindieras muy bien en algún lugar. La próxima vez que te toque ir allí, aunque hayan pasado años, el Embaucador te recordará lo mal que lo hiciste: antes de llegar ya habrás perdido el partido o lo que sea que vayas a hacer allí. El Embaucador siempre se acuerda de fracasos pasados en situaciones similares y los proyecta hacia el futuro, aunque hayas mejorado mucho en el presente en la actividad en cuestión. Cuando te ocurra algo así, recuerda que se trata solo de un recuerdo, no de la verdad del presente.

A medida que desarrolles la capacidad de dirigir tus emociones, aumentará tu conciencia de ellas y serás más capaz de percibir de dónde vienen. Este conocimiento te ayudará a desarrollar mejores métodos para gestionarlas. Digamos que te sientes deprimido. Si tienes la conciencia de que esa emoción proviene del recuerdo de un fracaso anterior, podrás recordarte que ahora eres una persona muy distinta de como eras entonces. Si te frustras porque las cosas no están saliendo como quieres, puedes liberarte de esa emoción con un ejercicio para centrarte o con la técnica de flotar.

En el siguiente capítulo, veremos cómo dirigir los deseos y controlar las percepciones para poder ampliar la visión y mejorar lo más importante: aquello en lo que crees.

PUNTOS CLAVE DEL CAPÍTULO 6

- El modo en el que te sientes proviene casi por completo de lo que piensas.

- Aquello en lo que piensas y en lo que te enfocas está dirigido en gran medida por los mayores miedos y deseos de tu corazón.

- El estado en el que te encuentres será la combinación de tus mayores deseos, tus creencias sobre ti mismo, aquello a lo que prestas atención y tu fisiología.

- Lo que más deseamos afecta en gran medida a nuestra capacidad de controlar las emociones. Asegúrate de que esos deseos estén en consonancia con tus valores más profundos y con los recursos más formidables de los que disponemos: el amor, la sabiduría y el coraje.

- Debemos centrar la atención en aquello que nos fortalece y controlar a qué prestamos atención.

- Podemos hacer ejercicios para centrarnos que consisten en controlar el flujo de oxígeno y los pensamientos para llevar la energía al centro del cuerpo.

- Las expectativas de cómo deberían ser las cosas nos orientan al futuro y nos sacan del presente, atrayendo dudas y miedos. La clave es tener expectativa de abundancia, pero no apegarse a ello, de modo que estés preparado para sufrir.

- Podemos anclar las emociones que queramos y cambiar a un estado más positivo cuando no nos sintamos como deseemos.

- Practica prestar atención y enfocarte de una manera más relajada y amplia, que, a su vez, te ayudará a reducir el estrés y a tener más autoconciencia.

PREGUNTAS Y ACTIVIDADES COMPLEMENTARIAS

✓ Haz un inventario de rendimientos pasados, buenos y malos, y busca similitudes y diferencias respecto a cómo te sentías. ¿Cómo afectan las emociones a tu rendimiento? ¿Cómo surgían?

✓ Piensa en tu entorno en casa y en el trabajo. ¿Cuáles son las imágenes, palabras y sonidos de ese entorno? ¿Qué puedes hacer para llenar ese espacio con imágenes y palabras más motivadoras y positivas?

✓ Comprométete a hacer esta semana ejercicios para centrarte, de tres minutos cada uno, dos veces al día. Hazlos cuando te frustres, te enfades, te pongas nervioso o irritado, o en cualquier momento en que no estés en el presente. Registra en tu diario cómo te afectan.

✓ ¿Cuánto tiempo pasas llevando a cabo actividades que te fortalecen frente a actividades que te distraen? ¿Qué necesitas sacrificar para equilibrar la balanza?

✓ Plantéate hacer un collage con tus metas y sueños, o incluso un vídeo. Comienza a recopilar fotografías e ideas que expresen quién quieres ser, cómo quieres vivir y el tipo de persona en quien te quieres convertir.

7

La Tierra es plana
Cómo desarrollar creencias en consonancia con tus sueños

> En el cielo no hay distinción entre el este y el oeste; la gente crea distinciones en la mente y luego cree que son verdad.
>
> SIDDHARTA GAUTAMA,
> maestro zen

Tyrone corrió hacia la valla, pero no llegó a tiempo.[1] El dueño de la tienda disparó con una escopeta a los chavales que creía que le habían roto el escaparate. El pequeño Ty recibió varios impactos. Tenía cinco años. Residía en el bloque de viviendas de protección oficial de Lafayette Court, en el este de Baltimore. Su padre era traficante y pasó en prisión la mayor parte de la infancia de Tyrone. Fue una época de supervivencia. Tyrone vio cómo apuñalaban a un chaval, cómo mataban a otro golpeándolo con un bate de béisbol y cómo disparaban a otro más por la espalda en una cancha de baloncesto. Cuando le preguntaban por su infancia, decía: «No fue una vida fácil, pero para mí era la mejor».[2] Tyrone «Muggsy» Bogues llegó a jugar catorce años en la NBA, todavía con los perdigones dentro de su cuerpo de la escopeta con la que le dispararon aquel día en el este de Baltimore.

A pesar de las abrumadoras adversidades que tuvo que afrontar, Muggsy encontró el camino para salir del ambiente de su niñez y acabar jugando en la NBA. Pasó de recibir tiros de pequeño a encestar balones para ganarse la vida: un milagro de un metro sesenta de estatura. Tenía talento, como atestigua su salto vertical de un metro, pero lo que lo separaba del resto era su mente. El chaval de cinco años al que dispararon quedó ensombrecido por el niño que tenía un sueño, un sueño que mantuvo vivo a lo largo de su infancia. A Muggsy le hizo falta usar su imaginación todos los días para alimentar ese sueño y desarrollar la historia que tendría lugar un día, por muy imposible que pareciera, tal y como él había imaginado.

Todo el mundo tiene una historia. Cada uno es el autor y narrador de la suya. Elegimos qué partes tienen sentido y qué significan. Cada momento nos ofrece la oportunidad de decidir en qué dirección va a seguir nuestra historia. Cada pensamiento forma parte de la línea argumental. Son esos pensamientos, y cómo los dirigimos, los que determinan el curso de nuestra vida. Las imágenes de la mente y el sentido que les demos van desarrollando la historia. Es demasiado fácil olvidarse de la que nos contábamos un día, aquella historia increíble que está esperando ser escrita, la que aún vive en tu imaginación, sin que la suavice ningún revés, lógica o racionalización. Era ridículo pensar que un chaval de un metro sesenta de un barrio marginal fuera a poder jugar en la NBA, pero todo es posible en la imaginación. Si Muggsy pudo soñar su vida y vivir su sueño, tú también puedes hacerlo.

Hasta ahora hemos trabajado con algunas ideas sobre el rendimiento y la libertad y cómo combinar ambas cosas. Vivimos en una cultura de la comparación obsesiva que nos engaña para que busquemos la identidad en cosas externas, no en nuestro ser verdadero. Y lo que es más: tenemos una naturaleza egocéntrica que nos hace caer fácilmente en limitaciones y pensamientos derrotistas sobre nosotros mismos. Por eso perdemos oportunidades de conectar con la belleza, con los demás y con un panorama más amplio.

Así que necesitamos aprender a dejar de centrarnos tanto en nosotros mismos para adquirir la libertad de imaginar un mundo de posibilidades.

En el capítulo anterior hemos aprendido a controlar la energía y cómo nos sentimos. Ahora vamos a buscar la sabiduría que necesitamos para ver el mundo tal como es y aprender a ampliar nuestra visión. Exploraremos el factor más importante que nos afecta a nosotros y a nuestro rendimiento, a cómo pensamos, sentimos y nos comunicamos, a lo que conseguimos y en quién nos convertimos: las creencias.

El factor X

Recuerda que en el día a día no estamos operando en el mundo tal cual es, sino en el mundo que hemos creado en la mente. No lo miramos como es, sino como somos nosotros. Lo que vemos es una combinación de nuestros recuerdos y nuestras creencias. Vivimos la historia que nos hemos estado contando a nosotros mismos a lo largo de los años. Esa historia es crucial.

Imagina que eres un pateador de la NFL y estás en la Super Bowl. Quedan unos pocos segundos y tu equipo pierde por un punto. Tienes que marcar un gol de campo de 40 yardas que haría que ganaseis el partido. Serás el héroe o el chivo expiatorio. ¿Cuál de las dos ocurrirá? ¿Lograrás marcar? El primer factor que determinará si tienes éxito en ese tiro no es la forma física que tengas, el viento que haya en ese momento o la manera en que te pasen el balón. Se trata de factores importantes, sí, pero la fuerza impulsora del resultado estará constituida por los pensamientos, las emociones y las creencias que hayas tenido en los meses y semanas previos a la Super Bowl. El principal elemento que sostendrá el éxito de ese tiro será la convicción que tengas sobre tus capacidades y sobre si eres o no el tipo de persona que marca el gol de campo que consigue ganar una Super Bowl. ¿Qué tipo de persona eres tú?

El arma secreta y lo que distingue principalmente a quienes rinden óptimamente de manera sistemática es lo siguiente: sus creencias subconscientes sobre lo que es posible en su vida. Esas creencias determinan a qué hora se despiertan, cómo se hablan a sí mismos, cuánto están dispuestos a sacrificar y prácticamente todo lo demás.

La naturaleza de las creencias

> No se trata de lo que merezcas, sino de lo que creas, y yo creo en el amor.
>
> Wonder Woman,
> superheroína de DC Comics

Para los niños, el mundo está lleno de oportunidades emocionantes. Al crecer, esa perspectiva cambia. Tenemos experiencias que van conformando nuestras creencias y convicciones respecto de lo que podemos y no podemos hacer. Un día tocamos la placa caliente de la cocina y aprendemos que eso no hay que hacerlo. Muchas experiencias nos «enseñan» lo que no podemos hacer. Nuestros esfuerzos se frustran; nuestras creencias se ven cuestionadas. Quizá de pequeño te gustaba cantar y la primera vez que cantaste delante de gente, se rieron de ti. Esa experiencia te enseñó que quizá lo tuyo no era ser cantante o que no tenías mucho talento. Lo «aprendiste» en ese momento y se generó en ti una creencia sobre tu manera de cantar que puede permanecer contigo el resto de tu vida. Lo que ocurrió es que se produjo un hecho que te llevó a sentirte de cierta manera —en este caso, rechazado—, y ese acontecimiento sentó las bases de tus creencias sobre ese aspecto de tu vida. Por desgracia, la mayoría de la gente simplemente abandona esa faceta o destreza y nunca llega a descubrir lo bueno que podría llegar a ser en ella si cuestionara esa creencia limitante.

Una convicción se puede crear rápidamente —a veces en un instante— y quedarse toda la vida. Digamos, por ejemplo, que eres un niño de ocho años y ves una forma redonda y oscura al irte a la cama. Como crees que es una araña muy grande, chillas, y luego te das cuenta de que no es más que un ovillo de lana. No importa la realidad, sino lo que tú crees, y en aquel primer instante el cerebro creyó que allí había una araña enorme. Reaccionaste con miedo, una emoción que el cerebro conectó a la experiencia y que luego archivó a fin de protegerte en el futuro. El resto de tu vida el cerebro hará su trabajo, que es aferrarse a ese miedo cada vez que veas una araña o cualquier cosa que lo parezca.

Afortunadamente, las creencias no son inamovibles. Si ese miedo a las arañas o cualquier otra creencia no te está sirviendo como a ti te gustaría, puedes cambiarla. Da igual lo lógica o traumática que fuera la experiencia que dio lugar a esa creencia o lo arraigada que la tengas: puedes desaprender lo que aprendiste (en el capítulo 9 veremos cómo).

Cuando te fijes una meta, examina tus creencias sobre ella. Puedes preguntarte directamente: ¿cuáles son las tres principales creencias que tengo acerca del logro de esta meta? ¿Te resultan todas útiles ahora, en esta situación? ¿Qué tendrías que creer para alcanzar tu objetivo?

En el caso del miedo a las arañas, en el momento del incidente el cerebro asoció las arañas con el miedo. Lo mismo ocurre en otras áreas de la vida. Ante cada nueva experiencia, el cerebro tratará de asignarle un sentido para saber cómo responder a ella. La mente subconsciente repasa su lista de comprobación: ¿es esto relevante? ¿Qué tengo en mi banco de datos de experiencias que se relacione con esto? ¿Es algo a lo que debería tener miedo o algo que he dominado?

Con las creencias fijamos los límites de lo que es posible en nuestra vida. Además, cada creencia atrae situaciones que tratan de perpetuarla. Es lo que se llama «homeostasis». En cuanto al logro o la capacidad, la homeostasis actúa por medio de la mente subconsciente manteniendo el nivel que esa persona crea que es adecuado para ella. Por ejemplo, si estás rindiendo por encima de lo que crees que eres capaz de hacer, el subconsciente tratará de bajar el rendimiento a tu nivel de confort. De la misma manera, si estás rindiendo por debajo de lo que crees que puedes hacer, el subconsciente tratará de elevar los resultados para que estén en consonancia con tu nivel de confort. Siempre atraerás a tu vida experiencias que refrenden tus creencias.

Las experiencias generan las creencias y las creencias generan más experiencias del mismo tipo. Si, por ejemplo, vives un acontecimiento favorable con un grupo de colegas, entonces te sentirás más cómodo con ellos, y tu creencia en relación con tu grado de aceptación dará lugar a más experiencias favorables. Por supuesto, también funciona en el sentido contrario. La lección importante aquí es que las creencias se generan por lo que pensamos, decimos y sentimos, pero sobre todo por lo que sentimos.

Cómo generar creencias

Si has tenido un accidente de tráfico traumático, tu subconsciente puede haber generado una creencia de que los coches son peligrosos. Cuanto más negativa sea la emoción ligada a una experiencia, más probable será que generes una creencia negativa sobre ella. Tanto si se trata de un accidente de tráfico como de un tiro fallido en un partido o cualquier otro recuerdo doloroso, el subconsciente lo tratará de igual modo: generará una creencia para protegerte si las emociones negativas que te ha suscitado han sido lo bastante fuertes como para desplazar una creencia anterior.

En 1992, Andy Lopez, entrenador jefe de béisbol en Pepperline University, se preguntó lo siguiente:[3] ¿Cómo puedo hacer que mis jugadores estén cómodos viéndose a sí mismos jugando en la serie mundial universitaria —que creo que pueden ganar— cuando están en una universidad tan pequeña y van a competir con equipos muy potentes? Lopez decidió poner en los vestuarios un vídeo en bucle de la serie mundial universitaria, todos los días, desde el inicio del entrenamiento y durante toda la temporada. Quería que los jugadores sintieran constantemente la intensidad y el ambiente del lugar donde querían estar. La pequeña universidad de Lopez ganó la serie mundial universitaria.

Di la verdad sobre el pasado

Uno de los factores más importantes a la hora de desarrollar creencias que estén en consonancia con tus metas y tus sueños es decir la verdad sobre quién eres y qué es posible en tu vida. Es especialmente importante decir la verdad sobre el pasado, y asegurarte de utilizar el tiempo pretérito al hablar de todo lo que no quieres que continúe. La razón de su importancia, sea quien sea a quien se lo digas —incluso a tu conejito de mascota—, es que tu subconsciente está escuchando todo lo que piensas, sientes y dices, preparado para generar una creencia.

Quizá hayas metido la pata o fracasado o te haya costado muchísimo hacer algo en tu profesión o en tu vida, pero todo forma parte del pasado. Todos y cada uno de los fallos que has cometido pertenecen a otra época. Así que habla sobre ellos usando el tiempo pasado porque esa es la verdad.

Si eres un golfista y te dices a ti mismo (o a cualquiera): «Me está costando hacer hoyos» o «La presión me puede» o «Me cuesta _____ (inserta lo que corresponda)», entonces tu mente subconsciente irá al pasado, buscará una pauta (prueba), encontrará un recuerdo/imagen/emoción, y confirmará lo que estás diciendo. Te sacará del momento actual (donde existen las oportunidades ilimitadas) y traerá los fallos del pasado al presente y al futuro, perpetuando lo que quieres que deje de ocurrir. Esta trampa mental ha prolongado muchas malas rachas y ha terminado con muchas carreras.

Sin embargo, si eres un golfista y te dices a ti mismo (o a quien sea) «Antes me costaba _____ , pero estoy mejorando cada día» o «Esta tarde fallé en _____ », estarás diciendo la verdad a la vez que te aseguras de decirlo en pasado (todo lo que no quieres que siga ocurriendo). Cuando dices la verdad de esta manera, la mente subconsciente no se pone a buscar pruebas de fallos del pasado para traerlos al futuro porque no estás hablando de fallos o problemas en tiempo presente. Recuerda el siguiente principio:

> **Di la verdad sobre el pasado
> para crear posibilidades en el futuro.**

Un cosquilleo de emoción de un segundo

Uno de los objetivos que les propongo a mis clientes es que visualicen cada día algún aspecto de sus mayores metas y sueños con el propósito de que los sientan como si fuesen reales, hasta el punto de notar un cosquilleo de emoción durante al menos un segundo. No hace falta que medites una hora diaria y te sientes en la posición del loto para hacer visualizaciones durante media hora todos los días. Te puede ayudar, sí, pero lo más importante es ver y sentir tus metas y tus sueños cada día, aunque solo sea un segundo.

Estira la goma y suelta

Si tu meta es difícil, el Embaucador te estará recordando continuamente tus errores pasados, así que necesitas un plan para anular los pensamientos negativos. Te voy a dar unas cuantas herramientas para que las uses cuando la mente empiece a pensar en negativo:

- Descarta el pensamiento inmediatamente, sabiendo que este solo tiene el poder que tú quieras darle, y que le darás poder si lo dejas quedarse.

- Puedes verlo como un surfista que está esperando olas: dejas pasar los pensamientos negativos y solo te quedas con los que elijas.
- Sustituye el pensamiento por el contrario o por una afirmación similar. (Por ejemplo: «Se me da fatal _____» se convertiría en «Se me da fenomenal _____»).
- Grita «¡Alto!» en tu cabeza y visualiza una señal de stop enorme o la palabra ALTO escrita con letras gigantes en una pizarra.
- Tráete de vuelta al presente: lleva una goma en la muñeca y estírala y suéltala cada vez que acuda a tu cabeza un pensamiento negativo.

Los pensamientos negativos son más fuertes cuando fracasamos o cuando sentimos que hemos fracasado. En esos momentos de vulnerabilidad tenemos que estar preparados para manejar los que llegarán y que podrían magnificarse y dar lugar a más errores o problemas. El Embaucador quiere decir: «Te lo dije», y, si no tenemos cuidado, esos pensamientos tendrán suficiente poder (si permitimos que se queden) para atraer más pensamientos negativos, cambiar nuestro estado e internalizar el fracaso (identificarnos con él). De esa manera la emoción se transformará en una creencia.

Es muy eficaz aprender a cambiar de estado (como hemos visto en el capítulo 6) para que no te controlen las emociones. Así lograrás no desviarte de la consecución de tus metas y sueños y podrás seguir ampliando lo que crees que es posible.

Necesitamos ser conscientes de nuestros sueños y metas todo el tiempo, es decir, tenemos que aprender a hablarnos a lo largo del día e imaginar posibilidades que estén en consonancia con aquello en lo que nos queremos convertir. Un campeón olímpico, por ejemplo, instaló en su sala de estar una valla de un metro, que saltaba veinticinco veces al día. Cada vez que lo hacía, ponía en su mente una imagen de logro.

A medida que aprendamos a cambiar sistemáticamente nuestro

estado a uno positivo y nos centremos en nuestros sueños y metas, seremos más capaces de cambiar el modo en que vemos el mundo y nuestras creencias.

Podemos cambiar nuestras creencias

> El fracaso es una emoción mucho antes de convertirse en un resultado real.[4]
>
> MICHELLE OBAMA,
> *Mi historia*

Cat Osterman, estrella de sóftbol de la Universidad de Texas, le lanzó a Callista Balko una pelota imposible de salvar y la eliminó por novena vez en nueve intentos desde el inicio de la temporada de la serie mundial universitaria femenina. Osterman, una de las mejores lanzadoras de este deporte, había vuelto a tirar una bola imposible con Balko de damnificada. La Universidad de Texas era una de las favoritas y contaba con el poderoso brazo izquierdo de la magistral lanzadora del equipo. En la sexta entrada, una corredora robó la segunda base. Osterman se fue a la siguiente bateadora, que era Balko, y falló el lanzamiento, lo que acabó haciendo ganar el torneo al equipo de Balko.

Para Callista Balko, lo mismo que para Lewis Gordon Pugh, parece que hubo un cambio drástico de conciencia en algún punto del camino. Pugh tuvo dos fracasos importantes días antes de su récord mundial; Balko había fallado nueve tiros de Osterman ese año. Entonces, en el momento más decisivo de su vida, acertó a batear la pelota que hizo ganar el campeonato a su equipo. ¿Qué fue lo que cambió para Pugh y para Balko?

Su percepción. Su estado. Las creencias pueden cambiar todo el tiempo, y lo hacen. Balko lo consiguió creando una conexión con lo que quería lograr y sustituyendo continuamente los pensamientos negativos por pensamientos positivos, de éxito. Afirmaba sus metas y las visualizaba todos los días. En la pretemporada había empezado a visualizar la situación exacta que acabó dándose, y lo hizo a diario durante meses. ¿Cuál era la situación que visualizaba? Que Cat Osterman lanzaba, la carrera a la segunda base, la serie mundial pendiendo de un solo bateo, y ella dándole. Balko dijo que cuando vio que Osterman iba a lanzarle, estaba llena de confianza. A la hora de la verdad lo único en lo que pudo pensar fue en cómo había visualizado esa situación durante meses y, por supuesto, se hizo realidad el resultado exitoso.

Afirmaciones

Lo que hizo Balko fue crear en su mente una imagen que parecía inalcanzable en un primer momento, y reafirmarla continuamente. Las afirmaciones son declaraciones que haces sobre ti mismo acerca de cómo te gustaría ser en el futuro, como si ya fueran ciertas. Las afirmaciones hay que hacerlas en positivo («Estoy» o «Soy» frente a «Yo nunca» o «Yo no») y deben ser bastante breves. He aquí algunas de las afirmaciones de Balko:[5]

- Soy la jugadora más valiosa del equipo. ¡Era cierto!
- Soy una bateadora potente y diestra.
- En el campo soy impecable y segura.
- Me encanta la presión. Cuanto más intensa, mejor juego.
- Soy una bateadora de dos *strikes* increíble.
- Controlo mi destino.

Por supuesto, todo ello se dio en conjunción con un esfuerzo tremendo de entrenamiento y ejercicio físico, así como de aprender a estar presente en el campo y fuera de él. Con regularidad, Balko iba mentalmente a la serie mundial de junio y se visualizaba jugando frente a un público nutrido —el partido retransmitiéndose en la televisión a nivel nacional, con toda la presión correspondiente— y dando el bateo que decidía el partido. Había escrito, antes de que empezara la temporada, el contenido de la entrevista que le haría la prensa después de ganar el campeonato, incluidas preguntas y descripciones sobre el golpe decisivo y cómo había sido capaz de aquel gran logro, junto con respuestas para cada pregunta. Aquella entrevista por escrito la ayudaba a visualizar en detalle la escena de su éxito. Balko se imaginaba también en el vestuario después de la serie mundial. Cuando llegó el torneo de verdad, lo había visualizado desarrollándose de determinada manera tantas veces, con las emociones consiguientes, que sintió algunas de ellas de nuevo durante el partido.

Al principio no hace falta que te creas las afirmaciones. De hecho, lo más seguro es que no te las creas de verdad; si lo hicieras, no necesitarías afirmarlas, ya formarían parte de tu conciencia. La razón por la que las haces es que quieres que se integren en tu conciencia, y ese esfuerzo requiere un ataque planificado y trabajar en ello a diario, igual que si estuvieras entrenando el cuerpo.

Una de las técnicas más potentes para cambiar las creencias es tomar de modelo a alguien con la misma creencia que se quiere tener. Si puedes ver el mundo de la misma manera que esa persona, aprenderás a creer también de la misma manera. Para cualquier situación, puedes preguntarte: «¿Qué cree [la persona del mundo que es mejor en esto] sobre sí misma en relación con esto? ¿Qué se dice una y otra vez a sí misma?». Quizá tu afirmación sea: «Soy una oradora que inspira a la gente», pero ahora te da pánico hablar en público. Podrías imaginar cómo se siente tu locutor favorito cuando habla ante a la cámara o cualquier otra persona que te inspire confianza hablando en público. Entonces podrás imaginar que te sientes igual que esa persona que has tomado como modelo.

Una manera de crear recordatorios eficaces de quién eres y cómo vives es poner afirmaciones en el móvil que salten en silencio a lo largo del día.

He aquí algunas afirmaciones que yo tengo en el móvil:

- Está ocurriendo algo increíble.
  - Esta afirmación contradice directamente los engaños del Embaucador y del Crítico. A veces están ocurriendo cosas increíbles (en el mejor de los sentidos), pero no somos capaces de verlas.
- Jim Murphy es el mejor coach del mundo.
- A diario me surgen oportunidades extraordinarias.
- Vivo mi propósito todos los días; comparto con el mundo el amor divino, la sabiduría y el coraje.
- Mi cuerpo es una máquina tonificada y potente.
  - A menudo nos lanzamos a decir cosas como: «Esa es mi pierna mala» o «Ese es mi lado débil». Recuerda que lo único que quiere el subconsciente es hacer realidad tus creencias. Cuando me rompí el tendón de Aquiles hace unos años, me deprimí bastante y tenía muchos pensamientos negativos. Un día cogí un rotulador mágico y escribí en la escayola: «Mi cuerpo es una máquina de una potencia curativa increíble». La pierna se me curó en un tiempo récord.
- El sistema de la excelencia interior es el mejor sistema de alto rendimiento del mundo.
- Estoy aquí para servir, no para que me sirvan.

Cada vez que no te sientas positivo o con confianza, haz lo contrario. Mantente firme, ve con la cabeza bien alta y recuerda que todo es posible para quienes lo creen así. Tus creencias se refuerzan de manera constante o se generan a diario en función de lo que piensas y sientes repetidamente, sobre todo de lo que sientes.

Cada vez que estés esperando en una cola o que dispongas de tiempo libre, si tienes la mente despejada y el corazón sin cargas, los pensamientos se desviarán hacia la imagen de tu meta, una afirmación o cualquier otra idea positiva. A medida que tu conciencia esté más en consonancia con tus metas y sueños a largo plazo, se volverá natural darle un giro posibilista a hechos negativos o neutros. Si repites tu afirmación como un mantra mientras haces cola o esperas en el tráfico, comprobarás que tu energía cambiará.

La guinda del pastel

Un obstáculo que se da a menudo para alcanzar las metas es la convicción subconsciente de que si alcanzas cierto objetivo afectará negativamente a alguna otra área de tu vida. Por ejemplo, digamos que tu meta es ser un deportista de élite o el presidente de la empresa. ¿Cómo cambiará tu vida cuando la alcances? Seguramente tendrás mucho dinero, serás famoso y disfrutarás de más estatus. ¿Ese resultado entra en conflicto de algún modo con tus valores? Si crees que ser rico es malo, puede que estés saboteando subconscientemente tu meta a fin de preservar tus valores. Un atleta, por ejemplo, podría lesionarse sistemáticamente antes de las grandes citas deportivas si alberga una creencia subconsciente de que ganar en esos torneos no es congruente con sus principios o es inmerecido.

Otro ejemplo podría ser intentar dejar de fumar. Una razón por la que les cuesta a muchos fumadores es porque su hábito tiene beneficios sociales: pertenecen a un grupo con un vínculo común que quizá pierdan si dejan de fumar. La nicotina, por tanto, es solo una parte de la ecuación.

Para ampliar tus creencias, es importante asegurarte de que tus metas y sueños están en consonancia con tu ser verdadero (es decir, cómo quieres vivir y en quién estás llamado a convertirte). De lo contrario, podrías sabotearte subconscientemente si una parte de ti tiene miedo de que al lograr esa gran meta, pierdas algo que te resulta importante (como tu vida social si fumas) o adquieras algo que esa parte de ti cree que no te beneficiaría (como fama o atención por parte de los medios).

Voy a ponerte un ejemplo de mi propia vida. Desde pequeño

siempre quise ser una estrella de la NFL, la NBA o la MLB. Entrar en los Chicago Cubs fue un sueño hecho realidad, algo que había imaginado prácticamente cada día desde la escuela primaria. Sin embargo, también me eduqué con un padre irlandés, católico muy estricto, y una madre japonesa intensamente disciplinada. Aunque mi hogar estaba lleno de amor, se consideraba (quizá acertadamente) que hacerse rico y famoso era peligroso para el carácter de una persona.

Poco después de firmar mi contrato profesional, empecé a desarrollar problemas de visión que nunca antes se me habían manifestado. Los médicos lo llamaron «pérdida de agudeza visual dinámica», pero no sabían explicar la causa. Luché contra ella durante cinco años, pero al final acabó con mi carrera. Hoy creo que era una discrepancia subconsciente entre mis sueños de convertirme en superestrella de la MLB y algo dentro de mí que estaba de acuerdo con mis padres, o que, al menos, no quería descartar su opinión.

Aprende de mi experiencia. Visualiza tus sueños haciéndose realidad, pero pregúntate también qué ocurrirá cuando lo hagas. ¿Habrá cambios en tu vida que podrían ser incongruentes con la persona en la que quieres convertirte o con el modo en que quieres vivir?

Es importante imaginarte alcanzando tus sueños y la vida que tendrás entonces por tres razones:

1. Resulta crucial para desarrollar la determinación (pasión y perseverancia) que necesitarás para superar los obstáculos que te surgirán.

2. Tu subconsciente está conectándote de manera continuada con las imágenes y las emociones que tienes en tu vida y trabajando para hacer realidad esas conexiones.

3. Es importante que abordes las discrepancias que podrían generarse al alcanzar tu sueño para poder eliminar cualquier sabotaje subconsciente.

A medida que aprendas a visualizar descubrirás cómo conectar con tu yo futuro y la persona en la que quieres convertirte. Es una historia que creas cada día con pensamientos y emociones que vas repitiéndote. ¿Cómo se desarrollará? ¿Es tu Tierra plana? De un modo u otro, todo el mundo tiene creencias limitantes, pero tú puedes cambiar las tuyas si quieres.

Cómo transformaron sus creencias personas con antecedentes penales

La Delancey Street Foundation es una organización que dirige negocios multimillonarios y ha recibido muchos premios.[6] Es extraordinaria, pero no solo por sus éxitos. Todos los empleados son personas con antecedentes penales, principalmente drogodependientes sin estudios que viven juntos en un edificio comunal. El empleado medio llega sin haber tenido nunca un trabajo que le durase más de seis meses. Al entrar en Delancey deben dejar de consumir y comprometerse a quedarse un mínimo de dos años. Las personas que no cumplan estas condiciones no pueden acceder: los residentes se «controlan» a sí mismos. La presidenta, Mimi Silbert, dirige la organización sin recibir ningún dinero del Estado. También vive en las instalaciones y no recibe salario alguno. ¿Cómo lo hacen?

Silbert, doctora en psicología y criminología, es experta en desarrollo personal. Entre sus habilidades, la principal es hacer sentir a la gente lo que significa tener éxito. Les pide a estas personas con antecedentes penales, que llegan con creencias muy limitantes, que «actúen como si» creyeran que pueden convertirse en ciudadanos responsables y productivos. Les enseña cómo respetarse y cuidarse unos a otros y, especialmente, como asumir la responsabilidad de sus actos.

Los empleados de Delancey se enseñan mutuamente y, lo que es quizá más beneficioso, asumen un propósito superior a ellos mismos. A cada hombre y a cada mujer se les explica que «aunque nadie puede cambiar el pasado, sí que se puede equilibrar la balanza haciendo cosas buenas y recuperando el autorrespeto, la integridad y un lugar legítimo en la sociedad». Hasta ese 5 por ciento que está en la parte inferior de la sociedad, como se refiere Silbert cariñosamente a los residentes a quienes llama «familia», puede conseguir metas extraordinarias gracias a la esperanza y a los sueños. Poco a poco, a medida que empiezan a asimilar cómo sería alcanzar sus metas, se transforman en las personas en las que quieren convertirse.

La Tierra es plana si lo crees así. Puede que lo sea porque nunca te aventurarás lo bastante lejos como para descubrir la verdad mientras no cambies tu creencia. La realidad que generes en tu mente es lo único que importará tanto en lo que se refiere a tu rendimiento como a tu vida diaria. A medida que aprendamos a ampliar nuestras creencias, al igual que hizo Muggsy, también aprenderemos a aprovecharlas viviendo plenamente el momento presente, donde ocurren los éxitos más extraordinarios.

PUNTOS CLAVE DEL CAPÍTULO 7

- Las creencias son hábitos de comportamiento y expectativas que se forman a partir de cómo interpretamos los hechos de nuestra vida.

- Cada uno tenemos nuestro propio filtro a través del que vemos el mundo. Podemos controlar las experiencias ajustándolo

- Las creencias se generan a partir de la repetición de pensamientos y emociones; esas creencias atraen experiencias que encajan con ellas.

- Puedes modificar tus creencias cambiando continuamente tu estado para que encaje con el de la creencia que deseas tener.

Si te fijas constantemente en cómo siente y piensa alguien a quien tomes de modelo, acabarás generando en ti las creencias de esa persona.

- Las creencias dan lugar a un nivel de confort en relación con lo que es posible y lo que no. Este proceso marca un rango de rendimiento y expectativas en el subconsciente, que este tiende a aplicar.

- Aprender a reconocer los pensamientos negativos y sustituirlos inmediatamente por lo que es verdadero y posible es una manera muy eficaz de ayudar a cambiar tus creencias.

PREGUNTAS Y ACTIVIDADES COMPLEMENTARIAS

✓ Examina tus creencias sobre tus metas. Elige una y escribe tres creencias que tienes sobre lo que significa alcanzarla. ¿Te dan fuerza? ¿Qué tienes que cambiar para poder alcanzar tu meta?

✓ Para generar una creencia que haga que tu subconsciente la persiga sin descanso necesitas suscitar un sentimiento de éxito. ¿Qué puedes colocar en tu entorno para fomentarlo?

✓ Practica observando tus pensamientos sin juzgarlos. ¿Qué tipo de pautas siguen?

✓ Ponte una goma elástica en la muñeca y estírala y suéltala cada vez que te ocupe la mente un pensamiento negativo que no quiera irse. Sustituye el pensamiento negativo por uno positivo.

✓ Escribe con todo detalle un artículo sobre ti mismo como si hubieras alcanzado ya tu meta.

✓ Pon fotos y afirmaciones sobre tus metas y sueños en las paredes, donde puedas verlas todos los días.

8
Belleza presente
Las cinco formas más efectivas de estar plenamente presente

> La mente no debe ser solemne ni agitada, ni meditabunda ni temerosa [...]; la voluntad no deberá pesar, pero la hondura de la propia conciencia sí.[1]
>
> MIYAMOTO MUSASHI,
> samurái

A principios del siglo XX, Guglielmo Marconi envió un mensaje a través del Atlántico que cambió la historia. El ingeniero italiano permitió a la gente transmitir ondas de radio... pero ¿qué hizo realmente? Marconi (y su homólogo Nikola Tesla) solo aprovechó lo que ya estaba ahí. Ellos no inventaron las ondas de radio, del mismo modo que Benjamin Franklin no inventó la electricidad. Las ondas de radio y las corrientes eléctricas siempre habían existido, siempre habían estado a nuestro alcance, esperando a que sintonizásemos y conectásemos con su energía. Lo mismo ocurre con la belleza, la presencia y la confianza: siempre están ahí, independientemente de la experiencia de cada persona, esperando con paciencia.

La belleza está en todas partes. ¿Acaso el sol deja alguna vez de brillar? ¿Acaso las montañas dejan alguna vez de reflejar magnificencia? La búsqueda de logros a menudo genera una impaciencia que nos impide ver esa belleza. Deseamos el éxito y lo deseamos ya. Perseguimos metas, inmersos en la actividad, buscando formas de hacer las cosas mejor, más rápido y más fácilmente. Y entonces topamos con obstáculos que nos derriban. Nos levantamos, nos ponemos otra vez en marcha y volvemos a encontrar trabas. A veces los obstáculos son grandes y pesados y se convierten en muros de ladrillo. La mayoría nos damos media vuelta desanimados, pero algunos agarran una cuerda y trepan el muro. Puede que quienes perseveran tengan una visión limitada, pero se caracterizan por su amplitud de miras y no apartan los ojos del horizonte mientras trepan. Son los que han aprendido a estar plenamente presentes en medio de la adversidad.

En este capítulo analizaremos cómo aumentar la conciencia para poder trascender las circunstancias y estar listos para las oportunidades que siempre nos aguardan. Trataremos cinco de las formas más efectivas para estar plenamente presente:

1. Sal de tu cabeza y entra en tu corazón y tu alma.

2. Céntrate en las rutinas y solo en lo que puedes controlar.

3. Sé agradecido.

4. Concéntrate en un mantra.

5. Elimina la prisa sin contemplaciones.

Antes de desarrollar esas cinco ideas, aclaremos qué es estar plenamente presente.

El poder de la implicación total

Estar plenamente presente es tener una mente que no está pensando en el pasado o en el futuro. Ya sea ansiedad o ira, irritación o vergüenza, ofensa o miedo, hablamos de emociones provocadas por una mente atrapada en el pasado o en el futuro.

Sin embargo, cuando estamos plenamente presentes, el tiempo cambia (transcurre rápido porque estamos concentrados en el instante, o avanza despacio cuando vemos momentos con más claridad), los movimientos se vuelven naturales, la conciencia aumenta y es posible que incluso nos sintamos como espectadores que contemplan cómo se desarrolla nuestra vida. Artistas, músicos y deportistas —intérpretes— han descrito momentos como esos.

Andrew Robb, campeón nacional de golf de Canadá y cantante profesional, explicó lo que era para él cantar ópera: «Es como jugar al golf. Quiero estar en sintonía con el momento e ir más allá de la tarea en sí. En un concierto importante que estaba dando, casi perdí el conocimiento. No por miedo ni por nervios, sino porque me había salido tanto del cuerpo que me había olvidado temporalmente de que estaba en el escenario».[2] Estar plenamente consciente supone alcanzar un nivel superior de conciencia, una vibración de energía más potente.

Los monjes del mercado

Estar plenamente consciente es fundamental para ganar la batalla más dura: la que se libra en el interior. Esa batalla es una travesía diaria llena de momentos que tienen más sentido y que son más satisfactorios que el resultado final. El escritor John Kehoe (*Mind Power into the Twenty-First Century*) relata una historia sobre un viaje por el Tíbet en el que presenció la elaboración de un mandala de arena.

En un mercado local, monjes con túnicas granate trabajaban diligentemente día tras día, creando las formas intrincadas que componían el mandala. Utilizaban arena de distintos colores y realizaban cada detalle con la máxima atención. Había seis monjes o más trabajando en la obra en todo momento. Cada día, cuando volvía al mercado, John estaba deseando ver qué nuevos motivos habían creado. Tardaron más de una semana en terminar la obra.

A continuación celebraron una compleja ceremonia y luego pasó algo totalmente inesperado: de repente destruyeron la imagen. Los cientos de horas de trabajo que costó crear aquella hermosa obra maestra fueron arrasadas en un instante. «Me quedé pasmado —dijo John—. Ese acto desafía la sensibilidad occidental. Según nuestra idea del esfuerzo, trabajamos para conseguir un resultado. Lo que logramos con ese esfuerzo es lo que tiene importancia. Pero para los budistas, el proceso es lo que cuenta, no el resultado final. Ellos prestan atención a cada instante».

En la figura 8.1 se pueden ver varios elementos del estado de presencia plena y cómo todos esos factores desembocan en la resonancia, el poderoso flujo de energía en el que las frecuencias se alinean con un entusiasmo natural.

Figura 8.1 El poder expansivo de estar plenamente presente

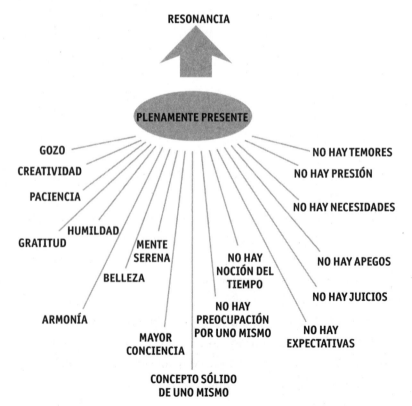

En el rendimiento, el deseo es un poderoso motivador. Nos impulsa a ser disciplinados y a hacer lo necesario para mejorar. No obstante, el deseo también puede impedir que demos lo mejor de nosotros si no lo controlamos. Deseamos fervientemente tener éxito, pero, para que eso ocurra, debemos concentrarnos tanto en el momento que los deseos desaparezcan. No confundas deseo con pasión. La pasión se encuentra en el presente, mientras que el deseo se centra en el futuro.

Cuando deseas un determinado resultado, te dedicas a evaluar continuamente si este se materializará o no. Cuando estás presente, te concentras totalmente en el momento. Los pensamientos han disminuido hasta el punto de que los deseos se han desplazado al subconsciente, y el resultado ya no es motivo de preocupación.

Imagínate a Bubba Watson o Tiger Woods preparándose para lanzar un *putt* de dos metros con el que ganar un torneo importante. En el momento de la ejecución, los dos golfistas, como el resto de nosotros, rendirían mejor con la mente serena y el corazón libre de cargas. El deseo de que la bola entre en el hoyo no es propio de una mente serena; es un pensamiento que expresa el deseo de controlar el futuro, que no se puede controlar del todo. El momento de mirar al futuro ocurre antes del lanzamiento, al visualizar que la bola entra en el hoyo. Durante la ejecución, cuando se está plenamente presente, no se piensa en el resultado. El legendario maestro de artes marciales Bruce Lee lo expresó de la siguiente forma:

El gran error consiste en anticipar el resultado de un combate; no hay que pensar en si acabará en victoria o en derrota.[3]

Si tuvieses que determinar los dos factores más importantes para tener un rendimiento óptimo, descubrirías que son las creencias sobre las posibilidades de uno en la vida y la capacidad de estar plenamente presente. En particular, la capacidad de imaginar, visualizar y conectar con la energía de los grandes logros, así como el desarrollo de una mayor conciencia del entorno mientras se compite, sin analizarlo ni juzgarlo. Eso también es crucial en todos los aspectos de la vida.

Repasemos las cinco formas más efectivas de estar plenamente presente:

1. Sal de tu cabeza y entra en tu corazón y en tu alma

> No hay que aumentar a diario, sino disminuir a diario; despojarse de lo superfluo [...]; conseguir la iluminación supone la extinción de todo lo que oculta la «auténtica» vida.⁴
>
> BRUCE LEE, maestro de artes marciales

En nuestra cultura, en la que todo se compara y hay una sobrecarga de información, es fácil dejarse distraer por la mente de mono. La mente solo puede procesar los pensamientos de uno en uno, y si existen múltiples preocupaciones, se satura y a continuación llega la ansiedad. La ansiedad es una mente que tiene un exceso de pensamientos, derivados de un exceso de preocupaciones.

Una mente con demasiados pensamientos y preocupaciones es producto de un corazón que no tiene una sola pasión unificadora. La mente piensa: «¿Y esto? ¿Y eso? ¿Quién se encargará de esto? ¿Cómo saldrá eso?». Cuando el mundo está a solo un clic, un toque o una pasada de las puntas de los dedos, puede resultar agobiante. Pero no te preocupes. Hay una solución.

Imagina que es la Nochevieja de 2010. Llevas una vida ajetreada con preocupaciones y ansiedades cotidianas, y esta noche estás pensando en el año que empieza. Doce días más tarde Haití sufre el terremoto más devastador en doscientos años y se cobra la vida de cientos de miles de personas. Viajas allí y te pasas una semana rescatando a personas de entre los escombros. Durante el tiempo que te dedicas a salvar vidas, ¿te preocupa el éxito personal, el partido que has perdido o el ascenso que no has conseguido? Lo más probable es que no. Estás concentrado en salvar a esa persona enterrada en los restos situados debajo de ti. Tu atención se centra en el momento que tienes ante ti. Genera un desapego en el que no existe en el miedo. Hace que estés muy presente.

Para reducir el efecto de la mente de mono, una de las cosas más útiles que uno puede hacer es simplificar la vida a lo esencial. El filósofo Dietrich Bonhoeffer escribió sabiamente: «El corazón solo tiene sitio para una pasión que lo abarca todo».

Puede que te estés preguntando: «¿Cómo puedo quedarme con una sola cosa? Tengo a mi familia, mis hijos, mi trabajo, mis finanzas, etc.». Lo que quiero decir es que si deseas vivir con tranquilidad y seguridad, independientemente de tus circunstancias, y dar lo mejor de ti en cada uno de esos ámbitos, tienes que simplificar la vida. Debes poner en orden tu corazón. Si tuvieses que elegir una sola cosa a la que dedicar tu vida, ¿cuál sería?

Te propongo un punto de partida: ¿y si te consagrases a aumentar tu nivel de excelencia, para aprender y crecer con el fin de aumentar el de los demás?

Supongamos que decides convertirlo en el centro de tu vida, al menos de momento. Entonces querrás que sea lo primero en lo que piensas cuando te levantas y lo último en lo que piensas antes de acostarte, y filtrar a través de ello cada decisión de tu vida. Con un propósito claro, es mucho más fácil ser valiente (porque sabes para lo que vives) y restringir la vida a un objetivo y un momento: el presente.

En 2014, a Michael Phelps lo multaron por conducir bajo los efectos del alcohol. El nadador cayó en una depresión tan grave que se planteó quitarse la vida. Phelps, galardonado con más medallas de oro que ciento setenta y tres países del mundo, había padecido ansiedad toda la vida. La ansiedad ocultaba un problema de identidad: ¿quién era él? ¿Era quien quería ser? El deportista nos revela lo que le ayudó:

> Creo que lo más importante es llegar al punto en el que estás a gusto con quien eres, en que te puedes mirar al espejo y estar contento

con la persona que ves. Lo más importante que tuve que hacer para llegar a ese estado fue descubrir qué podía eliminar de mi vida para simplificarla.[5]

Si simplificas la vida centrándote en una cosa que sitúa las necesidades de los demás por delante de las tuyas, estarás presente y no tendrás miedo. Esa presencia te acompañará en las tareas diarias: cuando friegues los platos, puedes fregar un plato y centrarte exclusivamente en hacerlo bien; y luego pasar al siguiente plato. Si entrenas en el gimnasio, puedes hacer bien una repetición (pensando en los músculos en los que trabajas y en la forma correcta de hacerlo) y luego pasar a la siguiente. Si estás escribiendo, puedes hacer como dijo Hemingway: escribir una frase verdadera. El foco no está en el pasado o en el futuro, sino en el elemento más básico de la tarea que te ocupa.

La mayoría de la gente vive casi siempre dentro de su cabeza. En otras palabras, hace sus quehaceres diarios analizando y juzgando en lugar de sentir e imaginar. Una vida extraordinaria te está esperando si consigues salir de tu cabeza y entrar en tu corazón.

A ver si puedes pasar hoy cinco minutos fuera del monólogo que tiene lugar en tu cabeza: el que está continuamente analizando, dudando y juzgando. Concéntrate en la respiración y nota el cuerpo. Practica el uso de la visión periférica. He aquí una técnica que puedes probar:

- Detente y presta atención al sonido más fuerte que oigas. Céntrate en ese sonido. Luego presta atención al sonido más débil que escuches. A continuación trata de centrarte en los dos a la vez. Ahora focaliza una parte del cuerpo que notes en ese instante. Acto seguido añade el sonido más fuerte y luego el más débil de manera que tengas tres cosas a las que prestar atención. ¿Qué has sentido? ¿Has podido parar el monólogo de tu cabeza?[6]

2. Céntrate en las rutinas y solo en lo que puedas controlar

> La sencillez es la clave de la brillantez.[7]
>
> BRUCE LEE,
> maestro de artes marciales

Excelencia interior aporta una serie de principios y técnicas basados en el amor, la sabiduría y el coraje que se pueden incorporar a nuestras prácticas cotidianas de pensamiento y acción. Quienes adoptan *Excelencia interior* dedican la vida a desarrollar el autodominio al mismo tiempo que viven con propósito y al servicio de los demás.

Hay dos detalles que conviene que tengas presentes a la hora de centrarte en las rutinas:

1. Las rutinas son la base de *Excelencia interior*. Tu vida es una serie de rutinas, intencionadas o no. Los resultados de tu vida son en su mayoría fruto de las formas de pensar y actuar que has tenido hasta la fecha.

2. Deshazte de lo que no puedes controlar. Si eres incapaz de seguir tu rutina, así deberá ser ese día. Sé meticuloso con las rutinas, pero no te encadenes a ellas.

Ronn Svetich, coach de rendimiento de los Colorado Rockies, repite un entrenamiento para lanzadores de béisbol, lo que él denomina «tener una mente simple».

> Genero la mente simple ejerciendo control sobre lo que puedo controlar, y lo que puedo controlar es la mente simple. La mente simple es recibir la señal [qué tiro he de lanzar] del receptor, visualizar el tiro y ejecutarlo. Cuando empiezas a pensar en el árbitro, en el resultado, en los corredores de las bases, en el bateador, la mente

simple desaparece». Esos otros factores son elementos de los que se es consciente de forma intuitiva, no detalles que uno analice entre tiro y tiro. Svetich les dice a sus lanzadores: «Vuestra meta, mientras lanzáis, es tener una mente simple. Hacer un lanzamiento de calidad. Cuando volváis al banquillo en los descansos, preguntaos: "¿He tenido una mente simple al menos el 80 por ciento del tiempo?"». Si la respuesta es afirmativa, preguntaos entonces qué tenéis que hacer para mantener la mente simple. Si la respuesta es negativa, si una distracción os ha sacado del momento presente, preguntaos qué tenéis que hacer para volver a la mente simple.[8]

He aquí una rutina útil para empezar el día:

LA TÉCNICA DEL GPS
GRATITUD, PRESENCIA, *SHOW*

- 3 minutos: Sé agradecido. Repasa las últimas 24-48 horas y recuerda pequeños momentos concretos de agradecimiento.

- 3 minutos: Estate presente. Con los ojos abiertos, abandona todo deseo y preocupación; deja que tus pensamientos vayan y vengan mientras practicas la presencia ante la belleza que te rodea en todo momento. Puedes incorporar uno de los métodos que has aprendido para estar presente hasta ahora.

- 3 minutos: Visualiza los momentos importantes (*show*). Elige una meta o situación del futuro en la que estés sometido a una gran presión e imagina cómo te sentirías ante los focos y las cámaras, totalmente implicado, en corazón, mente y cuerpo.

- 1 minuto: Embudo de la excelencia interior.
  - Sal al exterior (a ser posible, sin calcetines ni zapatos), pon los brazos formando una gran Y (como un embudo) e

> imagina que toda la abundancia del universo entra en ti mientras la recibes con agradecimiento y alegría. (Nota: normalmente, yo rezo el padrenuestro cuando lo hago, pero puedes decir o visualizar lo que te llene de energía positiva).

Cuando le pregunté al jugador de béisbol Ken Griffey Jr. si las rutinas eran importantes para él, me contestó:

> Por supuesto. Del 1 de enero al último partido de la temporada, he seguido rutinas. He ido al estadio en coche por el mismo camino todo los días, he escuchado la misma música en el trayecto y he llegado a la misma hora [lo bastante pronto para relajarme y vestirme sin prisa]. Las rutinas me ayudan a mantenerme cuerdo.[9]

A Griffey Jr. las rutinas le permitieron desviar la atención de los resultados y centrarla en el proceso (o sea, lo que él podía controlar).

Concentrarse en las rutinas y solo en lo que uno puede controlar puede ser muy difícil. Si eres un triunfador que se esfuerza por alcanzar la perfección, tratar de controlar lo que no puedes controlar probablemente suponga un gran reto. Cuando intentas controlarlo todo, la energía se dispersa y te preocupas por cosas por las que no es necesario hacerlo. Y eso te frena enormemente porque tienes muchas más preocupaciones. Irónicamente, renunciar al control es la clave para conseguirlo.

SI NO HAY ERRATAS EN ESTA SECCOÍN, SE HA PUBLICADO DEMASIADO TARDE

La perfección es enemiga de la presencia. Intentar ser perfecto o controlar el resultado del trabajo es uno de los principales obstáculos que nos impiden tener la presencia necesaria para crear grandes proyectos y rendir extraordinariamente. Muchas veces he tardado demasiado en escribir —puede que también este libro— con miras a no cometer ningún error, a conseguir un resultado óptimo, a no enviarlo hasta que estuviese perfecto. Reid Hoffman, cofundador de LinkedIn, explica:

> Si no te avergüenza la primera versión de tu producto, ha salido demasiado tarde. Hace años era recomendable pensar dos veces antes de actuar, pero era otro mundo. Ahora puedes (hacer ajustes) rápido según los deseos de los clientes.[10]

Anne Lamott, autora de *Pájaro a pájaro*, me ayudó mucho a escribir la primera versión del presente libro. El capítulo «Primeros borradores de mierda» me resultó de ayuda para mantenerme presente y dejar de juzgar mi trabajo (y a mí mismo).

> Todos los buenos escritores los escriben (los primeros borradores de mierda). Así es como acaban con segundos borradores buenos y terceros borradores espectaculares. La gente tiende a ver a escritores de éxito, escritores que publican libros y a los que puede que incluso les vaya bien económicamente, y piensa que se sientan a la mesa cada mañana sintiéndose de fábula, sintiéndose estupendamente consigo mismos, el talento que poseen y la gran historia que tienen que contar; que respiran hondo unas cuantas veces, se arremangan, giran el cuello repetidamente para aliviar la tortícolis y se lanzan a teclear pasajes totalmente desarrollados a la velocidad de un taquígrafo. Pero esa es la fantasía de los no iniciados. Conozco a escritores sensacionales, escritores que te gustan, que escriben de maravilla y que tienen mucho dinero, y normalmente ninguno se sienta loco de entusiasmo y pleno de seguridad en sí mismo. Ninguno escribe primeros borradores elegantes. Vale, una sí que lo hace, pero no nos gusta mucho. No creemos que tenga una vida interior rica, que a Dios le caiga bien ni que la soporte siquiera.[11]

Querer tener el control y que algo quede perfecto es el mismo problema. Las dos cosas las provoca el miedo al fracaso. Imagínate a un jinete de rodeo que exigiese tener siempre el control. Acabarían echándolo muy rápido. La ironía del asunto es que cuando tratas de controlar cosas que no puedes controlar, tienes menos control que si renuncias a él. Es como vigilar demasiado a un miembro de un equipo o a un empleado: cuanto más intentas controlarlo, más se retrasa, peor rinde y más os cuesta a los dos.

Cuando renuncias al control —de las personas que te rodean, de las circunstancias a las que te enfrentas, de los resultados que deseas—, adquieres presencia y te abres a unas posibilidades que habrías dejado pasar intentando controlar lo que no puedes controlar.

3. Sé agradecido

> Una persona agradecida es una persona poderosa, porque la gratitud genera poder. La abundancia se basa en el agradecimiento por las cosas que tenemos.[12]
>
> ELISABETH KÜBLER-ROSS, *Lecciones de vida*

El camino hacia la concentración absoluta requiere conciencia de uno mismo para saber reconocer la cháchara de la mente de mono. Resulta habitual hacer muchas cosas a la vez para intentar realizarse a uno mismo, pero la mente solo puede procesar los pensamientos de uno en uno. Y eso es positivo. No puedes estar ansioso y agradecido al mismo tiempo. Tampoco puedes ser crítico y agradecido simultáneamente. Tenemos que adquirir conciencia de nuestros pensamientos para poder aflojar el ritmo y orientarlos a nuestro propósito (y nuestros sueños). Tenemos que desprendernos de los apegos... y de los pensamientos críticos que a menudo los acompañan. Y podemos lograrlo estando agradecidos.

¿Te has quedado alguna vez cautivado por una puesta de sol impresionante o una escena emocionante de una película que te ha dejado sin habla? Esos momentos significativos te permiten olvidarte de tus circunstancias y te obligan a dejarte llevar, sustituyendo lo que sentías en ese momento por una intensa conexión con la belleza y la gratitud posterior.

La mejor forma de aprender a ser agradecido consiste en centrarse en momentos pequeños y concretos. Puede ser una sonrisa inesperada, una llamada de un amigo o el sentido que hallas en objetos sin aparente relación entre sí. Una brizna de hierba se convierte en un momento de gratitud cuando ves el color que aporta a la tierra, la comida que brinda a los animales o los escondites que ofrece a las mariquitas, o la satisfacción de un perro que se revuelca en el jardín. Cuanto más agradecido eres, más belleza encuentras.

Una mente agradecida está conectada con la belleza. La belleza existe incluso en medio del más profundo sufrimiento. Como dijo el doctor Viktor Frankl, superviviente de varios campos de concentración, ser digno de nuestros padecimientos es hermoso.[13] No podemos controlar todo lo que nos pasa, pero sí cómo reaccionamos a ello y cómo percibimos la situación. Siempre tenemos esa opción. Cuando decides centrarte en la gratitud, tu visión se amplía y puedes encontrar más belleza.

Un rasgo que distingue a los mejores en cualquier campo es su capacidad para reconocer pautas y oportunidades con más rapidez y más a menudo que el resto. Un maestro del ajedrez puede mirar un tablero y hallar coyunturas y oportunidades en el acto, y ver jugadas con mucha antelación. Un novato mirará el mismo tablero y no verá nada especial. Lo mismo ocurre con la gratitud: con la práctica, podrás ver los dones, la gracia y la sabiduría en los momentos como nunca los habías visto. Cuando seas más agradecido, encontrarás vínculos y patrones en tu trabajo y tu carrera que guardan relación con la sabiduría y la belleza.

A medida que practiques el agradecimiento, te conectarás más con la belleza y también te volverás más creativo. La resolución de problemas, una actividad cotidiana a la que todo el mundo se enfrenta, mejora notablemente con la creatividad. La claridad y la conexión con la belleza favorecen la creatividad, del mismo modo que la belleza aumenta la claridad. El maestro de interpretación Konstantín Stanislavski escribió: «Trata de descubrir la belleza en todas partes: en cada postura, en cada posición, en cada pensamiento y en cada escena. Este ejercicio es muy importante. Una persona creativa debe poder ver y extraer belleza de cosas que una persona no creativa pasa totalmente por alto; y debe ver primero la belleza, no la deformidad».[14]

Cuando mañana llegues a tu lugar de trabajo, sin duda estarás expuesto a elementos que te han molestado en el pasado. Puede que sea el zumbido del aire acondicionado, un compañero ruidoso o la cola de la máquina de café. Las posibles molestias son infinitas, y tienes razones para estar irritado. Pero a pesar de esas razones, si aceptas todo lo que hay en tu entorno como si estuviese ahí para ayudarte en algún sentido —aunque solo sea para aumentar tu paciencia—, abrirás los ojos a posibilidades que puede que antes hayan estado ocultas. También harás sitio a la creatividad en tu mente. El problema no es la situación o la persona molestas; el problema es el estado provocado por tus pensamientos al juzgar el episodio.

La conexión de la gratitud y la humildad

> En mi opinión, nada mata más el potencial que la falta de humildad, así que no podemos regodearnos en nosotros mismos porque hayamos jugado un buen partido esta noche. Somos conscientes de a lo que nos enfrentamos.
>
> Rick Pitino,
> entrenador de baloncesto
> miembro del Salón de la Fama[15]

El exentrenador de fútbol americano del Ohio State Jim Tressel (cinco veces campeón nacional) recomendaba a los jugadores de su equipo que pasasen tiempo a solas cada día. En ese tiempo de silencio, cada jugador debía pensar como mínimo una cosa por la que estar agradecido. La gratitud y la humildad son importantes para un jugador de fútbol americano del Ohio State. Tressel afirma: «Si tus jugadores con más talento también son los que más se esfuerzan, tienes la oportunidad de conseguir mucho éxito, porque todo el mundo admira a aquellos que rinden. Y si esos jugadores también tienen auténtica humildad, podrás conseguir algo especial».[16]

Como parte de la investigación que he llevado a cabo para este libro sobre los profesionales de alto rendimiento, viajé a Coronado, California, donde está el cuartel general de los Navy Seal, la unidad de las Fuerzas Especiales de élite de Estados Unidos, para entrevistar a algunos miembros. Pasé el día con un instructor, Joe D., y le pregunté si la humildad desempeña un papel importante para ser un Seal. Su respuesta inmediata me pilló desprevenido: «Sin duda. La humildad puede derrotar a cualquier adversario. Si tenemos que entrar en un edificio a matar a un malo, el orgullo y la falsa valentía te incitarán a derribar la puerta principal, pero eso puede hacer que te maten. Con humildad, darás un paso atrás y verás la situación con claridad, y tal vez descubras que necesitas entrar sin hacer ruido por la puerta trasera».[17]

La humildad permite ver mejor el panorama completo, mientras que el orgullo puede volverte descuidado. También puede hacer que te maten. Los guerreros samurái citados en el capítulo 4 podían haber dejado fácilmente que su ego entrase en juego. Sin embargo, al conceder más valor al honor que a su propia vida, no podían arriesgarse a caer en el descuido que ocasionaría sucumbir al ego. El orgullo y la arrogancia socavan tu verdadero yo y hacen que continuamente estés defendiéndote de amenazas a tu identidad. En cambio, la humildad da lugar al aprendizaje y sienta las bases de la confianza en uno mismo y de la serenidad verdaderas.

Mimi Silbert, directora general de la Delancey Street Foundation, convierte a expresidiarios en empresarios de éxito enseñándoles a ser humildes y agradecidos para que desarrollen el concepto que tienen de sí mismos. La filosofía de Delancey se basa en el aprendizaje constante, enseñando a cada empleado varias vocaciones así como los atributos básicos de la sinceridad, la integridad y el servicio a los demás. Los egos no se desmadran porque ni siquiera la directora general percibe un sueldo. El extraordinario equipo de Delancey ha demostrado al mundo lo que es posible cuando tienes un propósito mayor que tú y el coraje de estar presente cuando todo dentro de ti y la sociedad que te rodea tratan de mantenerte anclado en el pasado.

El novelista C. S. Lewis dijo acerca del poder de la humildad:

> Piensa en el estado mental en el que uno pueda diseñar la mejor catedral del mundo y saber que es la mejor, y regocijarse en ese hecho sin alegrarse más (o menos) de haberla hecho de lo que se alegraría si la hubiese hecho otro [...]; ser totalmente libre del propio sesgo.[18]

Esa es la libertad de una mente que está plenamente presente y de un corazón íntegro y desprovisto de lastre.

4. Concéntrate en un mantra

> Soy uno de los mejores jugadores del mundo. Me he asegurado de decírmelo todo el día. Esto tiene que ocurrir. No pasa nada por estar nervioso, y sienta lo que sienta hoy, en el campo los demás sienten lo mismo que yo. Así que sal ahí fuera y hazlo.[19]
>
> BRANDT SNEDEKER,
> después de ganar
> el mayor premio de golf del mundo,
> la copa FedEx (2012)

En 2007 el título de campeón del mundo de golf se decidía en Carnoustie, Escocia. Tiger Woods, número uno del mundo, era uno de los favoritos, pero el español Sergio García dominaba el torneo: al empezar la vuelta final tenía una ventaja de seis golpes sobre los demás jugadores, menos sobre el subcampeón Steve Stricker. En los últimos hoyos, el irlandés Padraig Harrington recortó esa ventaja y acabó jugando un desempate a cuatro hoyos con García.

Durante el desempate, Harrington tenía un mantra. No paraba de repetir mentalmente las mismas palabras una y otra vez: «Voy a ganar. Voy a ganar. Voy a ganar».[20]

Aunque concentrarse en el resultado no suele ser útil porque te saca del presente y te proyecta al futuro, a algo que deseas pero que no controlas, ese día a Harrington le funcionó. El mantra le permitió distraerse de lo que podía ir mal y de la magnitud de la situación, y focalizarse en un pensamiento positivo. Consiguió algo que no había logrado nunca: ganó el Open Británico.

Hace unos años unos amigos me invitaron a participar en una ruta en moto. Tenía el carnet de moto pero nunca había ido de ruta. Después de aceptar la oferta, me di cuenta de que lo que yo esperaba y lo que me encontré eran dos cosas muy distintas. En lugar de viajar sin prisa por anchos caminos forestales, fuimos por un sendero técnico de vía única lleno de grava y tocones con muchos recodos y curvas. Tuve miedo todo el tiempo. Sin embargo, no quería decepcionarlos a todos y hacerles esperar. De modo que recurrí a algunos métodos de *Excelencia interior* para estar presente cuando mi mente quería ir al futuro, donde se encuentra el miedo. Empleé las siguientes técnicas:

- **Cantar en voz alta.** Cuando la tarea impone respeto o exige una concentración absoluta, cantar en voz alta puede ser un método efectivo. Irónicamente, al cantar una canción en voz alta podemos concentrarnos mejor en la tarea que nos ocupa porque el cerebro no se va al pasado ni al futuro. «No he conocido a nadie que haya tenido que mantener el equilibrio en

un edificio alto a quien no le ayude cantar —asegura la doctora Julie Angel, que estudió la mentalidad de los creadores del parkour como tema de su doctorado—. Personalmente, yo canto "En la granja de mi tío", y siempre me ayuda, aunque no me gusta especialmente esa canción».
- **Visualizar.** Me imaginé que ESPN cubría la ruta y que nos seguían todo el tiempo, sorprendidos de que este novato pudiese seguir el ritmo de los mejores del mundo. Los locutores de ESPN no podían parar de asombrarse de que una actuación tan extraordinaria viniese de un competidor tan inverosímil.
- **Mantra.** Repetía la siguiente frase una y otra vez: «Soy el mejor deportista del mundo. Soy el mejor deportista del mundo».

Usé las tres técnicas prácticamente todo el tiempo mientras duró la ruta. En ningún momento perdí el miedo, pero tampoco solté el acelerador. Me mantuve con el pelotón, y cuando terminé estaba eufórico. Sin embargo, si no hubiese recurrido a esos métodos, estoy seguro de que me habría echado atrás o me habría lesionado tratando de seguir el ritmo a los demás.

CÓMO UN MANTRA ME AYUDÓ A SUPERAR EL MIEDO AL FRÍO

Wim Hof, el Hombre de Hielo, es poseedor de múltiples récords del mundo en exposición al frío además de otras proezas (por ejemplo, correr un maratón en un desierto africano sin agua). Los científicos están asombrados de sus capacidades; incluso le inyectaron una endotoxina para ver si podía absorberla y no enfermar. No enfermó. Después de ese éxito, enseñó a otras doce personas a hacer lo mismo para demostrar que es algo que todos podemos aprender.

En noviembre de 2019, participé por primera vez en el Retiro del Método Wim Hof y de Entrenamiento de Alto Rendimiento con el entrenador Daniel Kluken y la agencia Inner Mountain Expeditions. El objetivo era seguir profundizando en el conocimiento de la fortaleza mental y el alto rendimiento, así como aprender más técnicas para estar presente ante la adversidad que compartir con mis clientes. Pero también tenía un motivo personal: me da miedo el frío desde que tengo memoria. Quería enfrentarme a mis temores.

En un retiro del método Wim Hof los participantes se exponen al frío extremo. El retiro en cuestión tuvo lugar en noviembre en el centro de Noruega, en un pueblecito a tres horas al norte de Oslo. El primer día anduvimos unos veinte minutos por la nieve hasta un arroyo helado. Luego pasamos otros veinte minutos abriéndonos paso a través del grueso hielo. Después nos quitamos los bañadores y nos metimos en el agua. Fue demencial, terrorífico y emocionante (una vez que salí).

También fuimos a dar una larga caminata en pantalón corto y descamisados, sin saber adónde íbamos ni durante cuánto tiempo. Solo una pequeña excursión al monte, sin expectativas ni vínculos con lo que nos parecía razonable. La temperatura del aire alcanzó máximas de entre ocho y nueve grados bajo cero toda la semana. ¡Eso sí que fue diálogo interno! Cada paso me distanciaba más de la «cordura» y me internaba más en la naturaleza. Acabamos subiendo a una cima con amplias vistas, aunque la verdad sea dicha, no disfruté mucho del paisaje. La caminata entera duró dos horas y siete minutos (no es que lo contásemos, ja, ja. ¡Desde luego, a mi mente consciente dos horas no le parecían razonables!).

Repetí dos mantras durante la caminata: «Mi cuerpo es una sauna... mi cuerpo es una sauna». Y también «Mi mochila es una estufa... mi mochila es una estufa». Esos dos mantras, más los hombros relajados y espiraciones largas y lentas, me ayudaron a llegar a la cálida cabaña. Sin embargo, el poder subyacente estaba en creer que todo era posible. Que hace frío solo porque crees que lo hace. Ya nos habíamos metido en el arroyo helado unas cuantas veces, de modo que sabía que podía hacer lo que antes me parecía imposible. Sabía que no debía fiarme únicamente de los ojos y de la mente lógica. Básicamente, a todos nos hicieron una pregunta en aquella caminata, aunque nunca llegó a verbalizarse:

¿Estás listo para enfrentarte a tus miedos?

Y también: ¿tienes fe? ¿Estás dispuesto a sufrir? ¿Estás listo para vivir el momento?
Y todos aprendimos lo mismo: eres mucho más poderoso de lo que crees. Sal de tu cabeza. Deja de analizar y juzgar. Tu mente consciente ignora las posibilidades de tu vida.

5. Elimina la prisa de tu vida sin contemplaciones

> La señal más inequívoca de la enfermedad de la prisa es la incapacidad de amar. El amor y la prisa son básicamente incompatibles. La prisa no es un horario desordenado; es un corazón desordenado.[21]
>
> JOHN ORTBERG,
> *La vida que siempre has querido*

Los cardiólogos Meyer Friedman y Ray Rosenman acuñaron el término «enfermedad de la prisa» al reparar en que muchos de sus pacientes sufrían una «agobiante sensación de urgencia temporal».[22] Definieron la enfermedad de la prisa como un esfuerzo continuo y una tentativa incesante de conseguir más y más cosas o de participar en más y más actividades en menos y menos tiempo. Es un patrón de comportamiento caracterizado por una impetuosidad y una ansiedad continuas; se trata de la sensación de estar crónicamente falto de tiempo, siempre intentando avanzar y perdiendo la calma al topar con el más mínimo retraso. ¿Te suena?

¿Cómo sabes si tienes la enfermedad de la prisa? Los siguientes síntomas suelen asociarse con ese síndrome:

- Intentar adelantar al coche situado delante de ti cuando no hay motivos para tener prisa.

- No tener paciencia con cajeros, otros conductores, colas de personas, etc.
- Tener problemas para dormir.
- Sentirse permanentemente estresado.

¿Alguna vez has descubierto que no tenías prisa, sino que la prisa estaba dentro de ti?[23] Tal vez no tenías un plazo de entrega o una cita a la que asistir, pero aun así estabas impaciente por adelantar al coche que tenías delante o por que la cola avanzase más rápido.

El profesor Richard Jolly, de la Escuela de Negocios de Londres, descubrió que el 95 por ciento de los ejecutivos que entrevistó en el transcurso de un periodo de diez años tenía la enfermedad de la prisa. Una señal clara es «pulsar repetidamente el botón de cerrar la puerta de un ascensor —afirma Jolly—. La mitad de las veces, esos botones solo están conectados a una bombilla; son lo que se llama un "placebo mecánico"».[24] Pero aunque funcionasen, ¿cuánto tiempo ahorrarían? ¿Cinco segundos?

Antes pensaba que me daba prisa para poder reducir el estrés; me apuraba y terminaba las cosas para poder relajarme y no preocuparme más por ellas. Sin embargo, en realidad la prisa era la causa del estrés.

La prisa es un estado mental y emocional, no físico. A veces ir rápido y hacer muchas cosas al mismo tiempo son las opciones más acertadas; son el desorden mental y los juicios que queremos abandonar. La prisa es fruto de creer que te vas a perder algo si no te apuras. Demuestra falta de confianza.

El estrés es una elección. No estás estresado por la situación en la que te encuentras; estás estresado por lo que piensas de la situación en la que te encuentras. Cuando te das prisa, eliges el estrés. Eliges no creer que todo saldrá bien, que Dios no está contigo, que tienes que intentar controlar cosas que escapan a tu control.

La prisa elimina el gozo y la compasión. No va acompañada de una profunda sensación de bienestar, libertad y gratitud (el gozo). La compasión —que significa literalmente «sufrir juntos»— también se desvanece cuando tenemos prisa. La compasión interrumpe nuestros planes. La propia naturaleza de la compasión es dejar lo que estás haciendo e internarte en el dolor de otra persona. La prisa acaba con nuestra capacidad de amar, y sin amor, necesitamos darnos prisa.

La prisa es una consecuencia habitual del ajetreo. El ajetreo —la escasez de espacio en la vida— constituye una de las principales barreras para estar presente. Un estudio de la revista *Science* reveló que el trajín se ha generalizado tanto que la gente prefiere sufrir dolor a no sentir nada. En el estudio, los participantes preferían darse una descarga eléctrica a estar a solas con sus pensamientos (y, por supuesto, sin sus móviles) entre seis y quince minutos.[25]

El monje trapense Thomas Merton dijo que el ajetreo de la vida mata la raíz de la sabiduría interior:

> La prisa y la presión de la vida moderna son una forma, tal vez la más habitual, de violencia innata. Dejarse llevar por multitud de intereses contradictorios, ceder a demasiadas exigencias, comprometerse a participar en demasiados proyectos, querer ayudar a todo el mundo en todo, es sucumbir a la violencia. El frenesí de nuestro activismo neutraliza el trabajo que hacemos por la serenidad. Destruye nuestra capacidad innata para la serenidad.[26]

Un joven doctorando de psicología clínica llamó un día a su tutor (el doctor Dallas Willard) para asegurarse de que estaba progresando favorablemente a nivel personal. El doctor John Ortberg preguntó a Dallas qué tenía que hacer para estar (espiritualmente) sano.

—Debes eliminar la prisa de tu vida sin contemplaciones —respondió Dallas.

John lo anotó rápidamente.

—Vale, entendido —dijo—. ¿Qué más?

—Nada más —contestó Dallas—. La prisa es el mayor enemigo de la vida espiritual en la actualidad. Debes eliminar la prisa de tu vida sin contemplaciones.[27]

La prisa surge al no priorizar las cosas más importantes, sobre todo la fundamental. Cuando el propósito o la misión de tu vida no están claros, muchas cosas pueden minarte la energía. La vida te llevará por muchos caminos, y tus límites no estarán claros.

Cuando eliminas la prisa sin contemplaciones, eres más consciente de tus actos y estás más atento a lo que perciben tus ojos. Verás más. Te darás cuenta de que Dios no te ha dado una vida para la que no tienes tiempo.[28] En medio del ajetreo de la vida moderna, perdemos nuestra esencia por culpa de la incapacidad para estar presentes; con el tiempo, nos volvemos insensibles a cuanto nos rodea, la belleza y todo lo demás. Estar plenamente presente requiere tiempo, pero no hay otra forma de conseguirlo.

Para la mayoría de nosotros, el ajetreo es en realidad una búsqueda compulsiva de afirmación y aprobación. El problema es que cuando conseguimos la aprobación que deseamos, esta siempre es fugaz. Nunca permanece porque hemos tomado el camino equivocado: la búsqueda de aprobación. Cuando vamos en el sentido contrario, debemos darnos prisa porque nunca conseguimos lo que realmente deseamos, pero, naturalmente, cuanta más prisa nos damos, más atrapados quedamos en el ajetreo, y más y más nos alejamos de la satisfacción.

Henri Nouwen, profesor de Yale y Harvard, explica por qué vivimos en un trajín compulsivo:

> La respuesta es muy simple. Nuestra identidad, o el concepto que tenemos de nosotros mismos, está en peligro [...]. El falso yo es el yo que se fabrica, como dice Thomas Merton, por compulsión social. De hecho, «compulsivo» es el adjetivo que mejor califica el falso yo. Señala la necesidad de una afirmación constante y creciente. ¿Quién soy yo? Soy aquel que es amado, alabado, admirado, detestado, odiado, despreciado. Ya sea un pianista, un empresario o un pastor, lo que importa es cómo me percibe mi mundo. Si estar ocupado es algo bueno, entonces debo estar ocupado. Si tener dinero es señal de verdadera libertad, entonces debo reclamar mi dinero. Si

conocer a mucha gente es prueba de mi importancia, entonces debo establecer los contactos necesarios. La compulsión se manifiesta en el miedo escondido a fracasar y en el continuo afán por evitarlo acaparando más de lo mismo: más trabajo, más dinero, más amigos.[29]

Sin un camino y un propósito claros, el yo será tu prioridad, y eso significa que continuamente tendrás que acaparar más para el yo, pues el yo es tu principal preocupación y nunca tendrás suficiente para estar verdaderamente seguro. Con el yo como prioridad (y ningún fin mayor claro), darás vueltas continuamente alrededor de ti mismo pero nunca hallarás tu verdadero yo. Es una búsqueda mareante e infructuosa.

Del mismo modo que en el deporte se solicita tiempo muerto, en la vida necesitas tomarte tiempos muertos para estar presente. Si no dedicas un rato a afilar la sierra, como recomienda el escritor Stephen Covey, tu productividad disminuye. Debe haber intervalos en medio de la actividad, a ser posible cada noventa minutos durante todo el día, y un día entero cada siete días: sin trabajo, sin proyectos, sin compras ni ninguna tarea pendiente en la lista. Y un año entero cada siete años (yo voy con retraso).

Cuando nos tomamos un día a la semana para soltar (los apegos) y recargar las pilas, podemos ver más claramente la belleza que nos rodea, y la gratitud fluye naturalmente. Si no eres agradecido, es muy posible que el trajín la haya extraído de tu vida. Sin gratitud, la sabiduría no es posible, al menos la que entiende la verdad profunda de quién eres y qué posibilidades te depara la vida.

La mejor vida posible —la plenitud vital absoluta— es aquella en la que estamos plenamente presentes la mayoría del tiempo. Esa vida tiene un tempo determinado. Solo podemos funcionar óptimamente cuando seguimos los ritmos del trabajo y el descanso, la relajación y la celebración. Para dar lo mejor de nosotros debemos guiarnos por la fe, no por la vista, escuchar más de lo que hablamos, y delimitar estrictamente nuestra energía y nuestras rutinas. Necesitamos momentos de silencio y momentos de celebración. Solo entonces podemos implicarnos plenamente en corazón, mente y cuerpo.

La gratitud y la humildad verdaderas solo se hallan presentes cuando te detienes a ver, sentir y reconocer todo lo que se te ha concedido para que llegues a este punto, así como todo lo que será posible mañana... aunque no llegue nunca. La inseguridad y el estrés disminuyen enormemente cuando dedicas tiempo a orientar tu corazón a lo que más importa para poder estar plenamente presente.

En tu búsqueda de un rendimiento extraordinario, asegúrate de que los deseos te llevan adonde quieres ir. Si aspiras a la plenitud vital absoluta, centra tus deseos en el amor, la sabiduría y el coraje. Desarrollarás una presencia que te ayudará a superar obstáculos y bloqueos mentales —como verás en el próximo capítulo— y te enseñará a vivir.

PUNTOS CLAVE DEL CAPÍTULO 8

- Estar plenamente presente es estar inmerso en el momento, experimentándolo con plenitud, sin necesidades ni deseos ni pensamientos sobre los resultados.

- Cinco métodos efectivos de estar presente en situaciones de presión:

    ☐ Sal de tu cabeza y entra en tu corazón y tu alma.

    ☐ Céntrate en las rutinas y solo en lo que puedes controlar.

    ☐ Sé agradecido.

    ☐ Concéntrate en un mantra.

    ☐ Elimina la prisa sin contemplaciones.

- Con el ajetreo de la vida, nos volvemos insensibles a lo que captan nuestros sentidos y nos perdemos la creatividad, el conocimiento y los sueños que conlleva estar presente.

- Cuando aceptas lo que no puedes cambiar, te liberas y puedes encontrar oportunidades.

- Vivir con una conciencia no crítica es tener libertad para ser tú mismo. Uno de los principales motivos por los que perdemos la presencia es el juicio (cuando emitimos un veredicto negativo sobre nuestras circunstancias, los demás o nosotros mismos).

PREGUNTAS Y ACTIVIDADES COMPLEMENTARIAS

✓ Observa tu nivel de presencia durante todo el día. Fíjate en las veces en que estás frustrado o molesto (o en que tu mente simplemente está en el pasado o en el futuro), así como en los momentos en los que estás presente. Lleva una ficha en el bolsillo y marca el número de veces que has estado presente durante el día. A ver si puedes aumentar ese número al día siguiente.

✓ Practica el hábito de salir de tu cabeza y entrar en tu corazón. Imagina que eres un espectador neutral, o un investigador o un periodista, que observa tus pensamientos. ¿Cómo afecta el acto de observar tus pensamientos a dichos pensamientos? Fíjate en que puedes ver y percibir más belleza cuando abandonas el control y sales de tu cabeza.

✓ Acostúmbrate a llevar un diario para recoger impresiones sobre tus pensamientos y emociones cada día. ¿Cómo afectan esos pensamientos y emociones a tu capacidad para estar presente? Puedes empezar enumerando unas cuantas cosas por las que estás agradecido. También puedes limitarte a escribir frases o palabras, lo que te venga a la mente en pleno flujo de conciencia.

✓ Elige uno de los cinco métodos para estar presente y concéntrate en esa directriz durante un día entero. Haz lo mismo con cada una de las cuatro restantes. Al sexto día, prueba a centrarte y a estar presente con cualquiera de los cinco métodos cada vez que te des cuenta de que no lo estás.

✓ Practica los descansos, desde solo un minuto a un día entero, durante los que te dediques a estar en silencio, presente y agradecido.

9
Imparable
Cómo superar bloqueos mentales, miedos y fobias

> No lo conseguirá. No está cómodo con lo que le incomoda.[1]
>
> LOU PINIELLA,
> mánager de béisbol de las Grandes Ligas,
> hablando de la frustración de un novato
> ante el fracaso en la pretemporada

En 1982 Los Angeles Dodgers tenían un segunda base llamado Steve Sax que ganó el premio al Novato del Año de la Liga Nacional. A principios de la temporada siguiente, Sax lanzó un tiro de relevo desde el jardín al receptor que rebotó en la espinillera de este, lo que le permitió anotar al corredor de la tercera base. Sax recuerda:

> Era algo que le podía pasar a cualquiera, pero empecé a pensar mucho en ese error. Se me metió en la cabeza. Entonces leí el periódico y vi que había cometido un par de fallos al principio de la temporada. Me puse a pensar: «Vaya, voy camino de cometer ciento y pico errores este año». Así que empecé a experimentar una presión terrible y, claro, al día siguiente cometí un error al lanzar. Luego me equivoqué un par de veces más durante la semana.

Pronto tenía un monstruo horrible en la cabeza del que no podía librarme.

Después de un par de meses cometiendo errores de lanzamiento con regularidad, estaba convencido de que mi carrera estaba en peligro. Cuanto más trabajaba en el problema, peor se volvía. Según la creencia popular, si nos esforzamos lo suficiente en algo, lo superamos, pero eso no fue lo que me pasó a mí. El equipo y yo lo probamos todo. Los jefazos de los Dodgers me sacaron a la segunda base del estadio en mitad de la tarde cuando no había nadie, me vendaron los ojos y me mandaron que lanzara la pelota a la primera base. La tiré a la primera base sin cometer ningún error todas las veces que me vendaron los ojos, pero era incapaz de lanzar bien en un partido.

El peor momento fue cuando cometí una equivocación descomunal contra los San Diego Padres. Íbamos ganando, pero entonces me tiraron una bola, y perdimos porque la lancé muy lejos al final del partido. Una semana después del partido contra los de San Diego, llamé a mi padre por teléfono. No me quitaba de la cabeza el problema —era como una maleta defectuosa que nunca iba a ninguna parte—, y poco a poco todas las conversaciones que tenía siempre iban a parar a ese tema.

Mi padre me contestó: «Mira, te voy a decir una cosa. Un día te despertarás y el problema habrá desaparecido. Lo sé porque a mí me ocurrió lo mismo cuando jugaba al béisbol en el instituto, y le puede pasar a cualquiera». Cuando mi padre me dijo eso, entendí que si podía sucederle lo mismo a alguien tan tremendo como él, alguien que es tan grande e imponente como mi padre, a lo mejor yo no era tan raro... podía pasarle a cualquiera.[2]

Seis horas después de hablar con él, su padre falleció. Pero fortalecido gracias a su consejo, Sax recobró poco a poco la seguridad en sí mismo y volvió a disfrutar del béisbol. No cometió ningún error en los últimos treinta y seis partidos de la temporada, y en 1989 tenía el mejor promedio defensivo entre los segundas bases de las grandes ligas. Llegó a ser cinco veces All-Star y a ganar dos campeonatos de la Serie Mundial.

El contratiempo de Sax se solucionó al final, pero bloqueos mentales parecidos han acabado con las carreras de muchas personas. Es una lástima, porque aunque a Sax le costó meses de noches de insomnio resolver su problema, un bloqueo mental como ese, o un gran miedo, o incluso una fobia, en general se puede curar con facilidad y rapidez, a veces en una sola sesión.

En este capítulo te enseñaré a superar bloqueos mentales como el de Steve Sax para que puedas aprender y crecer cada día y volverte imparable. Puede que estés pensando: «Yo no soy deportista profesional; no necesito saber eso». Si es así, creo que te conviene reconsiderarlo. Lo que le pasó a Sax nos pasa prácticamente a todos de distintas maneras. Todos tenemos una mente subconsciente que siempre está protegiéndonos. Eso puede provocar extraños problemas de comportamiento difíciles de superar, como que un jugador de béisbol pierda la capacidad de hacer lo que los jugadores de béisbol de las ligas pequeñas hacen con facilidad (lanzar la pelota de la segunda base a la primera).

A continuación te enseñaré cómo funciona. Primero, volvamos a Sax y veamos cómo empezó su bloqueo mental.

1. Cometió un error.

2. Se sintió mal.

3. Consultó sus estadísticas y luego pensó en el futuro y en que podía sentirse muy mal si mantenía la racha.

4. Cometió más errores.

5. Empezó a obsesionarse con ello (se convirtió en una idea fija).

6. Contrajo un grave bloqueo mental que podría haber acabado con su carrera.

El protector subconsciente

Mientras estás ahí sentado leyendo este libro, o conduciendo el coche a la vez que lo escuchas, tu mente subconsciente está trabajando, ocupándose de sus tres principales cometidos, que son los siguientes:

1. Examinar toda la información sensorial que llega con el fin de decidir qué es relevante para ti y si algo puede ser peligroso (desde el punto de vista físico o emocional).

2. Dirigir tu vida en segundo plano para que no tengas que pensar en cada cosa insignificante que haces. (¡Imagínate que tuvieses que pensar detenidamente cada vez que te atas los cordones, te cepillas los dientes o vuelves a casa en coche desde el trabajo!).

3. Alinear tus circunstancias y resultados con tus creencias. Por ejemplo, supongamos que crees que eres un golfista que en general hace setenta golpes. Si a mitad de la vuelta llevas camino de hacer sesenta y pocos, tu subconsciente tratará de acercarte a los setenta para igualar lo que crees. A tu subconsciente le da igual lo que creas; solo le importa que tu vida se alinee con esas creencias.

La función subconsciente que trataremos en este capítulo es la primera descrita más arriba: examinar la información sensorial en busca de peligro físico o emocional.

El cerebro que se modifica a sí mismo: podemos reconfigurar nuestro cerebro

Cada vez que aprendes algo nuevo se crea una vía neuronal por la que viajan pensamientos y emociones. Antes los científicos pensaban que el cerebro era como una máquina: una vez que se formaba, no cambiaba mucho. Ahora sabemos que el cerebro evoluciona continuamente.[3] Según el doctor Kurt Fischer, director del Programa de la Mente, el Cerebro y la Educación de la Universidad de Harvard: «Varios principios generales han surgido de la neurociencia. El primero es que el cerebro es extraordinariamente plástico. Incluso en la madurez o la vejez, sigue adaptándose de forma muy activa a su entorno».[4]

De hecho, a lo largo de la vida se crean nuevas neuronas a través del proceso de la neuroplasticidad. La neuroplasticidad es una palabra rimbombante para referirse a cómo el cerebro se recrea y se reorganiza físicamente en respuesta al entorno. Ese proceso dinámico nos permite aprender y adaptarnos a distintas experiencias. El cerebro cambia literalmente sus conexiones físicas y su comportamiento en respuesta a nueva información.

¿Qué significa eso para ti y para mí? Que todo lo que vemos, leemos, escuchamos y experimentamos afecta a nuestro cerebro. Eso quiere decir que podemos reconfigurarlo dándole nueva información, y podemos integrar esa información, idea o sentimiento repitiendo el mismo pensamiento y emoción. No hay límite en cuanto a lo que nos conviene integrar y las vías neuronales que nos interesa crear. Eso también significa que sentimientos intensos como el miedo o la inquietud pueden crear conexiones negativas, y si tenemos continuamente esos pensamientos y esos sentimientos, creamos vías neuronales que llevan constantemente la mente y el cuerpo a sitios a los que no nos interesa ir. Saludos, bloqueos mentales.

Cómo se forman los miedos y las fobias (y los bloqueos mentales)

Lo primero que tienes que saber del subconsciente es que clasifica todos los peligros en la misma carpeta del cerebro, ya sean físicos o emocionales. No diferencia entre el miedo a un tigre a punto de atacarte y el miedo a ser atacado en Reddit o Instagram. Para tu cerebro es lo mismo.

Cuando vives una experiencia traumática o violenta, sobre todo en la juventud, tu subconsciente pone el recuerdo bajo llave para poder avisarte en el futuro. Con ponerlo bajo llave me refiero a que memoriza el contexto de la situación —quién estaba presente, qué se dijo, cualquier detalle relacionado con las circunstancias— para poder advertirte la próxima vez que te enfrentes a algo parecido. Te avisa mediante la inquietud o el miedo, o simplemente tratando de impedir que hagas algo que estás a punto de hacer relacionado con una experiencia dolorosa anterior.

La mente subconsciente no necesita protegerte de las situaciones positivas, solo de las dolorosas. Por eso estas se quedan grabadas en tu psique, para que el subconsciente pueda estar atento a ellas a fin de protegerte.

Supongamos que eres un tenista y que cometes una doble falta en un momento especialmente importante de un partido. Empiezas a pensar en ello y, teniendo esa imagen en la mente, vuelves a cometerla en una situación decisiva. La primera no fue muy grave, de modo que el subconsciente la olvidó. Pero la segunda fue emocionalmente angustiosa, de modo que el subconsciente la puso bajo llave. ¿Por qué? Para protegerte. Como la experiencia ha sido angustiosa, el subconsciente la recuerda para evitar que vuelvas a pasar por ella. Ese mecanismo resulta útil si tocas un fogón caliente, te muerde un caimán o publicas algo en internet de lo que te arrepientes, pero no si te provoca ansiedad o miedo ante situaciones en las que te has expuesto a propósito.

Ese tipo de inquietud y de miedo puede provocarnos bloqueos mentales, incluso (o especialmente) en coyunturas en las que, por lo general, somos diestros. Al golfista ganador del PGA Tour Tommy Armour se le ocurrió el término «yips» para referirse a sus problemas para hacer *putts*, que se agravaron tanto que tuvo que retirarse. Él los definió como «un espasmo del cerebro que afecta al juego corto». Wikipedia describe los *yips* como la pérdida de habilidades motoras finas en los deportistas, sin tratamiento ni terapia conocidos.[5] (Está claro que las personas que escriben en Wikipedia no han oído hablar de *Excelencia interior*).

A menudo son las tareas sencillas, y no las difíciles, las que dan lugar a bloqueos mentales. La mente ejerce más presión sobre ti en las sencillas (debido a la presión social para no meter la pata con algo fácil). No muchos pateadores sufrirán bloqueos mentales con tiros de campo de 55 yardas, pero muchos los padecen para conseguir puntos extra.

El segundo dato importante del subconsciente que conviene entender es lo que Sax descubrió hablando con su padre: si sufres un bloqueo mental como el que él o Tommy Armour tuvieron, no es porque seas raro ni extraño. En realidad, es todo lo contrario. Significa que tu subconsciente funciona perfectamente. Esto mismo es aplicable a la fobia a las serpientes o a las arañas, los trenes o los trapezoides. Cuando digo fobia, me refiero a miedo excesivo o ansiedad ante un objeto o situación, un miedo tan intenso que puede dominar tu vida. Como ya dije más arriba, los bloqueos mentales se pueden vencer en una sola sesión, y lo mismo vale para las fobias. Es posible que hayas padecido una fobia toda la vida, o tenido pánico cada vez que ves una pulga o un hurón, o al pensar en volar. No importa cuánto hace que tienes la fobia, ni lo intensa que es; sea lo que sea, se puede curar definitivamente.

Imaginemos que un amigo tuyo tiene fobia a las arañas. ¿Con qué frecuencia siente pánico al ver una araña? ¿La mitad de las veces? ¿Ocho de cada diez? No, experimenta pánico el cien por cien de las veces. Esto es así porque su subconsciente funciona como corresponde para protegerlo del objeto de su miedo.

No nacemos con miedos, salvo quizá el temor a los ruidos fuertes o a caernos. El resto de nuestros temores los hemos adquirido, a menudo en un instante. Cuando sabes cómo funciona el subconsciente, puedes eliminarlos con la misma rapidez. Las fobias se desarrollan de forma parecida al bloqueo mental de Sax:

1. Se produce un hecho que es emocionalmente doloroso o vergonzoso.

2. El subconsciente pone el suceso bajo llave —dependiendo del sentido que le has asignado y de la sensación que has experimentado— para protegerte en el futuro.

3. El subconsciente incorpora ese suceso, y el contexto que lo rodea, a la lista de cosas de las que te avisará o te protegerá en el futuro alterando físicamente tu conducta mediante la ansiedad o el miedo.

4. El subconsciente integra el recuerdo tan profunda e intensamente como el dolor que lo rodea.

5. Cada vez que el subconsciente reconoce un contexto parecido, evoca el suceso doloroso original para advertirte.

6. Se crea una fobia o un bloqueo mental en torno a la asociación.

¿Alguna vez te has preguntado por qué algunas situaciones te resultan incómodas sin ningún motivo lógico? Podría tratarse de un detonante o un ancla (consulta el capítulo 6). ¿Conoces esa canción del instituto que siempre te recuerda a Susi la Sexi o a Gus el Guapo? La canción desencadena un recuerdo; el recuerdo desencadena una sensación. Si escuchas la canción, experimentarás la sensación. La canción y la sensación están asociadas para ti.

Lo mismo pasa continuamente en nuestra vida, a menudo sin que lo sepamos. Por ejemplo, supongamos que cuando eras adolescente te amenazó alguien que llevaba una determinada cazadora. Puede que lo hayas olvidado todo. Pero un buen día te sientes incómodo en presencia de alguien, sin saber que es porque la cazadora que lleva se parece a la del doloroso recuerdo. En este caso, el subconsciente te está avisando a partir de una experiencia pasada, pero no te acuerdas.

Antes de entrar en detalle sobre cómo lidiar con el problema, analicemos un ejemplo más del béisbol.

El fenómeno

En 1997 Rick Ankiel, del Instituto de Secundaria de Port St. Lucie, en Florida, fue nombrado Jugador de Instituto del Año por *USA Today*. Fue seleccionado por los St. Luis Cardinals y recibió una bonificación de 2,5 millones de dólares al firmar por el equipo. En 1999, con veinte años, debutó en la liga principal, y en 2000 jugó su primera temporada entera en las ligas mayores. Tuvo un año formidable en el que eliminó a 194 bateadores (aunque también regaló 90 bases por bolas; las dos estadísticas figuraron entre las diez primeras de sus respectivas categorías). Ankiel fue finalista al premio al Novato del Año de la Liga Nacional 2000, dieciocho años después de Steve Sax.

El mánager de los Cardinals Tony La Russa optó por sacar al novato Ankiel a jugar en uno de los partidos de desempate para decidir los campeones de división contra los Cubs, escogiéndolo a él en lugar de al lanzador estrella, el ganador de veinte partidos Darry Kyle. Ankiel estaba jugando bien cuando a la tercera entrada hizo un lanzamiento descontrolado que fue a parar lejos del receptor. (A un lanzador se le atribuye un lanzamiento descontrolado cuando el tiro es demasiado alto, bajo o desviado del *home* para que el receptor lo controle con normalidad y un corredor avance). Unos tiros más tarde, lanzó otro. Y luego otro. Algunos de los lanzamientos se alejaron tanto que el receptor fue incapaz de echarles el guante. La Russa lo mandó al banquillo. A pesar de los lanzamientos descontrolados de Ankiel, los Cardinals ganaron la eliminatoria y pasaron a jugar contra los New York Mets por el Campeonato de la Liga Nacional.

Días más tarde, La Russa sacó a Ankiel a jugar en dos de las eliminatorias contra los Mets. Después de dejar que dos bateadores alcanzasen la base y de tirar más lanzamientos descontrolados en dos tercios de una entrada, Ankiel volvió al banquillo. Días más tarde, cuando la temporada estaba a punto de acabar y el partido parecía ya perdido, La Russa le dio a Ankiel una oportunidad más para que terminase la temporada con una nota positiva. El jugador volvió a tener problemas. Fue el principio del fin para él.

Ankiel se despertaba en plena noche con pesadillas en las que no podía lanzar un golpe. Previo al primer partido de la siguiente temporada, bebió vodka antes del encuentro para lidiar con la profunda ansiedad que sentía. No tardaron en bajarlo a las ligas menores, donde luchó durante cuatro años; luego consiguió regresar a las ligas mayores, pero el problema volvió enseguida. Decidió que ya estaba bien. Lo dejó.

El agente de Ankiel lo convenció de que cambiase de posición y empezase de nuevo como jardinero. Sorprendentemente, volvió a las ligas mayores y demostró un control absoluto, realizando trescientos tiros con el pie con una precisión máxima. Ankiel es el único jugador en la historia de las ligas mayores (aparte de un tal Babe Ruth) que ha hecho al menos setenta y cinco *home runs* y ha eliminado como mínimo a doscientos bateadores.

El propio Ankiel explica cómo se sintió después de aquel funesto partido en las eliminatorias, cuando un lanzamiento descontrolado acabó convirtiéndose para él en un monstruo:

> Tenía la agobiante sensación de que había decepcionado a todo el mundo..., mis compañeros de equipo, los entrenadores, los fans, mi familia, la organización de los Cardinals y todas las personas con las que me había criado. No poder ser el lanzador que en realidad era me afectó profundamente. Cometí el error de pensar que lo que me definía como persona era que jugaba bien al béisbol. Cuando el cristal se hizo añicos, no quedó nada. Me pilló desprevenido, y en esas situaciones todo el mundo puede ver tus intenciones. Nunca me ha mordido un perro grande, pero seguro que cuando te muerde uno, cada vez que alargas la mano para acariciar a un perro, algo dentro de ti te dice: «Este bicho podría morderme». Eso es lo que sentía estando en el montículo del lanzador. Era como tener un peso gigantesco sobre los hombros. Sentía soledad, desesperación; no se lo deseo a nadie.[6]

Hagamos un rápido repaso. Ahora comprendemos que la mente subconsciente siempre está trabajando para protegernos y que está funcionando perfectamente cuando tenemos un bloqueo mental o los denominados *yips*. También sabemos que el subconsciente funciona precisamente por el conocimiento que posee. En el caso de Sax, creía que el jugador de los Dodgers corría verdadero peligro si lanzaba la pelota a la primera base; en el caso de Ankiel, creía que el jugador de los Cardinals peligraba realmente al lanzar en un partido de las ligas mayores. Cada vez que esos deportistas pensaban o intentaban realizar la actividad que su mente consciente consideraba peligrosa, el subconsciente cumplía su función y se lo impedía.

Entonces, ¿qué hacemos para resolver ese problema? Ponemos el subconsciente al día informándole de la verdad y proporcionándole una nueva certidumbre sobre la situación. En lo que respecta a Sax, la verdad era que lanzar la pelota a la primera base no suponía ningún peligro que necesitase supervisión y protección. En lo referente a Ankiel, la verdad era que jugar en las ligas mayores no representaba un peligro del que hubiera que protegerse.

Y te preguntarás: ¿cómo llegó el subconsciente de esas personas a creer esas cosas, de tal manera que consideró necesario avisarles a través de la ansiedad y el miedo? Buena pregunta. Pero lo cierto es que al subconsciente de Sax le daba igual si lanzaba perfectamente o si tiraba la pelota al banquillo, y al subconsciente de Ankiel le daba igual si hacía un golpe perfecto o si arrojaba la pelota tres metros por encima de la cabeza del bateador. En los dos casos, al subconsciente del deportista solo le importaba protegerlo del peligro —o de la sensación de peligro— basándose en la información de la que disponía en ese momento. La mente subconsciente siempre está escudriñando nuestro entorno y nuestras emociones, buscando peligro y tratando de detectar si hay algo nuevo de lo que debe protegernos. Cuanto más analizaban y se preocupaban esos deportistas por el problema, más creía su subconsciente que aquella actividad entrañaba realmente peligro.

Si Sax y Ankiel no se hubiesen preocupado por cómo lanzaban una pelota de béisbol, su subconsciente tampoco lo habría hecho. Lo mismo ocurre en el golf o en el tenis. Al subconsciente no le importa si fallas un *putt* de sesenta centímetros en el golf o una doble falta tres veces seguidas en el tenis. Pero sí le importa protegerte de la sensación de vergüenza y del trauma emocional. Irónicamente, para resguardarte de esas cosas, propicia una ansiedad y un trauma mayores.

Cómo acabar con los *yips*, los bloqueos mentales y las fobias

Si tu mentalidad está orientada a aumentar el nivel de excelencia y te dedicas a aprender y crecer para poder aumentar el de los demás, eres mucho menos propenso a los bloqueos mentales.

Cuando empiezo a tratar a un nuevo deportista profesional o a un nuevo ejecutivo, en general empezamos por un retiro de tres días en el que les expongo las bases de la mentalidad de excelencia interior y los principios que te he mostrado. Durante los primeros días juntos, eliminamos el dolor de sus recuerdos más dolorosos, así como todos los bloqueos mentales, miedos o traumas. Se trata de un paso importante, y puede cambiar drásticamente o salvar la carrera de un deportista o de un ejecutivo.

Cuando digo «trauma» me refiero a cualquier cosa, desde momentos vergonzosos en el instituto hasta episodios extremadamente graves como maltratos y agresiones. Con eliminar el trauma no me refiero a que alteremos lo que ha pasado o que lo olvidemos. Quiero decir que los dos (el cliente y yo) reprogramamos cómo su mente subconsciente procesa el incidente de manera que deje de ser doloroso. Lo que ha pasado no cambia, pero el dolor asociado a ello sí. Cuando este desaparece, el bloqueo mental se va con él (pues el subconsciente ya no está en una modalidad de autoprotección).

Buscamos los recuerdos más dolorosos de su vida (pese a lo

desagradable que parece, suele cambiar la vida de quien lo hace) y los reprogramamos. Les pido a las personas que vuelvan a experimentar el dolor —solo un momento, para ver lo doloroso que es— y que lo puntúen en una escala del 1 al 10, en la que el 10 representa el peor dolor posible. Busco los 9 y los 10. Si vas por la vida con unas puntuaciones de 9 y 10 (y de adultos todos hemos vivido experiencias traumáticas), sin duda cargas con limitaciones de las que puede que no seas consciente.

Una vez que hallamos las experiencias más traumáticas, trabajamos con el subconsciente y acabamos con el bloqueo mental, el miedo, la fobia o el trauma... para siempre. Puede que te parezca extraordinario; tal vez por eso clientes del programa Excelencia interior de todo el mundo han conseguido resultados excelentes.

Después de realizar el trabajo para acabar con el dolor, volvemos a experimentar momentáneamente el recuerdo, tal y como pasó, para asegurarnos de que el dolor desaparece (les vuelvo a pedir a los clientes que lo puntúen numéricamente; esta vez buscamos que el número se acerque lo máximo posible a cero). Si no desaparece del todo, o casi, seguimos trabajando en ello. (Nota: cuando hacemos ese trabajo, no entramos en los detalles del recuerdo doloroso; de hecho, no se menciona ningún detalle en absoluto. Simplemente reprogramamos el modo en que el subconsciente contempla el episodio y creamos así una nueva creencia).

Los principios que intervienen en la eliminación de bloqueos mentales, y las demás crisis nerviosas de nuestra vida cotidiana, son bastante sencillos:

1. Extrae la emoción.

2. Busca el mínimo cambio que habría afectado (si es posible) a la situación.

3. Introduce una sensación positiva e intensa —aparte del pequeño cambio— en el contexto del bloqueo mental.

4. Ancla esa sensación positiva al contexto doloroso original y crea con ello una nueva asociación (y creencia) enriquecedora.

Veamos cómo cumplir esos pasos de uno en uno. (Nota: es un proceso bastante complejo, de modo que si no estás en situación de llevarlo a cabo, puede que te interese saltar al próximo apartado, en la página 254, Libertad para los deportistas de élite).

Cómo extraer la emoción de un recuerdo doloroso

La mejor forma de extraer la emoción de un recuerdo es distanciarse del suceso recordado contemplándolo desde el punto de vista de un observador. Eso se llama ver el recuerdo en tercera persona (o tercera posición), adoptar una perspectiva exterior, observar cómo ocurre el suceso. Es como la perspectiva que podría tener un transeúnte. La primera persona o primera posición es el punto de vista que tienes cuando experimentas directamente la situación.

Si pensamos en los errores de lanzamiento de Sax, la perspectiva en primera persona es la de los ojos de Sax. Es muy posible que él se hubiese sentido inquieto e inseguro desde ese punto de vista. La perspectiva en tercera persona sería la imagen de él que tendría alguien sentado en el banquillo, en las gradas o viendo la televisión. En general, cuanto más alejado de la persona que participa en la acción está el punto de vista, menos intensa será la emoción. A un espectador eventual que viese el partido por televisión, los errores de Sax podrían haberle parecido interesantes o aburridos, dependiendo de la persona. Pero hay excepciones: en el caso de la madre de Sax, desde la posición en tercera persona de quien lo ve por televisión, ella podría haber sentido que lanzaba realmente la pelota (es decir, la perspectiva en primera persona). Con el fin de reducir el impacto emocional del incidente en general, en el caso de Sax, su madre o cualquiera de nosotros, tenemos que desplazar el punto de vista de muy próximo a la acción a alejado de ella.

Una técnica para conseguirlo es imaginar que sales flotando de tu cuerpo y te elevas en el cielo como un globo. Al despegar, te ves a ti mismo en tierra con todas tus preocupaciones y problemas. Cuanto más asciendes, mejor ves el resto del mundo y más pequeños se vuelven tus problemas.

Otra forma de extraer la emoción de un problema o un episodio doloroso es cerrar los ojos y observar lo que pasó en forma de película en blanco y negro. A continuación te propongo cómo hacerlo:

Profesional de Hollywood: la visualización de la sala de cine[7]

(Una técnica para extraer la emoción de recuerdos o errores dolorosos y no cargar con ellos).

Nota: Puede resultarte más fácil pedirle a un compañero que te lea las instrucciones mientras tú haces los siguientes ejercicios, o cambiar al audiolibro. También puedes grabar los siguientes pasos con tu voz y luego seguir el audio a tu ritmo.

1. Cierra los ojos e imagina una sala de cine. Cualquier cine que te ve venga a la mente servirá.

2. Visualízate entrando en él y observa una película de ti mismo, en blanco y negro, en la gran pantalla. Busca un asiento en la sala vacía y a continuación sal volando de tu cuerpo y asciende a la cabina de proyección.

3. Una vez que estés en la cabina, al lado del proyector, pon las manos con cuidado sobre el cristal y nota su frío. Mira hacia abajo y contémplate sentado en el cine vacío, viendo la película protagonizada por ti en la pantalla.

4. Cuando lo hagas, enciende el proyector. Imagina la película en blanco y negro, parpadeando quizá, como las viejas películas. La cinta será una grabación del suceso al que quieres sacarle la emoción. Cuando enciendas el proyector, te quedarás detrás del cristal frío, mirando tu cuerpo en la sala, que contempla cómo la película se proyecta en la pantalla.

5. Después de ver la película, acelérala y vuelve a verla: primero el doble de rápido, luego cuatro veces más rápido y después ocho veces más rápido, mirando siempre desde detrás del cristal de la cabina de proyección.

6. Cuando la hayas visto ocho veces más rápido de lo que era originalmente, regresa a tu cuerpo, acércate a la película y métete en la cinta (primera persona) al final de la película. Luego, cuando estés listo, proyecta la película hacia atrás al doble de velocidad y experiméntala esta vez en primera persona. Sin dejar de revivir la película hacia atrás, proyéctala en otras tres ocasiones, cada vez más rápido (cuatro, ocho y dieciséis veces más).

Busca el mínimo cambio

En los recuerdos dolorosos a menudo hay un pequeño detalle que podríamos haber hecho de otra forma y que habría supuesto un gran cambio. Tal vez Sax llama a su padre y mantiene la conversación enseguida, en lugar de esperar meses para hacerlo. Quizá después del primer lanzamiento descontrolado, Ankiel solicita tiempo muerto y charla brevemente con el receptor; los dos recuerdan una vez que él lanzó con una precisión absoluta, y eso le permite visualizarlo. No tiene por qué ser la solución perfecta, solo una posibilidad que permita al subconsciente desembarazarse del dolor o de su necesidad de protegerse de él.

Cuando la mente subconsciente no sabe cómo arreglar un

problema que es doloroso, puede aferrarse al dolor o al miedo para impedir que olvidemos cómo lidiar con él. Si no ofrecemos una solución que permita al subconsciente resolver ese sentimiento, seguirá aferrándose al dolor o al miedo.

(Nota: En el caso de maltrato u otros traumas graves, puede que no haya ningún pequeño cambio posible y que tengamos que trabajar más. Parte de ese trabajo, por ejemplo, a menudo consiste en ponerse en el lugar del maltratador para sentir el miedo y el dolor que experimentaron cuando cometieron un acto tan espantoso. Hacerlo no justifica el maltrato; simplemente ayuda a la persona maltratada [tal vez tú mismo] a entender cómo alguien puede hacer algo tan terrible por miedo y dolor, y de ese modo distancia a la persona maltratada de la experiencia).

INTRODUCE UNA SENSACIÓN POSITIVA E INTENSA
(APARTE DEL PEQUEÑO CAMBIO) EN EL RECUERDO

Una vez que hayas sacado la emoción del recuerdo y visualizado el mínimo cambio, te conviene crear una nueva vía neuronal para que el subconsciente decida cuándo recordar el problema. Nos interesa crear una nueva asociación —como la campana para los perros de Pavlov— que sea enriquecedora.

Una manera de hacerlo es reunir recursos para forjar un nuevo recuerdo sanado. Acuérdate de que la mente subconsciente no puede distinguir lo que sientes de lo que es real. Piensa en la última pesadilla que tuviste o en la última que tuvo tu hijo; desde luego parecía real. Aprovechando ese conocimiento, podemos sanar el recuerdo aportando la energía exacta que te gustaría tener en una situación determinada. Lo hacemos de dos formas: recordando una ocasión en que tuvimos la energía que nos interesa o generando esa energía nosotros mismos.

Supongamos, por ejemplo, que Ankiel se inquietaba y se asustaba cada vez que pensaba en lanzar en un partido de la liga principal.

Imaginemos que se hubiese sentido tranquilo y seguro de sí mismo. Una medida que podría haber tomado para lograr ese cambio es evocar primero un recuerdo en el que se sintiese tranquilo y seguro, y luego anclar ese recuerdo (consulta el capítulo 6 si quieres profundizar en el anclaje). Después, mediante una visualización de la sala de cine básica, introduciría esa misma sensación serena y segura en la película de sí mismo en el primer partido de desempate para decidir el campeón de división. Esta vez, en el cuarto paso (consulta más abajo), en lugar de distanciarse de la situación, se sumergiría en ella en primera persona con las nuevas emociones enriquecedoras que acaba de anclar.

Para incorporar esas sensaciones intensas a la experiencia dolorosa, le pediríamos que aportase la sensación, añadiese el mínimo cambio que convirtiese la experiencia en positiva y resuelta y volviese a experimentarla con la nueva sensación (en primera persona) de cinco a siete veces. La operación se hace de la siguiente forma:

Introduce y ancla sensaciones positivas
(en este caso, la tranquilidad y la seguridad)

1. Recuerda una ocasión en que te sentiste tranquilo y seguro de ti mismo. Revive la experiencia de cada uno de los sentidos de manera que puedas experimentar lo mismo que cuando ocurrió. Recuerda todas las imágenes, los olores y los sonidos, los sabores y/o los detalles táctiles que te ayuden a evocar el recuerdo y experimentar esas sensaciones.

2. Una vez que tengas la sensación positiva, fíjate en qué parte del cuerpo sientes tranquilidad y seguridad. Céntrate en esa parte del cuerpo y pídele al subconsciente que te recuerde otra ocasión en que te sentiste de esa forma. Puede ser cualquier momento de tu vida. Pasa ese recuerdo por el filtro de los sentidos como hiciste con el último recuerdo. Repite el proceso

una vez más para conseguir un tercer recuerdo en el que te sentiste tranquilo y seguro de ti mismo.

3. Una vez que evoques esas sensaciones y recuerdos positivos tantas veces que sientas lo mismo que en aquel entonces (tranquilidad y seguridad), introduce esos recuerdos en la situación en la que deseas sentirte tranquilo y seguro de ti mismo.

4. Vuelve a la película en blanco y negro a la que querías incorporar una nueva sensación. Esta vez entrarás en la película en primera persona (de manera que la estás experimentando, no viéndola), e introducirás la sensación de los recuerdos de seguridad (los tres que encontraste más arriba) así como el mínimo cambio. La película empezará igual que la anterior en blanco y negro, pero en esta ocasión será en color, con el pequeño cambio listo para efectuarse y la energía positiva de los recuerdos de seguridad.

5. Proyecta la película de cinco a siete veces con esos cuatro cambios (en color, en primera persona, con el pequeño cambio y sensaciones de tranquilidad y seguridad).

Por lo general, si todo se ha hecho correctamente, con eso bastaría para volver el cambio permanente. Nuestra mente subconsciente aceptará la nueva sensación asociada al recuerdo doloroso, y se desprenderá del dolor siempre que podamos ofrecerle una nueva creencia y una nueva solución que tenga una conexión más fuerte.

El otro método para incorporar energía de ejecución óptima a un recuerdo es generarla tú mismo. Por ejemplo, Ankiel podía suscitar una sensación de tranquilidad y seguridad en sí mismo a través del siguiente ejercicio. Prueba la técnica de transferencia que te ofrezco a continuación.

Ancla el rendimiento óptimo

1. Elige un lugar en el suelo para depositar el recuerdo doloroso.
   a) Imagina el recuerdo doloroso o la situación problemática delante de ti, a menos de seis metros de donde estás. Una vez que lo hayas hecho y veas el recuerdo en ese espacio, acércate y sitúate en él. Al situarte en el lugar en el que has puesto el recuerdo doloroso, estás pasando de observador en tercera persona a experimentador en primera persona. Con ese cambio, la sensación dolorosa debería volverse más intensa y/o más viva. Es como limpiar una herida: primero tenemos que destaparla para poder acceder a ella.

2. Sacúdetelo.
   a) Ahora sal de ese recuerdo doloroso. Apártate del lugar del suelo en el que te has imaginado el recuerdo. Sacúdete el recuerdo y la sensación agitando el cuerpo y saltando un poco.

3. Entra en un estado de alto rendimiento (totalmente involucrado, en corazón, mente y cuerpo)
   a) Vuelve adonde estabas al principio, a menos de seis metros del lugar en el que te imaginaste el recuerdo. Genera energía de rendimiento óptimo dentro de ti empleando un instrumento de centrado o la meditación, e incorporando por ejemplo una imagen/recuerdo positivo en el que concentrarte.
   b) Puedes usar la técnica de la respiración cuenta atrás: inspira larga y lentamente por la nariz contando hacia atrás de diez a siete, haz una pausa, y a continuación espira contando de seis a uno. Repite la operación durante un minuto o dos hasta que te sientas tranquilo y relajado.

4. Vuelve al recuerdo doloroso con la energía positiva.
   a) Una vez que entres en ese estado sereno, claro y meditativo, empieza a andar hacia el lugar en el que pusiste el recuerdo doloroso. No tengas prisa. Céntrate en la respiración. No empieces a andar hasta que esta sea calmada y relajada, y nuevamente rítmica. Si no lo es, detente y respira hasta que vuelvas a estar tranquilo. Luego, a tu ritmo, cuando estés listo, sitúate en el lugar. Ahora aportarás nueva energía positiva al recuerdo doloroso.
   b) Mira a tu alrededor y experimenta la situación pasada y dolorosa con esa nueva energía. Da vueltas para ver la situación desde todas las perspectivas, sintiendo la nueva energía positiva en todo momento. Permanece en ese lugar sintiendo energía positiva en la situación problemática durante unos tres o cuatro minutos. Una vez que hayas visto la situación problemática desde todas las perspectivas y te hayas sentido bien, sal de ella.

Ancla la sensación positiva

En un bloqueo mental, el subconsciente entra en modo de autoprotección y ancla una sensación negativa (la que provoca el bloqueo) a la acción que queremos realizar. Por lo tanto, para acabar con el bloqueo, tenemos que reducir la emoción (a ser posible, eliminarla del todo), introducir el mínimo cambio que podría haber sido de ayuda (si es posible) y luego conseguir las sensaciones que queremos experimentar y anclarlas al problema.

Puede que te parezca que es demasiado fácil, que es imposible que ese proceso elimine el dolor para siempre. Yo también lo creía al principio, pero ha sido emocionante verlo a lo largo de once años de experiencia anulando bloqueos mentales y recuerdos dolorosos. Cuando aprendes cómo funciona la mente subconsciente, tienes mucho poder. Es posible que necesites práctica para dominar el proceso, pero ahora que estás al tanto de que esos problemas se pueden curar, a veces en una sola sesión, y que sabes que la cura puede durar para siempre, deberías sentir que te quitan un peso de los hombros.

Ya acumules buenos recuerdos (y las sensaciones asociadas a ellos) y los uses para sustituir las sensaciones dolorosas, o intercambies las sensaciones no deseadas con el apartado «Ancla el rendimiento óptimo», el objetivo es crear una nueva vía neuronal/asociación para que el subconsciente la utilice en lugar de la antigua. Parece demasiado bonito para ser verdad.

De hecho, quien lea esto lo pensará, cosa que es perfectamente válida. Puedes creer lo que desees. Solo quiero animarte a que creas en algo que tiene una gran efectividad y que puede cambiarte la vida, como ha cambiado las de muchas personas.

Libertad para los deportistas de élite

Uno de mis clientes del PGA Tour (uno de los diez mejores golfistas del mundo) mandó la bola al agua en un par 3 el primer día de un torneo. Le pedí que evaluase su nivel de seguridad en sí mismo mientras se imaginaba jugando el hoyo al día siguiente. Me contestó: «Muy bajo... Veo la bola yendo al agua». Nos pasamos unos quince minutos al teléfono empleando el método anteriormente citado; al final jugó ese hoyo sin problema el resto del torneo (*birdies* y pares).

Otro cliente del PGA Tour estaba jugando en el Masters, y la noche antes de que empezase el torneo le pregunté si algún hoyo le hacía sentirse incómodo o representaba un área en la que le faltaba seguridad en sí mismo. Me respondió que sí, de modo que trabajamos en esos hoyos durante veinte minutos más o menos. Cuando llegó el momento, hizo hoyos bajo par o pares durante el torneo entero y terminó entre los diez primeros.

Uno de los jugadores mejor posicionados del mundo sufrió abusos físicos de niño (que hizo públicos). Pasamos un día trabajando en su pasado y buscamos los cuatro o cinco recuerdos más dolorosos de su vida, que él puntuó con un 8, 9 o 10 (en una escala en la que el 10 representaba el máximo dolor). Después de trabajar en cada recuerdo doloroso para librarse de su dominio —y cualquier bloqueo mental que pudiese estar vinculado a él—, les atribuyó unos niveles de dolor de 0, 1 o 2. Fue una labor intensa, pero valió la pena. En menos de seis meses se clasificó como número uno del mundo.

Ya sea miedo a hacer un lanzamiento descontrolado, a no poder lanzar a primera base o a mandar la bola de golf al agua, se trata del mismo problema. La mente subconsciente ha relacionado una intensa emoción negativa con ese episodio y la ha anclado a él. Si sabes destruir el ancla y —mejor aún— anclar una sensación positiva con la que sustituir la negativa, toda clase de situaciones que te han frenado en el pasado dejarán de darte miedo o de frenarte.

Últimas reflexiones sobre los bloqueos mentales

El subconsciente de la mayoría de las personas funciona principalmente a través de dos elementos: imágenes y sensaciones (aunque, para algunos, las palabras y los sonidos son igual de importantes). Si sumásemos todas las imágenes que has visto mentalmente y todas las sensaciones que has experimentado hoy, nos haríamos una idea aproximada del rumbo que sigue tu vida. Ankiel y Sax tenían imágenes y sensaciones diarias asociadas precisamente a lo contrario de lo que deseaban. Sin embargo, al subconsciente le da igual lo que deseas; lo único que le importa es la información de la que dispone para trabajar y cómo esta se relaciona con tus convicciones. Si continuamente ves imágenes de lo que deseas (o lo que no deseas), y experimentas sensaciones sobre lo que deseas (o lo que no deseas), tu subconsciente trabajará para producir esos resultados.

Recuerda: las imágenes y las sensaciones que ves y experimentas son el rumbo que sigues… y esas imágenes y sensaciones son resultado de tus pensamientos. Lo que haces con tus pensamientos y la orientación que les das es muy importante, porque cuando esa orientación se repite continuamente, se convierten en convicciones. Y las convicciones son lo que distingue a los mejores del resto. Las convicciones son la causa tanto de los bloqueos mentales como de la fortaleza mental.

A estas alturas probablemente ya habrás descubierto que para aprovechar al máximo tu potencial en la profesión a la que te dediques y reducir la susceptibilidad a los bloqueos mentales, debes entrenar todo tu ser: en corazón, mente y cuerpo. Para tener un rendimiento extraordinario a lo largo de un periodo de tiempo prolongado, debes desarrollarte como persona: la clase de persona que acepta la adversidad, que tiene una conciencia firme, y que renuncia al interés propio por un fin mayor. Las siguientes preguntas te ayudarán a protegerte de los bloqueos mentales:

- ¿Estás dispuesto a sentirte incómodo?
- ¿Estás dispuesto a quedar en ridículo y a reírte de tu ridiculez?
- ¿Estás dispuesto a fracasar?
- ¿Estás dispuesto a enfrentarte a la sensación de fracaso, o incluso de pánico?
- ¿Tienes un propósito más allá del éxito en tu profesión?

Una persona que tiene un rendimiento extraordinario y una vida satisfactoria se centra en el viaje, no en el destino, y si sabemos escuchar con atención y ver con claridad durante esa travesía, la vida nos da lecciones para sortear los posibles bloqueos mentales a lo largo del camino. Si conseguimos abandonar la inseguridad y el apego al pasado y al futuro, podemos hacer cosas extraordinarias. Podemos ser imparables.

PUNTOS CLAVE DEL CAPÍTULO 9

- El rumbo que sigues está marcado por lo que piensas. Los bloqueos mentales adquieren poder precisamente gracias a los pensamientos continuos sobre aquello que no deseas.

- Las convicciones son el termostato de tu vida y delimitan la persona en que te conviertes y lo que consigues. Esos límites están muy influidos por los bloqueos mentales y las creencias restrictivas fruto de traumas, situaciones embarazosas y la necesidad de autoprotección del ego.

- La mayoría de la gente, incluidos los deportistas profesionales y olímpicos, viven permanentemente con bloqueos mentales (subconscientes) y no lo saben, o si lo saben, no tienen ni idea de que muchas veces se les puede poner fin en un día.

- El subconsciente tiene tres papeles principales:

    - Protegerte del peligro físico y emocional.

    - Dirigir tu vida en segundo plano para que no tengas que pensar en cada cosa insignificante que haces.

    - Alinear tus circunstancias y resultados con tus convicciones.

- Los *yips*, los bloqueos mentales y las fobias son corrientes y no son defectos de la mente; más bien lo contrario. Son propios de una mente que funciona a la perfección; cada vez que aparece el contexto, tiene lugar el bloqueo mental. La mente no tiene ningún fallo.

- Los bloqueos mentales pueden dar miedo si no entiendes lo que ocurre. Esos obstáculos se pueden eliminar, para siempre, y permitir que rindas con libertad y seguridad en ti mismo.

PREGUNTAS Y ACTIVIDADES COMPLEMENTARIAS

✓ Eres la persona más fácil de engañar del mundo. Pregunta a varias personas que te conozcan bien (y que sean sinceras contigo) qué bloqueos mentales tienes que hayas pasado por alto o de los que no seas consciente en cualquier ámbito de la vida.

✓ Visualiza tus mayores metas y sueños como si los hubieses conseguido. Trata de sentirlo como algo real. ¿Va acompañado ese éxito de algo que pueda resultar incómodo o indeseable? Si es el caso, puede haber un bloqueo mental del que no seas consciente.

✓ Repasa tu carrera y/o tu vida. ¿Ha habido algún patrón de lesiones o enfermedad o algo que te haya impedido repetidamente alcanzar el éxito con el que sueñas? Es posible que haya un bloqueo mental que necesite ser abordado.

10

El héroe y el chivo
Cómo tener aplomo bajo presión

> Busca un lugar en tu interior donde el éxito y el fracaso no importen, un lugar donde puedas entablar combate sin hacer concesiones.[1]
>
> JIM STEEN,
> entrenador de natación
> de la Universidad de Kenyon,
> ganador de treinta y un campeonatos
> nacionales consecutivos

Chesley Sullenberger comunicó una información a los pasajeros y a la tripulación noventa segundos antes de caer al agua: «Prepárense para el impacto».[2] Cuando el vuelo 1549 de U.S. Airways perdió toda la potencia, el expiloto de cazas declaró que experimentó algo que no había sentido jamás, «la peor sensación en el estómago, como cuando sientes que te traga la tierra».

El capitán Sullenberger («Sully») dispuso de tres minutos y medio para conseguir lo que pocos pilotos de aerolíneas comerciales han logrado. Los aterrizajes de aviones de pasajeros en el mar han provocado muchas muertes (por ejemplo, en 1996 el vuelo 906 de Ethiopian Airlines amerizó en el océano Índico y acabó con la vida de la mayoría de las personas a bordo). Cuando Sully explicó todo lo que había que hacer para sobrevivir —aterrizar a una velocidad de descenso ligeramente por encima de la mínima de vuelo pero no por debajo, mantener las alas totalmente niveladas y el morro un poco elevado, todo a la vez—, señaló que su concentración fue absoluta. «No pensaba en otra cosa», aseguró el piloto después de aterrizar sin ningún percance en el río Hudson la mañana del 15 de enero de 2009. A pesar de la presión de tener la vida de ciento cincuenta y cinco personas en sus manos en una situación con una alta probabilidad de muerte, dijo: «Estaba convencido de que podía conseguirlo. Tuve una reacción fisiológica muy fuerte que me obligó a usar mi entrenamiento para hacer que reinara la calma. No me costó, solo necesité concentración».

Sullenberger actuó valientemente en un momento de crisis. ¿Y el resto de nosotros? ¿Es algo que se puede enseñar? A estas alturas probablemente sepas la respuesta. Tener un rendimiento extraordinario bajo presión se puede aprender, como hizo el propio Sully.

La presión surge cuando hay mucho en juego pero el resultado es incierto, circunstancia que empuja a la mente a saltar al futuro, donde anida el miedo. La presión también brinda la situación que buscan los deportistas de élite: el riesgo de fracaso por la oportunidad de sentirse increíblemente vivos, compitiendo en un deporte que les gusta y para el que tienen talento. Es la esencia de la competición: sentirse desafiado en algo en lo que uno puede poner sus dotes en práctica, sin saber cuál será el resultado. La presión es la recompensa que se concede a aquellos que buscan la excelencia.

En este capítulo hablaremos de la presión y la presencia, la convicción y la fortaleza mental, y cómo la resonancia es el estado ideal para rendir al máximo bajo presión. Pero antes aclaremos unos conceptos:

- **Convicción:** Idea que el subconsciente considera cierta sobre quién eres y lo que puedes o no puedes lograr
- **Presencia:** Tener la mente serena y el corazón libre de cargas
- **Chivo expiatorio:** Persona a la que se culpa de las pérdidas

Según Wikipedia, la resonancia se produce en la música cuando las cuerdas empiezan a vibrar y producen sonidos sin una excitación directa del intérprete. En otras palabras, las cuerdas no hacen nada por sí solas, sino que se excitan por la frecuencia generada a su alrededor. Ese tipo de excitación sin esfuerzo (la resonancia) es la fuente del rendimiento extraordinario bajo presión.

Pero antes de ver cómo rendir con elegancia y aplomo bajo presión, desglosemos los elementos del rendimiento:

1. Las circunstancias que rodean tu situación o tu actuación.

2. Tus convicciones sobre tu capacidad para rendir como quieres.

3. Tus pensamientos (antes, durante y después del desempeño).

4. Tu estado (cómo te sientes antes, durante y después del desempeño).

5. Tu desempeño.

6. Tus resultados.

Ya estés negociando un trato del que depende tu carrera, a punto de realizar tu primera operación de cirugía cerebral o jugando un partido de tenis, esos elementos son aplicables a tu caso.

Tener aplomo bajo presión consiste en organizar esos elementos de manera que no pienses en los resultados; ellos se ocupan de sí mismos. Los tres elementos más importantes —convicciones, pensamientos y estado— son invisibles. Y son esos elementos invisibles de tu corazón y tu mente los que más afectan a tu rendimiento y a tu vida.

Es decir, el rendimiento óptimo es fruto casi exclusivamente de lo que no ven los ojos: las convicciones que tenías al empezar el desempeño junto con la estructura mental predominante que provocó el estado en el que te encontrabas al empezarlo (y, por supuesto, durante el propio desempeño).

Como recordarás de los presupuestos de partida del principio del libro, la calidad del rendimiento depende de tres factores: tus convicciones con respecto a quién eres y las posibilidades de tu vida; tu capacidad para estar plenamente presente (totalmente inmerso en el momento, en corazón, mente y cuerpo) y tu libertad para jugar como un niño.

Tus convicciones afectan directamente a cada esfera de tu vida, motivo por el que te interesará tener un marcapáginas en el apartado en el que se abordan (el capítulo 7). Como ya hemos tratado las convicciones, dedicaremos este capítulo a hablar del propio desempeño: cómo rendir con libertad y presencia, totalmente inmerso en el momento.

La esencia de la resonancia

> ¿No te gustaría ser ese patinador que gana la plata, y sin embargo se entusiasma con los tres saltos triples que acaba de dar el ganador de la medalla de oro? ¿Amarlo como amas un amanecer? ¿Amar el hecho de que se haya hecho? Que no importe si el éxito ha sido de él o tuyo. Que dé igual si lo ha hecho él o tú. ¿Estar tan contento de que lo haya hecho como si lo hubieses hecho tú... porque estás muy contento de verlo?[3]
>
> TIMOTHY KELLER,
> *La libertad de olvidarse de uno mismo*

La resonancia es la libertad y la pasión resultantes de estar plenamente presente y en sintonía, alimentándose de la energía —y la posible adversidad— que puede generar el desempeño bajo presión. Intérpretes y deportistas de talla mundial describen las sensaciones de sus mejores actuaciones con palabras como natural, relajado, centrado, conciencia elevada y armonía. Cada una de esas palabras ilustra la sensación de estar plenamente presente. La resonancia es más fácil de alcanzar para aquellos que persiguen la excelencia por encima del éxito (el éxito siempre es la consecuencia), la maestría por encima del ego y el amor por encima del miedo; eso les permite involucrarse por completo, en corazón, mente y cuerpo. En ese estado, aceptan cada parte del desempeño, incluso las más difíciles o más dolorosas; saben que está dentro del trato.

El rendimiento extraordinario es un subconjunto de una gran experiencia en la que el ejecutante se pierde en el momento (o, mejor dicho, se encuentra en el momento, plenamente vivo). Las grandes experiencias tienen lugar cuando eliminamos todo juicio y vibramos con una energía positiva y poderosa.

La base para tener energía positiva y poderosa bajo presión es una mentalidad enriquecedora. Si solo buscas un trofeo o un ascenso, la presión puede ser enorme porque hay muchas cosas que escapan a tu control. Pero si te concentras en aumentar el nivel de excelencia en tu vida, en aprender y crecer para aumentar el de los demás, tendrás una base increíble para la fortaleza mental y la resonancia. Aumentar el nivel de excelencia en tu vida equivale a aumentar el nivel de amor, sabiduría y coraje: gozar de plenitud e integridad (estar completo).

Cuando tu meta es sentirte pleno, tanto si estás tocando un concierto de violín como si te encuentras en el octógono de un combate de artes marciales mixtas, compites para desarrollarte. Cuando te sientes pleno, ansías ser un adversario digno, alguien que sea digno de su sufrimiento, alguien que se enfrenta valientemente a los desafíos de la vida con honor e integridad.

Ese empeño es una batalla mucho más enriquecedora que simplemente intentar ganar el partido o rendir al máximo. Es una batalla sobre la que tienes mucho más control, y una que proporciona muchos más beneficios. También es una batalla que te da la máxima libertad para hacer tus rutinas e implicarte por completo, con independencia de los resultados del desempeño.

La mayoría de la gente desea tanto tener éxito porque siente que entonces su vida mejorará. Se trata de un razonamiento erróneo. Lo que más mejoraría tu vida es el deseo de estar completo por encima de ganar. Solo entonces podrás vivir una vida plena y competir con seguridad y coraje.

Por lo tanto, los objetivos deben ser los siguientes:

- Aprender y crecer con el fin de convertirte en un adversario digno, alguien que despierte la excelencia en los demás.
- Aprender a ser digno de tu sufrimiento y a ser digno de compartir la excelencia —y el momento— con los demás.

Piensa en el siguiente diálogo de *El gran debate* (2007). Es una película basada en la historia real de un equipo de debate universitario de los años treinta integrado exclusivamente por negros que acabó venciendo a las universidades para blancos de la prestigiosa Ivy League:

PROFESOR DE DEBATE: ¿Quién es el juez?
EQUIPO: El juez es Dios.
PROFESOR: ¿Por qué es Dios?
EQUIPO: Porque Él decide quién gana y quién pierde, no mi oponente.
PROFESOR: ¿Quién es tu oponente?
EQUIPO: No existe.
PROFESOR: ¿Y por qué no existe?
EQUIPO: Porque solo es una voz que discrepa de la verdad que digo.
PROFESOR: Decid la verdad.

Cuando eres capaz de desprenderte del ego y de los apegos, todo es posible. Puedes vivir la realidad. La adversidad te acaba ayudando; te liberas con el fin de recibir abundancia. Para hacer grandes cosas y vivir una vida extraordinaria, debemos ser buenos receptores. No podemos recibir toda la abundancia a la que estamos destinados cuando nos aferramos a las piruletas pequeñas. Tenemos que soltar las piruletas pequeñas para poder agarrar las grandes. No seas el niño ignorante que quiere seguir haciendo pasteles de barro en el arrabal porque es incapaz de imaginarse unas vacaciones en el mar. La tienda de golosinas entera te está esperando. Cree y recibe.

No, esta semana no tengo la chispa

El Open Británico de 2009 fue especial. Tom Watson, golfista de cincuenta y nueve años miembro del Salón de la Fama, parecía a punto de romper el récord del ganador de más edad de un torneo importante. Sin embargo, hizo un uno sobre par en el hoyo 72 y último de la competición y se enfrentó a un insólito adversario en un desempate a cuatro hoyos, Stewart Cink, que nunca había ganado un gran campeonato. Stewart no se había clasificado en el último torneo, y la semana antes en Irlanda no había hecho ninguna vuelta bajo par. No había llegado a Escocia hasta el martes por la tarde (dos días antes del comienzo), y el miércoles por la noche el comentarista de golf Mike Turico le preguntó si esa semana tenía «la chispa». «No, no la tengo», contestó Cink.[4]

Lo que Cink tampoco tenía era miedo. Muchas veces no tememos fracasar, sino la sensación de fracaso. ¿Qué pensará la gente? ¿Y si hago el ridículo? Él no tenía esos miedos, al menos esa semana. Tampoco tenía mucha seguridad en sí mismo porque no había jugado demasiado bien.

Durante el torneo, hizo un swing y ni siquiera rozó la bola. En el pasado, eso podría haberle provocado estrés o vergüenza, pero se limitó a encogerse de hombros e hizo otro swing (la bola estaba encima de un montón de hierba, de modo que cuando él falló y golpeó por debajo, la bola simplemente cayó y no fue a ninguna parte).

Entonces, ¿cómo ganó Cink? En gran parte porque estaba agradecido de estar allí. No tenía miedo a ponerse en evidencia dando un mal golpe o fallando un *putt* fácil. Cink tampoco tenía miedo de la sensación de fracaso. Aceptaba cada elemento de la experiencia, hasta la soberbia actuación de Watson. «Como todo el mundo, yo también lo admiraba. Fue emocionante ver la increíble actuación de Tom». Cink tenía una energía positiva e intrépida. Tenía resonancia, aunque no mucha confianza en sí mismo.

El desempeño conlleva amenazas a la resonancia. De hecho, el propósito de la competición es crear amenazas que nos obliguen a correr riesgos. La competición es una forma de adversidad incorporada para aumentar el desafío y el disfrute. Sin embargo, deja de ser disfrutable cuando perdemos de vista la tarea y nos concentramos en el resultado final, donde se encuentra la incertidumbre.

Trabajando con deportistas de talla mundial, equipos y empresas, he identificado cuatro claves que ayudan a rendir con libertad y presencia durante el desempeño.

Las cuatro claves de la resonancia (y el aplomo) bajo presión

1. Comparte el corazón, no el ego.

2. Persigue la maestría, no la puntuación.

3. Ama a tu adversario.

4. Visualiza la presencia (pero no la perfección).

CLAVE NÚMERO UNO DE LA RESONANCIA:
COMPARTE EL CORAZÓN, NO EL EGO

> El amor, como yo lo veo, es la energía más poderosa de la tierra. Yo amo el hockey todo el tiempo, siempre lo he amado, y no tengo problemas en sacrificar cualquier cosa por él. Eso es lo más importante.[5]
>
> JAROMIR JAGR,
> elegido uno de los cien mejores
> jugadores de hockey de todos los tiempos

Simon Sinek, autor del libro *Empieza con el porqué*, explica cómo un músico puede tener fortaleza mental y determinación:

> Si tu meta es tocar la pieza a la perfección, no creo que puedas tener fortaleza mental. Si tu meta es darle al público algo bonito que escuchar, entonces sí creo que puedes tener fortaleza mental. Siempre es la transmisión a otra persona. La fortaleza mental se logra abandonando el ego.[6]

Si te centras en lo que puedes conseguir con el desempeño (un trofeo o un ascenso), es difícil rendir bien cuando estás sometido a presión. Sin embargo, si tu objetivo es compartir algo que te gusta con los demás, es muy enriquecedor porque siempre puedes hacerlo, aunque no estés al cien por cien.

Dawn Staley, la jugadora de baloncesto ganadora de la medalla de oro olímpico mencionada en el capítulo 4, jugaba para ganar, pero no jugaba por ese motivo. Jugaba por las experiencias increíbles que vivía en la cancha. Sus sueños tenían que ver con el juego, rindiendo con pasión y gozo; ganar era secundario a la hora de rendir plenamente. Le encantaba jugar al baloncesto, y cuando más disfrutaba era haciéndolo con las mejores jugadoras del mundo, porque le presentaban los mayores retos y las mejores experiencias. Era su amor por el baloncesto y su deseo de compartirlo con otras deportistas de alto nivel lo que parecía impulsarla.

Es como el hecho de que Clara Hughes le mandase a su madre las medallas olímpicas, como vimos en la introducción. Sus medallas «no son lo que me aporta la profunda sensación de logro», según ella, «lo que me da sentido y me enseña a vivir».[7]

Tanto Dawn como Clara jugaban para ganar, pero reconocían que ganar no era la razón por la que jugaban; lo hacían para sentirse vivas, aprender y crecer, como personas y como deportistas. Esa mentalidad los ayudaba a rendir con aplomo bajo presión, que a su vez les permitía ganar. Ganar era su meta, no su sueño.

Los sueños son sentimientos que puedes controlar; las metas son resultados que no puedes controlar (del todo). Vivir tus sueños significa experimentar los increíbles sentimientos que percibes —como la pasión, el amor y la emoción del momento— mientras persigues tus metas. No se basa en el resultado. Vivir tus sueños significa perseguir las máximas metas, aceptando las adversidades que las acompañan, y disfrutar del proceso. Es amar el viaje más que el resultado.

Bonnie Blair, la patinadora de velocidad más condecorada en la historia de Estados Unidos, tenía una visión de su deporte que le permitía competir con pasión y concentración, sin miedo al fracaso. En unos Juegos Olímpicos, terminó la cuarta en una carrera, pero ese resultado fue más importante para ella que una de sus medallas de oro porque supuso su mejor marca personal en el torneo. El doctor Jim Bauman, psicólogo deportivo del equipo olímpico de Estados Unidos, habla de Bonnie Blair y de otros deportistas de primer orden:

> Su perspectiva sobre lo que hacen y por qué lo hacen es distinta. [En] los Juegos de Invierno en Turín, había deportistas que no necesariamente competían por la medalla de oro y la fama y la riqueza, bla, bla, bla. En realidad se dedican a ello para ver lo que pueden dar de sí.[8]

Una perspectiva de gran alcance se centra más en la experiencia que en el objetivo. El objetivo puede ser ganar una medalla de oro o alcanzar cierto número de ventas, pero la prioridad es la experiencia paso a paso y cómo aprender y crecer (y tener más experiencias como esas en el futuro). Las personas que tienen un rendimiento excepcional y llevan una vida equilibrada y satisfactoria desean retos, y desean que esos retos sean significativos. Los resultados son simplemente una respuesta.

En lugar de intentar vencer al adversario, los mejores competidores comparten con el mundo su amor incondicional por el deporte que practican. No rinden para ver lo que pueden sacar, sino para ver lo que pueden compartir y en quién se convierten con ello. Y al hacerlo, se sienten más vivos que nunca.

CLAVE NÚMERO DOS DE LA RESONANCIA:
PERSIGUE LA MAESTRÍA, NO LA PUNTUACIÓN

> El fin último del karate no está en la victoria o la derrota, sino en la perfección del carácter de sus participantes.[9]
> GICHIN FUNAKOSHI,
> creador del karate Shotokan

Para perseguir la maestría, conviene recordar la mentalidad de *Excelencia interior*: «Compito para elevar el nivel de excelencia en mi vida, para aprender y crecer, y para elevarlo también en los demás».

Si tu máximo objetivo simplemente es el éxito tangible (ganar), la presión a menudo se convierte en lo contrario de una recompensa: una pesada carga. Estar desesperado por algo que se encuentra fuera de tu control suele provocar miedo y ansiedad. Por eso centrarse en el resultado supone en realidad uno de los mayores obstáculos para lograr un buen resultado o una buena puntuación.

Cuando no tienes apego por el resultado, es más fácil visualizar posibilidades y verte a ti mismo viviendo tus sueños. En *Excelencia interior* no hablamos de la puntuación o los resultados (ya que siempre están en el pasado y el futuro, y nosotros no los controlamos del todo); dejamos eso para la visualización (clave número cuatro). En lugar de obsesionarnos con la puntuación, dedicamos nuestro tiempo de máxima concentración a los elementos de la maestría: la entrega y el sacrificio, la presencia y la gratitud y, sobre todo, los hábitos y las rutinas diarios.

Cuando tu vida va más allá de las cosas pasajeras y superficiales (como las victorias y las derrotas), y tiene un propósito claro, tu perspectiva pasa de los beneficios a corto plazo (como la puntuación), que suben y bajan, a adquirir maestría y cumplir tu propósito. Y todo cambia. Ya no «tienes que» ganar tal torneo, impresionar a tu jefe o llegar a tu cuota. La competición pasa de «tener que» a «poder», que es un propósito mucho más enriquecedor.

La maestría es la búsqueda incesante de conciencia de uno mismo, autodisciplina y desarrollo personal, donde las victorias y los logros no son más que consecuencias. Cada día tiene la misma importancia que el anterior y se te plantean las mismas preguntas:

- ¿Estarás presente y agradecido en todo momento y verás lo que ese momento tiene que enseñarte?
- ¿Vas a ser fiel a ti mismo cuando el mundo que te rodea intente que seas como al resto?
- ¿Puedes abandonar el apego a tu ego y escuchar y aprender?

Si quieres conseguir grandes cosas, recuerda: todo gran éxito nace dentro de ti. La grandeza derivada de la maestría no proviene de la habilidad, sino de la disposición: la voluntad de sacrificio, de enfrentarse a los miedos, de renunciar al interés personal en favor de las necesidades de los demás.

Como la maestría se centra en el desarrollo antes que en el resultado, te ayuda a no desviarte del proceso en lugar de saltar al resultado final. La maestría acepta el sufrimiento y el fracaso como claves de la mejora. La maestría no se obsesiona con los resultados, sino que se centra en los detalles concretos del proceso que convierten la experiencia (y la actuación) ordinaria en extraordinaria. La maestría trasciende las circunstancias porque no está ligada al resultado.

El mayor obstáculo de la maestría es el ego. El ego está ligado a los cinco ingredientes del virus de la afluencia: las posesiones, los logros, el aspecto, el dinero y el estatus. La maestría da la sensación de control, renunciando irónicamente a intentar controlarlo todo. Sin embargo, el ego está controlado por los resultados. La maestría tiene libertad, mientras que el ego tiene tensión y ansiedad. La maestría tiene pocas necesidades, mientras que el ego es muy dependiente.

El entrenador de baloncesto de la NBA Phil Jackson dijo que cuando era jugador el ego y las emociones regían su vida. Tenía apego a la victoria y miedo a la derrota. No obstante, una vez que empezó a entrenar, lo vio todo de otra forma. Se dio cuenta de la naturaleza fugaz del éxito: «Incluso cuando nos entregan el trofeo del campeonato de la NBA, ya hemos dejado de tener éxito. El momento ha pasado».[10] La maestría entiende el elemento humano de la vida, por el cual podemos hacerlo todo bien y aun así «fracasar», mientras que el ego no comprende el aprendizaje y el crecimiento, obsesionado exclusivamente con ganar y perder.

Perseguir la maestría (por encima y más allá de ganar) supone dar prioridad al aprendizaje, el desarrollo y la persona en la que te conviertes antes que a quien recibe el trofeo cuando todo acabe. Eso te permite correr los riesgos necesarios para dar lo mejor de ti, entre los que está la disposición a ser el chivo expiatorio (al que se culpa de la derrota), para ser el héroe (como lo llamaría tu ego). De hecho, para ser el mejor, tienes que estar dispuesto a ser el chivo. Perseguir la maestría, y no la puntuación, es la manera más efectiva de conseguirlo.

Clave número tres de la resonancia: ama a tu adversario

> El adversario no es el enemigo; es nuestra pareja de baile.[11]
>
> Phil Jackson,
> entrenador ganador
> de once títulos de la NBA

Imagina que dos grandes deportistas son muy amigos y aficionados a esquiar en la nieve. Tienen la montaña para ellos solos en unas condiciones perfectas. Uno le dice al otro: «¿Acabamos la jornada con una carrera hasta el pie?». De modo que se lanzan sorteando los árboles, saltando obstáculos, hasta abajo, con un final muy reñido al pie de la montaña. Chocan los cinco tras una emocionante carrera.

Entonces un fotógrafo se acerca y dice que ha hecho una foto del final y les pregunta si quieren ver quién ha ganado. «Sí», contestan. Ahora imagina que eres uno de los esquiadores y que se trata de tu mejor amigo y de ti. Luego imagina que en la fotografía se ve que tu colega te ha ganado por unos centímetros. ¿Qué haces entonces? ¿Lanzas el casco y te largas echando humo al saber que has perdido?

Le conté esa historia al golfista Phil Mickelson, miembro del Salón de la Fama, en la Ryder Cup de 2016. Acabé el relato y le pregunté: «¿Qué haces entonces? ¿Lanzas el casco y te largas echando humo?». «¡Sí!», respondió él. Luego rio y añadió: «Sé lo que quieres decir. Lo que importa es el esquí y el proceso».

Pensar en largarse echando humo después de haber vivido un momento tan increíble con tu mejor amigo parece ridículo, ¿verdad? ¿Esquiabas para poder llamar a tu madre y decirle que has ganado a fulanito o menganito en una carrera? ¿O esquiabas porque te gusta esquiar, estar en la naturaleza y sentirte vivo? ¿Y te gusta compartir experiencias como esa con tu mejor amigo, quien también lo adora?

Cuando sentirse plenamente vivo y tener experiencias extraordinarias es más importante que el derecho a presumir o los trofeos o incluso el dinero, puedes experimentar resonancia y hacer algo excepcional.

> Ten presente que tu adversario es una pieza clave de la experiencia que buscas. Cuanto más amas y entiendes a tu adversario como persona, más puedes experimentar y sentirte satisfecho con la competición... con el baile.[12]
>
> RYAN DODD,
> número uno del mundo
> de salto de esquí acuático

Para alcanzar tu potencial como competidor, necesitas a alguien mejor que tú que pueda empujarte a crecer. Uno de mis clientes era uno de los diez mejores del mundo en su especialidad, pero perdía sistemáticamente contra el número dos. Cada vez que competían, deseaba con toda su alma vencerle. Cuando empezó con *Excelencia interior*, cambió poco a poco de mentalidad hasta amar a su máximo rival. La mayor amenaza para su sueño se convirtió en su colaborador en el cumplimiento de ese sueño. He aquí lo que cambió:

1. Agradecimiento por sus adversarios: se dio cuenta de que sin sus rivales no podía hacer lo que le gustaba.

2. Respeto por sus adversarios como personas y como competidores.

3. Deseo de lo mejor para sus adversarios.

4. Conciencia de que su máximo rival era necesario para que él alcanzase su potencial y disfrutase de las experiencias que más le gustan.

Con esa nueva mentalidad, y habiendo aprendido los principios y técnicas de *Excelencia interior*, se convirtió en campeón del mundo. En lugar de oponerse a su máximo rival, empezó a ver a su adversario como un elemento crucial de su éxito.

Muchas veces deseamos que nuestro contrincante se equivoque o no dé lo mejor de sí, pero se trata de un error. Eso genera energía negativa en tu interior. Aunque algunas superestrellas han triunfado utilizando la ira o el odio o simplemente un deseo ferviente de vencer a su rival, hay muchos factores que explican por qué lo consiguieron. Si eso les permite conseguir lo que más desean, está bien. Pero si pudiesen tener éxito y disfrutar al mismo tiempo, ¿quién no lo preferiría? ¿Y si pudieses mantener el ferviente deseo de ser el mejor sin la energía negativa? Pues no solo es posible, sino que es mucho más fácil y efectivo.

Suelo decirles a nuestros chicos que no hay como llegar al punto en el que amas a tus rivales. El estado de flujo surge al amar a la gente con la que compartes baile porque el amor expulsa el miedo. Desearás el reto, estarás impaciente por que llegue el momento, y tu concentración aumentará. Ama el hecho de poder enfrentarte a Verlander y a Kershaw, o de poder lanzarle a Mike Trout. Si estás deseando enfrentarte a Gerrit Cole, estarás más concentrado y más atento para dar lo mejor de ti. Lo mejor de ellos saca lo mejor de ti.[13]

DERIN MCMAINS,
director de habilidades mentales
de los San Francisco Giants

Dedica un momento a pensar en los instantes en que has rendido al máximo bajo presión. ¿Cómo tenías la mente? ¿Estaba serena? ¿Cómo estaba tu corazón? ¿Gozabas de libertad? ¿Cómo estaba tu cuerpo? ¿Estabas en forma?

¿Cómo puedes repetirlo más a menudo?, es la pregunta que

debes hacerte. ¿Cómo puedes llegar al punto en que las situaciones de presión te hagan sentirte plenamente vivo, inmerso en el momento, en corazón, mente y cuerpo, desapegado de los resultados?

O, como dijo McMains, ¿cómo puedes entrar constantemente en ese estado de flujo? Ya sabemos que hay tres principales impedimentos (del flujo de resonancia):

1. El exceso de análisis (una mente desordenada).

2. La inseguridad (preocupación por lo que puede pensar la gente si rindes mal o te pones nervioso).

3. El juicio constante de las circunstancias y los resultados (una mente que salta al pasado y al futuro, juzgando circunstancias y consecuencias y reaccionando emocionalmente).

Esos tres obstáculos provocan falta de convicción, concentración y libertad. Entonces, ¿cómo los superamos? Primero, estudiemos las características fundamentales del flujo de resonancia:

1. Una mente serena.
2. Un corazón libre de cargas.
    a) Libertad con respecto a cómo puede afectar tu rendimiento a tu valor a los ojos de otras personas, o los tuyos propios.
3. Una conciencia no crítica.
    a) Cuando te desapegas de los resultados de tu desempeño, puedes ver oportunidades de excelencia con claridad.

Así pues, ¿cómo podemos cultivar con regularidad una vida interior con la mente serena, el corazón libre de cargas y conciencia no crítica?

La solución radica en un sentimiento, como dijo Jaromir Jagr, uno de los mejores jugadores de hockey de todos los tiempos. Quien lo experimenta no tiene miedo y está presente, y constituye la energía positiva más poderosa del universo. Es el amor, el incondicional. El amor no hace cosas por lo que tú puedes sacar de él, sino por lo que los demás pueden sacar y en quién se pueden convertir gracias a él. Es un proceso desinteresado, el más poderoso que existe.

Cuando llegas al punto en el que el propio viaje es la recompensa, entonces puedes tener resonancia. Entonces puedes hacer cosas asombrosas.

Georges St. Pierre, campeón del mundo de artes marciales mixtas, rezaba por su adversario antes de cada combate, dando gracias a Dios por la persona que le permitía competir.[14] El valor de amar a tu rival es que representa la manera más efectiva de generar una energía positiva e intrépida que te da la libertad de correr riesgos, de fracasar y de ser tu mejor versión posible... sobre todo contra los mejores adversarios, bajo la máxima presión.

Cuando comprendes que lo que deseas es la plenitud vital y reconoces que no sabes con seguridad si ganar el presente torneo va a dártela, o incluso si es lo mejor para ti, puedes relajarte y concentrarte en el proceso de competir... y amar el momento, así como a tu adversario.

> Cuando rompí el récord del mundo, pensaba amar incondicionalmente el hecho de dar lo mejor de mí, pasara lo que pasase.[15]
>
> RYAN DODD,
> número uno del mundo
> de salto de esquí acuático

Amar a mi rival es muchas veces la mejor forma de vencerlo

A veces cuando tenemos muchas ganas de ganar, también tenemos ganas de que nuestro adversario pierda. En otras palabras, mi ego desea la victoria para mí y la derrota para ti (si eres mi rival). Eso provoca separación comparativa, en la que nos equiparamos y yo tengo ventaja. Ahora estamos separados; hay un ganador (yo) y un perdedor (tú), y eso me permite sentirme mejor. O eso le gustaría a mi ego que yo creyese.

Personalmente, me encanta competir. Ya sea al tenis de mesa, al baloncesto, a los juegos de estrategia o a un juego que nos inventemos sobre la marcha, me encanta jugar. Y me encanta ganar. Sin embargo, cuando he pensado a fondo en el asunto, me he dado cuenta de que lo que realmente me encanta es jugar y competir, engancharme al desafío, a la diversión, no presumir cuando termina.

He descubierto que cuando juego a algo como el tenis de mesa, si (mi ego) realmente quiero ganar —puede que haya público mirando o tal vez mi adversario sea un deportista profesional—, si me concentro en la puntuación y en vencer, no ayuda y a menudo perjudica mi rendimiento. Lo que más ha contribuido a mi desempeño es recordarme que lo que realmente deseo es lo siguiente:

- Sentirme vivo y disfrutar del momento.
- Experimentar una gran conexión con los demás, aunque solo sea con mi adversario... sobre todo si se trata de él.

Supongamos que soy un luchador de artes marciales mixtas que se está entrenando para el campeonato del mundo. ¿Hay alguien ahí fuera que sepa lo que he pasado, cómo es mi vida, cuáles son mis altibajos, mejor que mi rival? Si competimos por el mismo premio, eso significa que nos gusta lo mismo. Tu adversario sabrá cosas de tu vida como pocos.

Y lo cierto es que no sé si es mejor para mí ganar el torneo o a mi adversario. Tal vez lo mejor que podría pasarme es que mi oponente ganase en el último segundo. El placer, para mí, no viene de poder decirle a la gente que he vencido a fulano al tenis de mesa o que he jugado al béisbol profesional. El placer viene de experimentar plenamente el momento y sentirme totalmente vivo. Cuando me centro en amar a mi rival se genera una poderosa energía positiva que me ayuda a conseguirlo. Hace que mi corazón se entregue por completo.

¿Cómo amo a mi adversario? Le honro dando lo mejor de mí para poder ofrecerle una buena competición, de manera que pueda aumentar el nivel de excelencia en su vida. Cuando me centro en amar a mi rival, siempre me ayuda mantenerme presente y concentrado, ya que el amor está presente y no me siento inseguro. Cuando me centro en la victoria, casi siempre me cuesta más ganar porque es algo futuro, que no controlo del todo, y desvía una y otra vez mi mente del presente.

El amor incondicional y la resonancia están estrechamente correlacionados. El amor incondicional es intrépido. Cuando puedes amar sin condiciones tu trabajo, tu deporte, a ti mismo y a tus adversarios, puedes tener una energía positiva e intrépida que resuena profundamente dentro de ti. Amar tu deporte o tu trabajo de manera incondicional significa hacerlo incluso cuando es doloroso, no solo en los momentos fáciles. Cuando estás dispuesto a participar del sufrimiento, puedes participar de la gloria.

El patinador de velocidad Apolo Anton Ohno afirma que cuando entrena o compite crea una especie de burbuja mental a su alrededor para poder estar plenamente presente, sin distracciones.[16] Tratar de vencer al adversario es una distracción, sobre todo si es muy bueno y tú tienes muchas ganas de ganar. Sin embargo, estar en una burbuja elimina las distracciones. Es más fácil quedarse en la burbuja con amor incondicional: por tus compañeros, tu deporte o tu profesión y también por el rival. Sobre todo por tu rival. ¿Quién sabe lo que él puede hacer y lo bien que puede rendir? Si tratas de derrotar a tu rival puedes acabar deseando que cometa errores, o esperando tener buenos resultados, dos posibilidades que te llevan al pasado o al futuro y que te alejan de tu fuerza, que es mantenerte plenamente presente.

En 2005 Bode Miller se convirtió en el primer estadounidense en veintidós años en ganar la Copa del Mundo de Esquí Alpino, un éxito que consolidó con otro título de la Copa del Mundo en 2008.

A Miller le encantaba esquiar, y cuanto mayor era el reto, mayor era la oportunidad que se le presentaba de esforzarse hasta el punto de que cada parte de su mente y de su cuerpo estaban intensamente concentrados, sintiendo profundamente el deporte que tanto amaba. Su definición del éxito parece más basada en las grandes experiencias que en el resultado de la carrera. En un momento destacado de su trayectoria, Miller reveló una ventaja técnica que tenía sobre unos adversarios internacionales (para consternación de los miembros del equipo de esquí estadounidense) porque no deseaba privilegios injustos.[17] Es como la persona que lucha contra ti con uñas y dientes en una carrera al pie de una montaña por una caja de cerveza, y después de vencerte te dice que no bebe. Corre para ganar, pero, aparte de eso, le encantan las carreras.

Desear que tus rivales no den lo mejor de sí no solo genera energía negativa, sino que no es una estrategia acertada. Para que mejores y rindas al más alto nivel, tener un adversario con talento en plena forma muchas veces te brinda el mayor número de oportunidades de conseguirlo.

Aceptar la oposición como un elemento fundamental del desarrollo es clave para, como dice el doctor Cal Botterill, que el «querer que» supere al «tener que».[18] El «querer que» te permite rendir con pasión y libertad. El «tener que» es restrictivo porque si tienes que ganar o conseguir esa venta, pero no puedes controlarlo del todo, no hay libertad.

Si es cierto que el rendimiento extraordinario es un subconjunto de la experiencia extraordinaria, y yo así lo creo, entonces la energía positiva es importante. Si en el intento de alcanzar tu meta te concentras en la experiencia extraordinaria —rindiendo con pasión y experimentando intensamente el momento—, te concedes la mejor oportunidad de tener un rendimiento extraordinario. Cuando ves a tu rival como un elemento de tu éxito y no como un obstáculo, puedes gozar de una concentración y una energía poderosas.

Clave número cuatro de la resonancia: visualiza la presencia (pero no la perfección)

> Creo que lo más importante que puedes hacer (cuando estás empezando) es no buscar la perfección. Busca la velocidad. Lanza un producto de mie--a.[19]
>
> Nolan Bushnell,
> fundador de Atari, Inc.,
> y Chuck E. Cheese Pizza Time Theater

Bushnell contestaba a una pregunta sobre la clave del éxito al montar una nueva empresa. Su sorprendente respuesta sirve para recordarnos que los mayores éxitos y los mejores negocios son grandes porque fueron audaces y no permitieron que el miedo al fracaso los frenase. Y lo más importante, tampoco necesitaron que todo fuese ideal antes del lanzamiento, o antes de presentar el producto o el servicio.

Los mejores tienen un punto de vista sobre el éxito y el fracaso distinto del resto del mundo. El mundo considera que el fracaso es un revés personal, una grieta en la armadura del éxito. El maestro lo contempla como una parte importante del progreso, como dijo el dibujante Stephen McCranie: «El maestro ha fracasado más veces de las que el principiante lo ha intentado siquiera».

Si quieres fomentar la serenidad y la confianza bajo presión, abandona la necesidad de tener éxito y dar la talla. Visualiza el camino de la maestría, procurando involucrarte con todo el corazón e implicarte plenamente en tu vida, en lugar de tener éxito en ella. Quienes más éxito consiguen son aquellos que prefieren ser íntegros y ser ellos mismos a recibir un trofeo o un despacho con vistas. Esas cosas son añadidos para aquellos que buscan primero las cosas que más importan.

Y lo que más importa es atender a las posibilidades en la vida, a quien has sido creado para ser, a la belleza y la excelencia que te rodea en este momento. Cuando lo haces es cuando sientes resonancia.

La resonancia surge de conectar tan íntimamente con el desempeño que te fundes con la acción. El artista se convierte en el arte. El bailarín se convierte en el baile. Los movimientos son fluidos, los pensamientos son mínimos, y la sensación se potencia al máximo. Y eso aumenta enormemente mediante la visualización: verte a ti mismo rindiendo en tu estado de desempeño ideal y sintiendo como quieres sentirte en mitad del caos que puede surgir durante la competición.

Todo logro digno de ser tenido en cuenta empezó como una imagen en la mente de alguien. La excelencia está dentro de ti, esperando que accedas a ella. Los artistas dan vida a un momento hermoso y/o doloroso, o una cosa que han imaginado; los medallistas de oro se ven ganando la medalla antes de ganarla; los vendedores se ven consiguiendo la cuenta grande antes de que la operación se produzca realmente. La visualización consiste en crear una imagen mental e imaginar las sensaciones asociadas para ponerte en corazón, mente y cuerpo en el estado que deseas. Tener la sensación de vivir tus sueños, en medio de la adversidad y los nervios, es sumamente importante.

Cuando visualizamos nos interesa una imagen de presencia (no de perfección), una disposición a hacer cualquier cosa, sin apegos, necesidades ni exigencias. Visualizar bien es sentir exactamente lo que sentirás sometido a la mayor presión; tener las mismas sensaciones (a menudo) nerviosas y verte aceptando la adversidad y aplicando los principios y las técnicas de *Excelencia interior* para resonar con el desafío. Uno de los aspectos cruciales de la visualización es prepararse emocionalmente para la presión y el estrés. No debe haber nada con lo que puedas topar durante el desempeño para lo que no estés listo emocionalmente (motivo por el que exageramos la adversidad a la que podemos tener que enfrentarnos y nos vemos serenos en medio de la situación).

El campeón mundial de artes marciales Georges St. Pierre

dedicaba aproximadamente el 80 por ciento de la visualización a concentrarse en lo que quería hacer y cómo lo haría, y un 20 por ciento a verse enfrentándose a la adversidad y superándola.[20]

Visualizar bien es sentir lo que experimentarás bajo una presión extrema y luego verte empleando las técnicas, los principios y las rutinas de *Excelencia interior* para estar presente y plenamente involucrado.

Una mente desordenada no puede visualizar bien; necesitas una mente que esté serena y lista para soñar. El proceso empieza creando espacio en tu vida (momentos de soledad). Un espacio mayor propicia la claridad. Cuando tienes la mente serena y el corazón libre de cargas (fruto de un propósito que trasciende las circunstancias), las ideas surgen; sobre todo escenas relacionadas con tus metas y tus sueños. Hay una batalla constante entre el caos y la claridad en la que las imágenes compiten por un lugar privilegiado en la mente. Con espacio y claridad, la mente se llena de imágenes claras del objetivo, y se abren posibilidades.

A medida que aprendes a controlar tu estado y concedes un puesto destacado en la mente a tus metas más importantes, puedes avanzar hacia esas poderosas imágenes. En su intento de hacer lo que muchos expertos consideraban humanamente imposible, Lewis Pugh tuvo que hacer caso omiso del pensamiento lógico y racional. Su entrenador, Tim Noakes, declaró a la CNN: «En cuanto te sumerges en agua fría, te baja la temperatura, y el cerebro envía un mensaje para que salgas del agua. Lo primero que Lewis tiene que hacer es controlar esa reacción». Pugh se pasaba cuatro horas al día visualizando, más una hora nadando en agua fría. Visualizaba la travesía a nado de principio a fin. «Noto el sabor a agua salada en la boca. Oigo los sonidos de los motores y a Tim Noakes gritándome. Noto que el hielo me quema la piel; huelo el aire marino. Vivo realmente ese momento. He nadado en el Polo Norte cientos de veces en mi mente», explicó a la CNN.[21]

Sea cual sea tu profesión, la capacidad de calmar la mente e imaginar tu futuro es primordial. Todo ocurre dos veces: primero en la mente y luego en la vida. Los resultados que consigues están directamente ligados a las imágenes de tu mente, las convicciones que tienes sobre ellas y tu capacidad para conectar con imágenes que respaldan sensaciones y resultados de éxito. ¿Qué momentos de presión vives en tu jornada y en tu profesión? ¿Estás sometido a un jefe dominante o tal vez a un mercado laboral extremadamente competitivo? Ya intentes formar un equipo, llevar un negocio próspero en una economía en recesión, o simplemente conseguir un buen empleo, tu éxito depende de tu capacidad para ver con antelación que esos hechos se desarrollan en tu mente como quieres. Si consigues ver los hechos estresantes en tu mente antes de que ocurran, y luego logras imaginar una respuesta segura, te concederás la mejor oportunidad de seguir centrado y seguro de ti mismo cuando llegue el momento.

He aquí unas cuantas técnicas de visualización para ayudarte a experimentar esas sensaciones y a forjar convicciones enriquecedoras de éxito bajo presión:

Vista previa. Visualiza los hechos y las circunstancias de tu inminente desempeño. Usa todos los sentidos para imaginar cómo te sentirás. No solo debe hacerse la noche antes de un gran partido o una actuación, sino todos los días, a ser posible cinco minutos antes de acostarte (incluyendo cuando duermes la siesta). Intenta ver que rindes bien, que haces las cosas que debes. Puedes hacer lo mismo antes de una negociación, una reunión o una presentación. Imagina todos los detalles secundarios que rodean la actuación o la presentación: quién estará allí, qué podrá decir y cómo actuará, antes y después de que te luzcas.

Recuerdos de seguridad. Rememora una vez que te sentiste exactamente como quieres sentirte durante el desempeño. Si eres deportista, recuerda tu mejor actuación. Si eres músico, evoca cuando tocaste las notas a la perfección. Si eres vendedor, retrocede en el tiempo a una negociación triunfal ante una difícil perspectiva. Una vez tengas el recuerdo, acuérdate de las imágenes y los sonidos para poder volver a sentirlos. Concéntrate en la parte del cuerpo en la que los sientes y luego pídele a tu subconsciente que evoque otro recuerdo en el que experimentaste una sensación parecida. Repite la operación superponiendo los recuerdos unos encima de otros para crear una remembranza intensa.

Presencia bajo presión. Visualiza una situación en la que estés sometido a una presión extrema y exagérala para llenarla todavía de más estrés. Puedes volverla ridícula (al subconsciente le cuesta menos recordar imágenes disparatadas). Por ejemplo, yo les pido a mis clientes del PGA Tour que se vean a sí mismos en el Masters en la segunda vuelta el domingo, a la cabeza del torneo o cerca, en medio de vientos huracanados y/o lluvia torrencial, con infinidad de cámaras ocupando su espacio personal y/o todo lo que puedan imaginar. No debería existir una situación que puedas experimentar en la vida real que sea más intensa, inesperada o estresante que una que hayas visualizado.

Relájate. Existen dos tipos de visualización de la relajación. Una es relajarse como forma de despejar la mente (por ejemplo, imaginar una tranquila escena de la naturaleza), y la otra es verte relajado en situaciones de presión. Para aprender a hacerlo es imprescindible respirar hondo y despacio, disminuyendo el ritmo cardiaco.

Replantea. Si te atormenta el recuerdo de un error, modifícalo para disminuir los efectos residuales negativos. Reproduce mentalmente el episodio viéndolo como deseabas que ocurriese. (Consulta el capítulo 9 para ver la secuencia de reprogramación).

Escena de éxito. Visualiza mentalmente todos los detalles de cómo es una jornada antes y después de un éxito extraordinario. Puedes empezar visualizando los veinte segundos inmediatamente posteriores a que acabes, con todo detalle..., y luego los siguientes veinte minutos... quién dijo qué, qué sentiste y qué crees que pasaría. Esta visualización refleja las cosas que verías si todo se grabase en vídeo, antes y después de tu extraordinaria actuación (la visualización no incluye el desempeño real).

Modelos/mentores. En esta visualización, imagina que la figura más destacada del mundo (pasada o actual) en la destreza concreta que quieres mejorar os anima y os motiva a ti y tu trabajo o tu desempeño. Por ejemplo, puedes visualizarte sentado en primera fila durante su mejor actuación, y que esa persona solicita tiempo muerto para acercarse a pedirte consejo.

Antes de escribir, yo recurro a la visualización de los mentores. Me veo entrando en un exclusivo edificio cubierto de hiedra. Saludo con la cabeza al guardia, un marine de Estados Unidos, que me acompaña a mi despacho, donde sé que me esperan seis o siete personas. Mientras nos dirigimos al despacho, el marine, que va de uniforme, anda resueltamente y, con gran profesionalidad, me dice lo mucho que me respeta y que es un honor acompañarme cada día. Yo intento aprovechar el paseo de dos minutos para animarlo de alguna forma. Llegamos a una bonita sala con techos abovedados y paredes forradas de libros brillantes. En el centro hay una mesa alrededor de la cual están sentados Martin Luther King Jr., John Wooden (legendario entrenador de baloncesto), Nelson Mandela, John F. Kennedy Jr. y algunos líderes mundiales actuales. Debaten los conceptos de este libro y cómo aplicarlos. El marine me ofrece una silla, le doy las gracias, y las personas sentadas a la mesa se turnan para pedirme mi opinión sobre varios asuntos a los que se enfrentan relacionados con la concentración, el aplomo, el liderazgo y la solución de los problemas del mundo. Al cabo de unos minutos, me levanto para marcharme, y todos se ponen en fila para abrazarme fuerte y darme las gracias.

Me gusta escuchar una canción (la misma canción todas las veces) para afianzar la visualización. Ese ejercicio establece una conexión con la escritura que me ayuda a empezar cada día con la mente serena, tranquilo y listo para crear.

En todas esas visualizaciones, es crucial sentir la energía intensificada; contémplate aceptando cada aspecto de la competición, sobre todo la adversidad, y siente que estás plenamente consciente.

Pillar el ritmo y la sensación

Desarrollar la conciencia de las sensaciones del cuerpo en situaciones de presión es importante para tener un rendimiento óptimo. El estilo de vida occidental nos ha insensibilizado. El desorden ha sustituido a la claridad. La capacidad de ver, oler, tocar y oír necesita renovarse lo suficiente para que, cuando visualices, puedas saborear la victoria. Nos conviene experimentar los sentidos con tal intensidad que la imaginación no tenga que esforzarse lo más mínimo para volver a esa sensación cuando la recreemos en la mente.

Se trata de una interesante paradoja: por un lado, el rendimiento extraordinario viene acompañado de sensaciones increíbles, y, por el otro, el desarrollo de esos momentos requiere disciplina y control de las sensaciones y las emociones. Para entender la interacción de la conciencia elevada, la seguridad en uno mismo, la intensidad relajada y el desempeño con el fin de tener éxito (pero sin estar obsesionado con él), hace falta mucho trabajo y comprometerse a aprender de uno mismo. No es fácil, pero merece la pena.

El doctor Dough Newburg es un exjugador de baloncesto de la Universidad de Virginia que ha llevado a cabo entrevistas exhaustivas con cientos de figuras de élite, de deportistas profesionales y olímpicos a estrellas de rock y cirujanos. Ha estudiado lo que esas personas tenían en común cuando rendían al máximo y cómo desarrollaban la seguridad y la concentración. Su investigación dio lugar a cinco preguntas pertinentes:

- ¿Cómo quiero sentirme?
- ¿Qué hace falta para experimentar esa sensación?
- ¿Qué me impide experimentarla?

- ¿Cómo puedo recuperarla?
- ¿Para qué estoy dispuesto a trabajar?[22]

Conforme estés más en sintonía con cómo y qué quieres sentir, podrás crear rutinas y un estilo de vida que te permitan experimentar las sensaciones que deseas. Todos los deportistas destacados tienen rutinas que los preparan para el día del partido. Tom Trebelhorn, mánager y entrenador de las ligas mayores de béisbol, dijo que nunca ha trabajado con un jugador miembro del Salón de la Fama que no fuese meticuloso y compulsivo con las rutinas. Llegan al estadio a una hora fijada, calientan recogiendo una cantidad determinada de bolas bajas y/o escuchan una música elegida, a veces hasta el último minuto. El secreto de las rutinas está en aprovecharlas para tener la sensación de resonancia, pero cada vez que te interrumpen o que no puedes seguir una rutina al pie de la letra, te dices: «Así deberá ser hoy». Acepta la interrupción como si la hubieses decidido tú.

Para conectar verdaderamente con el rendimiento, debemos aprender a concentrarnos plenamente en todo momento, de manera que podamos comportarnos de esa forma cuando estemos sometidos a una presión extrema. La postura —cómo estás de pie, cómo te mueves y cómo caminas— es un elemento fácil de pasar por alto a la hora de visualizar. La postura influye mucho en la energía y la concentración. Kevin Towers, mánager general de los San Diego Padres, comentó: «Cuando estaba buscando a una joven promesa y no sabía cómo era, podía reconocerlo en cuanto se bajaba del autobús solo por cómo se movía».

Espera abundancia, prepárate para sufrir

Cuando el avión de Sullenberger chocó contra las aves que destruyeron los motores del avión de pasajeros, enseguida supo que el problema era muy grave: «Mi primera reacción fue de incredulidad».[23]

El jumbo había perdido toda la potencia sobre una de las zonas más densamente pobladas de la tierra. Evidentemente, a Sully le sorprendió la repentina situación de vida o muerte a la que se enfrentaba, pero su instinto asumió el mando y se tranquilizó, se concentró y adquirió confianza. Sully tenía una conciencia de su serenidad bajo presión que lo preparaba para manejar cualquier cosa.

Las sensaciones que experimentas sometido a presión representan desafíos extremos en el desempeño. Las que se magnifican en situaciones de presión, e incidentes inesperados pueden hacerte perder el equilibrio rápidamente. Piensa en una situación en la que tengas que hacer una presentación decisiva. Cuando llegas al sitio, no hay proyector para el PowerPoint que has preparado. Todas tus notas están en el archivo. Enseguida el Crítico reacciona negativamente juzgando la circunstancia. Eso puede hacerte perder el equilibrio fácilmente, pero si estás preparado a nivel emocional, puedes adaptarte a cualquier cosa.

Cuando Ryan Dodd va caminando por el muelle (para hacer un salto de esquí acuático) antes de volar más de sesenta metros, repite el mantra samurái: «No espero nada... Puedo con todo».[24] Dodd no desea que el desorden ni los pensamientos negativos entren en su mente antes de la actuación. Ese mantra mantiene su mente serena, elimina toda necesidad y acalla las preocupaciones sobre cómo deben ser las cosas.

Puede parecer complicado: entonces, ¿debo esperar abundancia o no esperar nada? En realidad, las dos cosas se complementan perfectamente. Esperar abundancia es comprender que en la vida hay más belleza y excelencia de la que podemos ver o imaginar. Como el sol y la luna, la belleza y la abundancia están siempre ahí, brillando radiantemente tanto si las vemos como si no. Esperar abundancia es albergar esperanza y entusiasmo por la verdad y la belleza ocultas.

Uno de los mayores retos del desempeño es tratar de estar a la altura de las expectativas de la gente. Las expectativas son una perspectiva futura que deseas pero no puedes controlar. Decir «No espero nada» equivale a decirte a ti mismo (y a tu subconsciente) «No tengo necesidades. Pase lo que pase, o me enfrente a las circunstancias que me enfrente, puedo con todo». Pruébalo la próxima vez que estés nervioso antes de una actuación o una presentación. A Dodd le ha resultado tan útil que lo ha incorporado a su rutina previa a cada actuación.

Resumiendo, la mentalidad más poderosa consiste en esperar abundancia en la vida diaria («está a punto de ocurrir algo increíble») al mismo tiempo que abandonas los apegos y la necesidad de que pasen determinadas cosas («No espero nada; puedo con todo»).

La golfista Kyla Inaba participaba en un torneo en el que se enfrentaba a unas condiciones meteorológicas difíciles e inesperadas. El granizo mezclado con nieve y vientos huracanados fastidió a la mayoría de las golfistas. Sin embargo, ella recordó unos principios de *Excelencia interior*:

- Cualquier cosa que no puedes controlar es que debe ser así.
- El «supuesto» mal tiempo siempre es bueno para los deportistas formados en *Excelencia interior*. Cuanta más adversidad, mejor.
  - La mayoría de los competidores lo verán negativamente, y por eso su concentración y su implicación disminuirán un punto. Si te mantienes neutral, te sitúas un punto por encima del resto de los competidores.
  - Si aceptas la adversidad como enviada expresamente para que aprendas y crezcas, te sitúas dos puntos por encima del resto, y el torneo todavía no ha empezado.

Eso es lo que han aprendido los más grandes, a ver la adversidad como una parte importante de su crecimiento, no como un revés. Cuando las demás estaban quejándose y preguntándose si el torneo se cancelaría y cuándo, Kyla se mantuvo presente y aceptó la situación como era, sin desear un tiempo más benigno. Ella ganó el torneo.

El doctor Curt Tribble, cardiocirujano jefe de la Facultad de Medicina de la Universidad de Virginia, invitó a un médico residente a participar en una operación de vida o muerte en la que parecía que el paciente se estaba yendo. Sin embargo, el residente se había preparado para esa situación. El doctor Tribble lo explica:

> El residente llevó a cabo una intervención muy poco ortodoxa para facilitar la respiración al paciente. El anestesista le dijo: «Vaya, ¿has hecho eso alguna vez?». Con toda sinceridad y sin la menor señal de sarcasmo, el residente lo miró y contestó: «No, pero he pensado mucho en ello».[25]

En otras palabras, el residente había soñado varias situaciones que se podían presentar y se había visto a sí mismo actuando con aplomo bajo presión. Los mejor preparados entre nosotros nunca dejamos de soñar ni de imaginar nuevas y más intensas situaciones de presión, y las soluciones que idearíamos. Debemos estar listos para aceptar las «malas» decisiones del árbitro, el tiempo inclemente, los nervios, el miedo, la ansiedad... cualquier cosa. Y para ello necesitamos equilibrio —una mente serena—, sin expectativas sobre cómo deberían ser las cosas, y fantasear con posibles eventualidades, como ejemplifican Charles Sullenberger y el médico residente del doctor Tribble.

La presión nos permite crecer y tener experiencias extraordinarias, que es la esencia de una vida valiente. En nuestra cultura de gratificación inmediata, tendemos a perder la perspectiva sobre lo que da sentido a la vida. Sin embargo, cuando buscamos la maestría, nos preparamos para un crecimiento y aprendizaje que sienten las bases para la resonancia, adversidad incluida. Entonces podemos trascender las circunstancias cotidianas y la necesidad de vencer a nuestros adversarios y centrarnos en dar lo mejor de nosotros. De ese modo, establecemos una conexión con el desempeño que nos proporciona experiencias increíbles. Ganamos con más frecuencia y estamos preparados para lo inesperado. En las crisis, el peligro se convierte en una oportunidad.

Si realmente deseas rendir extraordinariamente bajo presión, puedes aprender a hacerlo, con independencia de cómo lo hayas hecho en el pasado. Si tu base es la mentalidad de *Excelencia interior*, centrada en aumentar el nivel de excelencia en la vida, en aprender y crecer para incrementar el de los demás, alcanzarás niveles de desempeño con los que jamás has soñado.

PUNTOS CLAVE DEL CAPÍTULO 10

- El aplomo es una capacidad adquirida mediante la que la persona siente resonancia, experimentando intensamente el momento.

- El aplomo es un reflejo de un mundo interior sólido; el más sólido es aquel que es pleno.

- El competidor con plenitud emplea el deporte o el trabajo para buscar el autodominio y el desarrollo personal. Se esfuerza por ser un adversario digno. Ganar siempre es consecuencia del desarrollo de la excelencia interior, no el objetivo.

- La resonancia tiene cuatro claves que potencian el rendimiento extraordinario:

    ☐ Comparte el corazón, no el ego.

    ☐ Persigue la maestría, no la puntuación.

    ☐ Ama a tu adversario.

    ☐ Visualiza la presencia, no la perfección.

- Cuando sientes resonancia, todo lo demás desaparece: la puntuación, el resultado y es posible que hasta el rival. La presión se convierte en energía que te impulsa.

- Centrarse en conectar con el desempeño y experimentar plenamente la actividad es decisivo para conseguir la resonancia.

- Aceptar al adversario como un elemento vital del crecimiento y la experiencia aumenta la concentración.

PREGUNTAS Y ACTIVIDADES COMPLEMENTARIAS

✓ ¿Cuándo has sentido el equilibrio y la concentración de la resonancia en pleno desempeño? ¿Qué clase de costumbres y rutinas te ayudarán a repetir la experiencia?

✓ ¿Qué te impide tener esa sensación?

✓ ¿Cómo puedes incorporar tres conceptos asociados a la maestría como son la autodisciplina, el conocimiento de uno mismo y el desarrollo personal a tu vida diaria?

✓ Piensa en algunos de los mejores momentos de tu vida (en los que sentiste amor). Ahora piensa en tu mayor rival. Visualiza esa potente energía dentro de ti (la presencia y la audacia del amor) cuando compites (mientras tu adversario hace todo lo que puede para derrotarte). ¿Cómo afecta esa energía amorosa a tu capacidad para estar presente y concentrado?

✓ Visualiza tu próxima actuación. Siente la presión y los nervios que normalmente la acompañan. Considera los hechos inesperados que pueden producirse y el caos que puede desatarse.

Sumérgete en esa sensación y luego céntrate y relájate en medio de la presión. Contémplate a ti mismo superando la situación con aplomo y seguridad.

✓ Elige a un grupo de mentores y visualízalos en tu marco de trabajo ideal, animándote y motivándote.

11
Maslow, Michael Jordan y los Navy Seal
Tres características de los líderes extraordinarios

> La diferencia entre campeones y cuasicampeones
> es la capacidad de jugar por algo superior a uno mismo.[1]
>
> LOU HOLTZ, entrenador de fútbol americano
> miembro del Salón de la Fama

Jim Tressel, entrenador jefe de fútbol americano en la Universidad Estatal de Ohio, viajó al pueblecito de Gambier, en ese mismo estado. Fue a hablar con Jim Steen, entrenador de natación de la Universidad de Kenyon. Tressel, que ha llevado a los Buckeyes a ganar cinco campeonatos universitarios de las Big Ten en ocho temporadas, buscó a Steen, que ha ganado cuarenta y nueve campeonatos nacionales (sí, cuarenta y nueve). Tressel y Steen han aprendido unas cuantas cosas a lo largo de los años, incluido cómo crear líderes, cómo centrarse en el proceso del alto rendimiento y, sobre todo, cómo formar una familia.

Phil Jackson se convirtió en entrenador jefe de los Chicago Bulls en 1989 y heredó al mejor jugador de baloncesto del mundo. Michael Jordan era maravilloso, pero el equipo no. Jackson inculcó los valores de la compasión y el desapego en una liga de egos y bravuconería.[2]

Los Bulls pasaron a ganar seis campeonatos de la NBA, y Jackson obtuvo cinco más con Los Angeles Lakers. La clave del éxito de Tressel, Steen y Jackson era que comprendían que el liderazgo consiste en entender el comportamiento humano y lo que impulsa a la gente a sacrificarse por algo mayor.

Los mejores líderes ven las posibilidades del grupo y dan poder a sus miembros para que alcancen ese nivel. Conocen perfectamente los pormenores del rendimiento y los comunican de una forma que motiva a las personas. Utilizan el deporte o el trabajo para expresar nuevas formas de ver el mundo; qué posibilidades hay y cómo vivir más plenamente, amar con más profundidad y con experimentar la vida de maneras que fomentan el aprendizaje y el crecimiento. Cuando la gente tiene una visión de futuro estimulante y recibe los instrumentos para aprender y desarrollarse, desempeña sus funciones con un nivel superior de competencia, así como con una lealtad increíble.

El entrenador de la NFL y miembro del Salón de la Fama Dick Vermeil declara sobre la importancia de entender la conducta humana en el liderazgo:

> Siempre ha sido mi filosofía, y lo creo sinceramente, que un jugador de fútbol americano es antes persona, un tenista es antes persona, y un nadador es antes persona. Luego vas y los instruyes sobre la actividad en la que participan.[3]

El liderazgo consiste en desarrollar a las personas para que sean ellas mismas, de manera que puedan ayudar a los demás a hacer otro tanto. Como recordarás, tu verdadero yo siempre intenta aumentar el nivel de excelencia en tu vida, aprender y crecer con el fin de aumentar el de los demás.

Los líderes hacen ciertas cosas, más allá de las esferas de la especialización técnica y la práctica disciplinada, que influyen en el mundo. Me consta que los mejores entrenadores y líderes adoptan estos tres enfoques en su vida y sus enseñanzas:

1. Redefinir el éxito.
2. Poner a los individuos en contacto con una visión mayor que ellos.
3. Buscar el autodominio... y ayudar a los demás a hacer lo mismo.

Los mejores líderes crean una cultura que permite a las personas desarrollarse para vivir plenamente y divertirse en el proceso. A través del mensaje diario de su vida, marcan la pauta porque predican con el ejemplo. Ya sea enseñando a deportistas o a ejecutivos, en la cancha de baloncesto o en los negocios, los principios básicos del rendimiento extraordinario son los mismos. Parten de un líder que, más allá de las equis y las oes de la estrategia y las tácticas, aprende a otorgar poder y a enriquecer la vida de aquellos a los que guía.

Redefinir el éxito

El entrenador de baloncesto y miembro del Salón de la Fama John Wooden ganó diez campeonatos nacionales en la UCLA, siete de ellos seguidos. Él definió el éxito como «tranquilidad de espíritu, que es resultado directo de la satisfacción de saber que te has esforzado por convertirte en lo mejor de lo que eres capaz».[4]

«[Tressel] desarrolla su programa, primero, en torno a la moral como equipo y como hombre; segundo, en torno a la proximidad; y luego, en torno al fútbol americano»,[5] manifestó Malcolm Jenkins, uno de los seleccionados de Tressel.

En nuestra cultura, el éxito se suele medir por lo que tienes, lo que has hecho y cómo te comparas con los demás. En las definiciones de Wooden y Tressel, esos aspectos ni se mencionan. Los mejores entrenadores desarrollan una visión motivadora de desapego y autodominio que anima al grupo a ser quienes no han sido hasta entonces. Luego establecen un sistema de costumbres y rutinas diarias para hacer realidad esa visión.

Frosty Westering, entrenador de fútbol americano que fue campeón nacional en cuatro ocasiones, se centraba en el desarrollo y el crecimiento de sus atletas ante todo como personas. Según *Sports Illustrated*, «para Westering, las medidas del éxito convencionales carecen de importancia. "Ganar es consecuencia de aprender a vivir decentemente", afirma Westering. Al entrenador no le interesa tanto el fútbol americano como "dejar huella en la vida de los jugadores e influir en su corazón y su mente"».

Antes de un partido importante, uno de los jugadores de Frosty se levantó y dijo:

> Ellos están aquí para vencernos; nosotros estamos aquí para ser nosotros mismos.[6]

Una afirmación de lo más enriquecedora. Me recuerda un mensaje de texto que le mandé a una estrella del PGA Tour:

> La finalidad del golf es que aprendas, crezcas y te desarrolles, no que hagas *birdies*. Deja de intentar hacer *birdies*. Intenta ser quien eres; no tienes que hacer ningún esfuerzo.

Lo que pretendía al mandarle ese mensaje era ayudarle a que no se obsesionase con los resultados tangibles, que siempre se sitúan en el pasado y el futuro. El éxito viene solo cuando sabes cuidar de ti mismo.

Cada meta que te fijas y cada resultado que consigues están en el pasado y en el futuro. Si deseas ser grande, tienes que visualizar la grandeza y luego trabajar a diario para desarrollar las convicciones sobre tus posibilidades, la capacidad de concentrarte y estar plenamente presente, y la libertad para jugar como un niño. La grandeza siempre es una consecuencia del proceso de desarrollar la excelencia interior en tu vida.

Los equipos de Frosty se imponían porque sus jugadores aprendían que para llevar la mejor vida posible tenían que ser ellos mismos y servir a los demás. Aprendían a amar y a respetarse unos a otros, así como a sus adversarios, y eso generaba una poderosa energía que les permitía dar lo mejor de sí mismos.

John Wooden no estudiaba a los equipos rivales. No quería saber lo que hacían los demás.[7] Eso le permitía ser innovador y centrarse en el desarrollo. Estaba decidido a convertir su equipo en el mejor posible, independientemente de cómo se comparasen con los demás. Pensarás que para él era fácil; al fin y al cabo, tenía a los jugadores de más talento. Pero Wooden tampoco los buscaba. Venían a él. Su capacidad de hacer evolucionar a las personas suponía un gran atractivo. A él le interesaba más el desarrollo personal y del equipo que las comparaciones con los demás. W. Chan Kim y Renee Mauborgne se hacen eco de la misma idea en su best seller *La estrategia del océano azul*: «La única forma de vencer a la competencia es dejar de intentar vencerla».[8]

Intentar vencer a la competencia es el error más grave que cometen los equipos y los entrenadores. Les convendría más centrarse en el proceso de alto rendimiento, que es totalmente distinto. Cuando te concentras en derrotar a tu adversario, te estás focalizando en algo que escapa considerablemente a tu control, cosa que provoca tensión y te saca fácilmente del presente. (Si lo controlases del todo, sería para ti una tarea pendiente y no una meta). Para alcanzar una meta, debemos mantenernos enfocados en su proceso de consecución. Jim Collins, escritor superventas de *Good to Great* y *Built to Last*, enumera doce mitos relativos a las grandes empresas. El número diez es «Las empresas más prósperas se centran ante todo en vencer a la competencia». En realidad, según Collins, «las empresas visionarias se centran ante todo en vencerse a sí mismas».[9]

O, como digo yo, los mejores equipos y empresas se centran en ser ellos mismos. Ser uno mismo es superar el egocentrismo natural de una persona y los límites que este impone. Phil Jackson trabajaba en ello con sus equipos concentrándose en el desapego y la compasión. Esas poderosas virtudes ayudan a silenciar el juicio del Crítico, la cháchara interminable de la mente de mono y las mentiras del Embaucador. En lugar de convertir el «triunfo» o el «beneficio» en sus últimos fines, las organizaciones importantes se centran en aprovechar el deporte o el negocio para cambiar la vida de los miembros del equipo y el mundo en el que vivimos.

> **LOS CUATRO VALORES DE EQUIPO DE LOS GOLDEN STATE WARRIORS**
>
> - Diversión
> - Compasión
> - Conciencia plena
> - Competitividad
>
> Steve Kerr, entrenador jefe de los Golden State Warriors, ha ganado ocho finales de la NBA, cinco como jugador y tres como entrenador.[10]

Los equipos profesionales pueden ganar sin fomentar unos valores o una visión, pero el triunfo casi siempre es efímero. Es difícil ser grande cuando tienes talento o dinero pero careces de un sistema para desarrollar la conexión profunda, el gozo y la confianza.

Todos tenemos una honda necesidad de formar parte de algo más grande que nosotros mismos, más allá de beneficios y pérdidas, triunfos y derrotas. Muchos vamos por la vida y nunca satisfacemos esa necesidad, tratando continuamente de llenar ese anhelo con más victorias, más dinero, más ascensos. Entonces surgen la tensión y la ansiedad, porque nunca tenemos verdadera libertad de desempeño cuando dependemos del resultado para colmar nuestras profundas necesidades.

Las metas son importantes, pero es crucial entender que la gente no se caracteriza por sus metas y por si las logra o no. Una victoria o una derrota no te convierten en mejor persona. Tenemos que separar quienes somos de lo que hacemos..., es vital distinguir entre propósito y metas. Resulta imprescindible distinguir entre propósito y metas para entender la verdadera definición de éxito.[11]

JIM TRESSEL,
entrenador de fútbol americano
cinco veces campeón nacional

Ya sea en relación con la familia, los amigos, los compañeros de trabajo o con cualquier otra persona, cuando el propósito fundamental de tu vida gira en torno a amar y servir a los demás, empieza a producirse una poderosa serie de acontecimientos. El miedo pierde su influencia, pues se centra en uno mismo, mientras que el servicio se centra en los demás. Desarrollas relaciones que te acompañan en los malos momentos. La vida tiene más sentido, y eso fomenta la serenidad necesaria para crecer, ver más belleza y más posibilidades.

Las grandes organizaciones están orientadas al servicio. La investigación llevada a cabo por Jim Collins sobre empresas visionarias pone de manifiesto un tema recurrente: se centran en hacer una contribución a la sociedad, con los beneficios como consecuencia. En otras palabras, su definición de éxito gira en torno a un propósito valioso, y ese propósito es cambiar la vida de la gente.

Un propósito claro y lleno de sentido nos permite estar más presentes en el desempeño porque nos desapegamos del resultado de nuestras metas. Dawn Staley y muchos otros deportistas olímpicos que tienen experiencias intensas y viven plenamente son ejemplos destacados de ello: juegan para ganar, pero la victoria no es la razón por la que juegan.

Poner a los individuos en contacto con una visión mayor que ellos

> Esta noche les he dicho: «Lo que marcará la diferencia en el partido será el amor». Se lo he repetido todo el año. Íbamos a ganar porque nos queremos.[12]
>
> DABO SWINNEY,
> entrenador jefe de los Clemson Tigers
> después de ganar el campeonato nacional de 2017

Cuando Lewis Pugh se propuso nadar en el Polo Norte ataviado solo con un bañador, lo impulsaba un propósito lleno de sentido. Él éxito para él consistía en poner su granito de arena para recalcar los devastadores efectos del calentamiento global y lograr cambios en la lucha contra ellos. Con ese valioso propósito, concibió un plan de lo que deseaba conseguir (nadar un kilómetro en el Polo Norte), y lo siguió todos los días. Los miedos reales a los que se enfrentaba cada día chocaron con la fuerza de su propósito y la concentración diaria de su visión.

Un proyecto más allá de uno mismo es una meta con un resultado directo que sirve a un fin mayor. Un propósito con sentido expresa quién eres y qué te caracteriza. El propósito da sentido y motivación; la visión da orientación y enfoque.

Otro grupo de personas que se enfrentan con regularidad al peligro extremo y deben aceptar sus miedos son los Navy Seal, la Unidad de Fuerzas Especiales de la Marina de Estados Unidos. Para convertirte en Seal, tienes que superar el BUDS (entrenamiento Básico de Demolición Submarina Seal). El BUDS es un programa de formación conocido como «la semana del infierno», en la que la mayoría de los reclutas abandonan. Durante esa semana de cinco días, cada aspirante a Seal duerme cuatro horas en total. El resto del tiempo los llevan al límite mental, físico y emocional. Si tienes a un sargento instructor delante de las narices regándote con una manguera mientras intentas hacer unas cuantas flexiones más, y todo tu ser quiere abandonar, debe haber algo más profundo que te impida rendirte. Cuando le pregunté al Navy Seal Jeff N. qué le ayudó a superar la semana del infierno, me contestó: «Me concentré en el equipo. No quería fallarles. Por otro lado, abandonar no era una opción. Nada iba a detenerme a menos que, literalmente, mi cuerpo se derrumbara».[13]

Sea cual sea la función que desempeñas o la profesión que ejerces, tienes la oportunidad de enfrentarte a tus miedos, traspasar tus límites y superar las dudas y la ansiedad. No importa si te ganas la vida conduciendo un camión o un coche de carreras de Fórmula 1, si eres el director general de una empresa o un vendedor de zapatos. Independientemente de lo que haces durante el día, siempre que no sea contrario a tus valores, puedes concentrar tu energía de una manera que genere una presencia increíble. Y si consigues combinar amor, sabiduría y coraje con tu vocación, puedes lograr un estado de resonancia tan poderoso que estarías dispuesto a dar la vida por él.

Nicolas Herman, que nació en 1614 en una familia campesina, se alistó en el ejército como forma de sobrevivir a la pobreza. Las tropas alemanas lo capturaron y lo hicieron prisionero de guerra hasta que decidieron liberarlo «debido a su gran valor». Trabajó de fabricante de sandalias, cocinero y lavaplatos, pero se describía a sí mismo como «muy torpe, tanto que lo rompía todo». Tal vez su falta de elegancia contribuía a lo que sí tenía: humildad y serenidad.

La cálida energía de Herman atrajo a tantas personas que después de que muriese, sus cartas y conversaciones se recopilaron en un libro del que se vendieron millones de ejemplares, y sigue vendiéndose a día de hoy. Su estatus era bajo, pero la serenidad y el gozo que irradiaba eran tan elevados que cuatrocientos años más tarde, la capacidad de Herman de estar presente en las labores más mundanas se estudia en la actualidad. Tenía una visión muy simple —participar en la obra de Dios y compartirla con los demás—, pero su influencia ha durado siglos. El hermano Lawrence (como se dio a conocer) fue un ejemplo de flujo de la resonancia.

Los mejores líderes nos ayudan a encontrar esa resonancia. Nos ayudan a decidir en qué pensar y adónde dirigir la atención. Se centran en conectar con cada individuo para contribuir a que se sienta bien consigo mismo, con las posibilidades de su vida y con su importancia con respecto a las personas de su entorno. La resonancia se basa en las relaciones, entre tus valores y tus actos, tu mente y tu corazón, tú y los demás, y tú y el entorno que te rodea.

Ser un gran líder implica estudiar y aprender a desarrollar plenamente esas relaciones. Una relación con otra persona parte de algún tipo de conexión. Para forjar un vínculo fuerte hay que empezar desarrollando la compenetración.

La compenetración se basa en la empatía, que es una conexión con lo que siente la otra persona. Los mejores comunicadores entienden que la comunicación es en su mayor parte no verbal y que todo lo que haces y dices comunica algo; es imposible «no comunicar».

Según un estudio de la UCLA, el 7 por ciento de la comunicación lo representan las palabras que empleamos, el 38 por ciento el tono de la voz y el 55 por ciento la postura y la fisiología.[14] A los repartidores de cartas de Las Vegas, por ejemplo, no se les permite estar de brazos cruzados porque es una postura poco atrayente. Compenetrarse perfectamente implica ajustarse a la postura y la fisiología, el tono y las palabras de la otra persona de forma sutil. A eso se le llama «acompasar».

Si, por ejemplo, alguien que se compenetra contigo está dando pisotones airadamente y hablando alto, quedarte sentado y hablar en voz baja no te permitiría adaptarte a esa persona. En cambio, si anduvieses con él, imitases su volumen y escuchases atentamente lo que dice, con el tiempo podrías guiarlo para que se sentase, hablase de forma más relajada y continuar a partir de ahí. Primero acompasa y luego guía. Más concretamente, acompasa, acompasa, acompasa y guía. Esa persona necesita tiempo para ver y sentir la resonancia entre vosotros antes de seguir.

Desarrollar una verdadera conexión con alguien significa conectar con lo que a la persona realmente le importa. Supongamos que estás trabajando con un nuevo equipo o una nueva organización y quieres desarrollar la compenetración de manera individual. Te reúnes con una empleada y le consultas: «¿Qué es para ti lo más importante de tu trabajo?». Es posible que te conteste: «Quiero que me planteen retos». A continuación puede que le preguntes: «¿Qué te aporta eso?». Tal vez ella responda: «Me permite ser creativa y me da la sensación de que soy necesaria y útil». Entonces quizá tú le demandes: «¿Qué tiene de importante para ti sentirte necesaria y útil?». Quizá ella te diga entonces: «Me da seguridad». La idea es preguntar continuamente qué es importante para ella y qué le aporta, hasta que exprese la raíz de lo que realmente desea.

Normalmente, cuando oyes o la misma respuesta o una respuesta que no permite ir más allá, has encontrado el valor máximo de la persona en ese ámbito. Cuanto más elevado sea el valor que puedas obtener (como seguridad, amor o tranquilidad), más opciones tendrás de satisfacer esa necesidad. Siguiendo con el ejemplo, ahora que sabes que la seguridad es importante para esa persona, puedes vincular la visión del grupo y el propósito del equipo con la seguridad.

> La búsqueda de una única meta a menudo impide la aceptación de riesgos y el pensamiento creativo necesarios para el desarrollo personal.[15]
>
> JIM STEEN,
> entrenador de natación
> de la Universidad de Kenyon

Con grupos más grandes, es posible que no puedas conectar individualmente con cada persona del equipo. Si eres el líder, tu meta siempre será ayudar a aquellos a quienes diriges a que vean oportunidades y maneras de desarrollarse personal y profesionalmente, al mismo tiempo que les permites ver las posibilidades que tienen en su vida y con el equipo. Como jefe de departamento o director general, no siempre puedes visitar a todo el mundo, pero puedes desarrollar una cultura en la que las personas conecten unas con otras y se apoyen mutuamente. Si la cultura de tu organización se basa en un propósito con sentido, una visión del grupo clara y autodominio, tienes muchas oportunidades de conseguirlo.

> **EL RINCÓN DE LOS ENTRENADORES:**
> **EL ELEFANTE ROSA QUE DA VOLTERETAS HACIA ATRÁS**
>
> El lenguaje que usas como líder es decisivo. Estás poniendo continuamente imágenes en la mente de los miembros del equipo, pero ¿son esas imágenes útiles o perjudiciales?
> Davey Johnson, campeón de la Serie Mundial de béisbol de la MLB en tres ocasiones me dijo: «Cuando un entrenador le chilla a uno de sus jugadores, no le chilla solo a ese hombre, sino a todas las personas del equipo».
> Las palabras exactas que usas, tanto si hablas contigo mismo como con otra persona, son cruciales porque la mente subconsciente siempre asimila lo que dices y desarrolla una convicción a partir de ello.
> La clave es compartir imágenes y sensaciones de lo que deseas que tus deportistas hagan, no de lo que no deseas que hagan, sobre todo en situaciones decisivas. Esto es así porque el cerebro funciona con imágenes y sensaciones, y no visualiza la palabra «no».
> No pienses en un elefante rosa dando una voltereta hacia atrás. Puede que al elefante le cueste, pero a nosotros nos cuesta más no pensar en el paquidermo haciéndolo (o intentándolo). La palabra «no» es como la pe silenciosa de psicología. Nuestro cerebro hace caso omiso de la palabra «no», como el sonido de la letra.
> En el béisbol, por ejemplo, los entrenadores de lanzadores a menudo se encuentran con situaciones en las que es importante que no den base por bolas. Si el entrenador señala lo que no

> quiere, «no dar base por bolas», introduce en la mente subconsciente de su jugador precisamente la imagen de lo que no quiere (dar base por bolas). Es preferible compartir imágenes y sensaciones de lo que sí quiere.
>
> Lo mismo es aplicable al fútbol americano. El entrenador puede decirle al corredor: «Agarra bien el balón» o algo por el estilo, y no «No lo pierdas». La primera frase ofrece una imagen (y una sensación) de asimiento del balón, y la segunda introduce la imagen de pérdida del balón en la mente del jugador, justo lo contrario de lo que el entrenador desea.

Buscar el autodominio... y ayudar a los demás a que hagan lo mismo

Cuando Abraham Maslow estudió la vida de personas extraordinarias —aquellas que rendían a niveles elevadísimos y llevaban una vida equilibrada y satisfactoria—, descubrió que tenían la capacidad de experimentar plenamente momentos sagrados y de vivir con profundidad. Si repasamos las características de las personas extraordinarias (autorrealizas) según Maslow —concentración absoluta en la experiencia, desarrollo personal, autorrealización, *Gemeinschaft* (comunidad), gratitud, autenticidad, soledad, propósito mayor que uno y falta de defensas del ego—, podemos ver su relación con el autodominio. El autodominio consiste en dominar el ego a través del desapego. Ello se consigue mediante la conciencia de uno mismo, la autodisciplina y el desarrollo personal. La búsqueda de autodominio supone la conquista de libertad en la que la conciencia, la disciplina y el crecimiento aportan experiencias extraordinarias.

En 2002, antes de que empezase la temporada de fútbol americano, Jim Tressel viajó a la Universidad de Miami a interrogar al entrenador del entonces campeón nacional, Larry Cocker.[16] Los Buckeyes de Tressel acabaron en la final del campeonato nacional frente a los Hurricanes de Cocker. Los Buckeyes ganaron tras una doble prórroga. Tressel sabía que tenía que seguir aprendiendo o dejar de crecer.

El autodominio es un empeño crucial en el liderazgo porque para elevar el rendimiento del grupo, el líder debe aprender a servir humildemente a sus miembros al mismo tiempo que mantiene la seguridad en sí mismo.

Phil Jackson cita el libro *El tao de los líderes*:

> El líder sabio es partidario del servicio: receptivo, complaciente, seguidor. La energía de los integrantes del grupo domina y dirige, mientras que el líder sigue. Pero pronto es la conciencia de los miembros la que se transforma. La labor del líder consiste en percatarse del proceso de los integrantes del grupo; es una necesidad de los miembros del grupo ser recibidos y atendidos. Ambas partes consiguen lo que necesitan si el líder tiene la sabiduría de servir y seguir.[17]

Una parte importante del servicio al grupo consiste en enseñar desarrollo personal. La búsqueda de autodominio «sin metas» supone aprender autodominio con el fin de crecer, que es un proceso que no termina nunca. Te preguntarás a qué responde la atención concertada al crecimiento cuando no hay un final, pero eso es como preguntar por qué debes vivir cuando sabes que algún día morirás. El crecimiento es el final, o podría decirse que es el sentido fundamental para vivir de verdad.

Algunos de los mejores momentos de la vida son aquellos en los que nos esforzamos, aprendemos y crecemos; nos sentimos desafiados en algo para lo que estamos dotados, buscando algo significativo. Los partidos y entrenamientos, las presentaciones a compañeros de trabajo y clientes importantes, representan la misma oportunidad: la posibilidad de participar plenamente en una experiencia extraordinaria. A Michael Jordan le preguntaron qué le gustaba más de jugar al baloncesto. Contestó que le gustaba entrenar porque el entrenamiento era el baloncesto en estado puro. En el entrenamiento, se sentía desafiado en algo que se le daba bien; podía conectar con sus compañeros de equipo y podía limitarse a ser Mike. Sin público, sin puntos, sin lujos. Jordan podía rendir magistralmente bajo presión porque los entrenamientos y los partidos se convertían en lo mismo para él: una oportunidad de sentir resonancia.

El autodominio elimina todo lo que no somos y nos pone en sintonía con quienes realmente somos y cómo queremos sentirnos. Buscar el autodominio supone tratar de estar plenamente presente y tener tanto una mente serena como un corazón libre de cargas. Es poco realista mantener esa presencia en todo momento, sobre todo con la tendencia humana natural a vivir en el pasado y el futuro. Por lo tanto, para seguir creciendo, necesitamos renovarnos continuamente.

He aquí algunas actividades renovadoras para convertirnos en el tipo de persona que la gente quiera seguir:

- Céntrate en los principios y técnicas de lo que sabes que es la verdadera excelencia interior para no apartarte de esa verdad.
- Llena la mente a diario de amor, sabiduría y coraje a través de libros y pódcast, conferencias y sermones… Y memoriza los principios e ideas clave.
- Entrena el corazón para desear lo que es más valioso y enriquecedor (un proceso parecido a entrenar el apetito para desear lo que más te beneficia).
- Dedica el máximo tiempo posible a aquellos que son mucho más sabios que tú así como a aquellos que tienen unas necesidades tangibles mucho mayores que tú.
- Repasa la jornada antes de acostarte buscando momentos de gratitud y aprendizaje y luego abandónate.
- Supervisa continuamente tu ego, esa parte de ti que quiere estar siempre comparando e instalada en una modalidad de autoprotección y no en una de expresión personal y agradecimiento.

- Dedica un día de cada siete a recargar las pilas mental, emocional, espiritual y físicamente.
- Recibe *feedback* sincero de los demás.

Los mejores líderes, como los mejores artistas, tienen muchísima imaginación y la ejercitan con regularidad. Es prácticamente imposible ser un gran líder sin renovarse habitualmente, pues el liderazgo requiere la aportación continua de nuevas ideas y motivación para que los miembros del equipo crean en sí mismos y en los demás. Por lo tanto, los líderes deben tener conciencia de sí mismos para saber cuándo no están presentes, cuándo tienen que centrarse y cuándo su obsesión con ellos mismos les impide ver las posibilidades. Los líderes deben poder ver mentalmente el éxito del grupo así como la vía para llegar a él... y luego transmitir esa visión al equipo.

Por encima de todo, un gran líder atiende las necesidades del grupo. ¿Cómo? Redefiniendo el éxito en su vida para convertirse en alguien en el que el amor, la sabiduría y el coraje se desborden y lleguen a los demás con la menor cantidad de palabras... buscando el autodominio de manera que no se dejen llevar por los impulsos y las comparaciones de la sociedad, sino por las posibilidades reales y la gloria que aguarda a cada persona. Un líder extraordinario motiva a los demás a buscar la conciencia de sí mismos, la autodisciplina y el desarrollo personal con el fin de vincularlos con una visión mayor que ellos. Y al hacerlo, crean una familia cuyos miembros se animan mutuamente a perseguir la excelencia.

PUNTOS CLAVE DEL CAPÍTULO 11

- Los líderes extraordinarios hacen tres cosas que van más allá del ámbito de la especialización técnica y la práctica disciplinada:

  ☐ Redefinen el éxito.

  ☐ Ponen en contacto a los individuos con una visión mayor que ellos.

  ☐ Buscan el autodominio para ayudar a los demás a que hagan lo mismo y vivan una vida plena.

- El éxito en nuestra cultura suele medirse por lo que tienes, lo que has hecho y cómo te comparas con los demás, pero los mejores líderes no miden el éxito de esa forma.

- Los mejores entrenadores y líderes definen el éxito por el esfuerzo, el crecimiento y un propósito significativo que sirva a un bien común.

- Las organizaciones extraordinarias se centran en dar lo mejor de sí mismas, no en vencer a la competencia.

- Un líder de peso anima a los individuos a conectar con algo mayor que ellos, ayuda a los miembros a desarrollarse como personas y les permite crecer juntos como un todo.

PREGUNTAS Y ACTIVIDADES COMPLEMENTARIAS

✓ ¿Qué necesitas hacer o cambiar en el entorno del equipo para facilitar el crecimiento personal y reducir las comparaciones y el egocentrismo?

✓ ¿Qué principios, presupuestos o ideas necesitas colgar en las paredes y ventanas de la sala de tu equipo?

✓ ¿Cuál es la definición actualizada de éxito para ti y tu equipo?

✓ ¿Qué tienes que hacer para lograr la compenetración de los miembros del equipo y encaminarlos a una visión común por la que estén dispuestos a sacrificarse? ¿Conoces bien sus metas y sus perspectivas personales?

✓ En tu propia búsqueda de autodominio, ¿qué tienes que hacer para aumentar la conciencia de ti mismo, el autoaprendizaje y la autodisciplina?

Conclusión
Un nuevo estilo de vida

> Este momento, como todos, es muy bueno si sabemos qué hacer con él.
>
> RALPH WALDO EMERSON

En nuestro recorrido juntos hemos visto la seductora influencia de la cultura occidental y cómo estamos expuestos a diario al virus de la afluencia. Eso nos impide buscar lo que realmente deseamos: grandes experiencias, relaciones profundas y serias, una vida de serenidad y propósito, y el poder que ello conlleva. Hemos reparado en que nosotros mismos nos ponemos más trabas que nadie. Hemos hablado de cómo el amor, la sabiduría y el coraje forman la base del rendimiento extraordinario y de la increíble energía de la resonancia. También hemos visto cómo el sufrimiento, la disciplina y el gozo están interconectados y cómo nuestra mentalidad original nos instala en el centro del universo, que nos orienta hacia el miedo y nos impide vivir de verdad.

La vida egocéntrica que la mayoría de nosotros hemos llevado en el pasado ha interrumpido nuestro flujo. Nuestro rendimiento en la oficina, en el campo de juego o en la cancha ha sido simplemente un medio para llegar a un fin: el empeño por triunfar cueste lo que cueste. Ganar el siguiente partido. Hacer la siguiente venta. Avanzar. Ser felices. De algún modo, en esa ferviente búsqueda, nos perdemos a nosotros mismos... o, como mínimo, perdemos el amor a trabajar y competir por el simple gusto de hacerlo. Nos han socializado para seguir el camino del triunfo, de los ascensos y las victorias a toda costa, con el añadido de la inquietud, la preocupación y la pérdida de integridad. Las palmaditas en la espalda que nos daban nos proporcionaban una sensación de validación, a pesar de estar acompañadas de la inseguridad y la ansiedad fruto de intentar complacer a los demás. Buscando una vida mejor, perdimos la libertad y acabamos con el corazón dividido.

Nuestra libertad se veía obstaculizada por un flujo interminable de pensamientos, la mayoría negativos o inútiles. Saltábamos del pasado al futuro y viceversa analizando, sopesando, deseando, dudando. Era como un balancín eterno, en el que el equilibrio absoluto representaba el momento presente, donde están los momentos extraordinarios. Los experimentábamos y sabíamos que estaban ahí, pero rápidamente saltábamos al pasado o al futuro, junto con nuestras dudas y miedos.

Para la mayoría de nosotros, esos momentos eran tan extraños e incómodos que volvíamos corriendo a buscar los éxitos y el estatus dictados por la sociedad. Los momentos sagrados resultaban desconcertantes porque nos concienciaban de nuestro potencial, y a menudo no queríamos enfrentarnos a ello. Tal vez nos daba miedo lo que podíamos encontrar y los temores a los que tendríamos que hacer frente. La posibilidad de que no estuviésemos desarrollando nuestro potencial, combinada con la certeza de que el esfuerzo para conseguirlo podía requerir cierto grado de sufrimiento y malestar, era terrible. Sorprendentemente, nos sentíamos más a gusto con las sensaciones pasajeras del balancín que con la valoración realista de las posibilidades: una vida de experiencias extraordinarias y rendimiento óptimo.

Sin embargo, ahora tienes los instrumentos para responder al Crítico, a la mente de mono y al Embaucador que antes te impedían progresar. Armado con el conocimiento de la egoísta naturaleza humana y sus efectos perjudiciales, cada día tienes la opción de alejarte del miedo y avanzar hacia el rendimiento óptimo y la satisfacción a largo plazo. Puedes elegir guiarte por el corazón, ampliar tus miras y estar plenamente presente. Guiarte por el corazón significa conectar con tu verdadero yo: es decir, deshacerte de todo lo que no eres tú y aprender que estás destinado a vivir, sentir y competir. Ampliar las miras significa adaptar continuamente tu mapa del mundo para ver lo que no se ve: las ideas, la belleza y la atención que redefinen cada momento. Solo es posible tener amplitud de miras cuando dejamos de aferrarnos a nuestra vida (y todas las necesidades y miedos que la acompañan) para poder adquirir la sabiduría con la que aprender, crecer y tener grandes experiencias.

Conforme sigas aprendiendo, pondrás en duda tus antiguas convicciones y buscarás un propósito en la vida que sirva a un bien común. Eso te permitirá tener la mente serena y el corazón libre de cargas cuando conectes con la belleza y la excelencia de cada instante. Para ello, tienes que optimizar la atención y reorientar los afectos; amar es lo que más enriquece. Un corazón transformado, que ama desinteresadamente a los demás —en primer lugar— e incluye a sus adversarios, permitirá vivir con absoluta plenitud. Hace falta coraje para entregar la vida, pero al hacerlo conectarás con tu verdadero yo y experimentarás momentos sagrados de resonancia.

La resonancia es la recompensa; no se escribe sobre ella en revistas ni periódicos pero tiene un valor incalculable para tu corazón. Es la sensación eléctrica de estar plenamente presente y ser consecuente siendo tú mismo.

Una de mis metas con este libro ha sido transmitirte lo que es posible cuando vives con autenticidad y coraje, más allá de tus ambiciones aparentes, buscando la resonancia y la *zoé* (plenitud vital absoluta). Tal vez a estas alturas tu visión cada vez más amplia te haya permitido vislumbrar el increíble viaje que te espera: uno que te obliga a implicarte plenamente, en corazón, mente y cuerpo, al margen de las circunstancias o los resultados.

A medida que sigas ese camino, empezarán a producirse más momentos auténticos, en los que solo existe el aquí y el ahora, y la mente, el corazón y el espíritu fluyen como uno solo. Los momentos ordinarios se vuelven extraordinarios. La emoción surge al vivir más instantes sagrados, ocasiones en las que la serenidad y la pasión se unen, en las que el esfuerzo se vuelve arte.

Según aprendas los principios y practiques las herramientas y los ejercicios, ganarás confianza para arriesgarte más, para enfrentarte a tus miedos y experimentar plenamente momentos sagrados tanto en tu carrera como en tu vida diaria. Vivirás con pasión y coraje, haciendo frente a esos momentos de temor y al deseo de aceptación social con la determinación de ser tú mismo y vivir al máximo cada instante. Ahora tienes una nueva mentalidad, un nuevo conjunto de habilidades y otro juego de herramientas. Sabes que en cualquier ocasión puedes transformar tu estado y vivir con más libertad, perspectiva y resonancia.

Juntos, tú, nuestra pequeña comunidad de *Excelencia interior* y yo nos comprometeremos a seguir buscando la verdad en nuestra forma de vivir, de sentir y de competir. Estaremos por encima de las circunstancias siempre cambiantes, y las victorias y las derrotas, y sintonizaremos cada vez más con la excelencia, viendo la belleza y la abundancia a nuestro alrededor, libres de las emociones y las limitaciones percibidas.

Con esa óptica, nuestra fe seguirá creciendo y se producirán momentos sagrados. Nuestra perspectiva continuará ampliándose, y eso nos permitirá, como un golfista formado en *Excelencia interior* a un *putt* de un metro ochenta de la victoria, tener la mano firme, la mente serena y el corazón libre de cargas. El camino puede imponer respeto mientras aprendes a estar cómodo con lo que te incomoda y a desapegarte de lo superficial, pero la recompensa —vivir una vida plena— sin duda vale la pena.

Si sigues ese camino conmigo, con toda tu alma, hallarás lo que siempre has deseado. Procura primero desarrollar tu mundo interior —y todas tus relaciones— y lo demás vendrá solo. De modo que no dejes de preguntar... de buscar... y de llamar. La puerta se abrirá. Te lo garantizo.

Si quieres saber más sobre *Excelencia interior*...

Inscríbete en la lista VIP para recibir más ejercicios, técnicas y entrevistas por correo electrónico en www.innerexcellence.com.

Si consideras que este libro merece cinco estrellas, por favor, visita amazon.es, puntúalo sinceramente y especifica por qué crees que es importante. Leo personalmente todos los comentarios y me siento muy agradecido cuando los lectores dan muestras de aprecio. Cada reseña positiva me permite pasar más tiempo investigando y escribiendo.

Tu reseña favorable ayuda a que más personas de todo el mundo vivan con amor, sabiduría y coraje, además de financiar el Inner Excellence Freedom Project, que recibe al menos el 10 por ciento de los beneficios de este libro.

Sobre el autor

El 21 de diciembre de 2003 me mudé al desierto de Sonora en Tucson, Arizona, buscando un propósito al que dedicar mi vida. Mi carrera como jugador de béisbol profesional en los Chicago Cubs había terminado y tenía la sensación de que estaba perdiendo el tiempo.

Tenía un máster en Ciencias del entrenamiento por la Universidad de la Columbia Británica, en la que fundé el equipo de béisbol (que se convirtió en deporte universitario en todo Canadá) y jugué de *safety* libre en el equipo de fútbol americano (después de un periodo de inactividad de ocho años). Como estudiante de posgrado, dediqué dos años a investigar cómo formar un equipo campeón. Entrevisté en persona a treinta y ocho directores generales, directores de campo y entrenadores de las ligas mayores de béisbol para aprender cómo forjaban las convicciones de sus jugadores, fijaban metas y desarrollaban una cultura de campeones. Pero ese día decidí simplificar mi vida.

Me deshice de la televisión, dejé a mi novia y renuncié a más de la mitad de mis posesiones. Me fui a llevar una vida de soledad, a sacrificar todo lo que no fuese yo para poder saber quién era realmente. Reduje mi vida social y amorosa, y sin televisión, mi existencia era muchas veces solitaria.

Hacia finales de diciembre, después del primer año de vida nueva, estaba sentado en mi casa vacía escribiendo el diario. Oí un ruido y cuando salí vi que había fuegos artificiales. De repente me di cuenta de que era Nochevieja. Sabía que estábamos en diciembre, pero ignoraba qué día era. Volví a entrar en la casa desierta y me pregunté: «¿Qué hago aquí, solo, en esta casa vacía, cuando podría volver a mi hogar y pasármelo bien con mis amigos? ¿Quién hace algo así?».

Empecé a trabajar a tiempo parcial con mi excompañero de equipo de béisbol profesional Ricky Scruggs en la Academia de Béisbol de Centerfield que él acababa de fundar. Mientras estuve allí decidí convertirme en entrenador personal de jugadores de béisbol profesional y enseñarles a tener aplomo en situaciones de presión. A mis dos primeros clientes les fue muy bien, de modo que decidí preparar un pequeño manual sobre la fortaleza mental para dárselo a mis futuros clientes.

Llamé a un psicólogo deportivo y le pregunté: «¿Cómo un deportista olímpico puede entrenar durante cuatro años para una prueba que puede durar menos de un minuto, y tener tranquilidad y confianza en esa situación?». Eso suscitó más preguntas que respuestas, de modo que llamé a otro. Y luego a otro. Y a otro. Me pasé los siguientes cinco años investigando y escribiendo con dedicación exclusiva, entre sesenta y ochenta horas a la semana. Entrevisté a psicólogos deportivos, entrenadores olímpicos, entrenadores de habilidades mentales de equipos profesionales y algunos de los mejores deportistas del mundo. El presente libro es el resultado. La primera edición se publicó en diciembre de 2009 y se puso a la venta en librerías de todo el mundo a principios de 2010.

En otoño de 2011, el *caddie* de golf del PGA Tour Jude O'Reilly, de Dublín, leyó el libro. Le dijo a su jefe (el golfista profesional Henrik Stentson) que yo podía ayudarle a hacer sus sueños realidad. Henrik se convirtió en mi primer cliente del circuito del PGA Tour. Poco después, me llamó Sean Foley, que estaba entrenando a algunos de los mejores golfistas del mundo, entre ellos a Tiger Woods. Había leído el libro y quería saber si yo podía trabajar con un cliente suyo que tenía problemas desde hacía tiempo, Hunter Mahan.

El año y medio siguiente viajé a unos dieciséis o diecisiete países trabajando con Hunter y con Henrik, así como con equipos de liderazgo corporativo de todo el mundo. Los dos golfistas llegaron a tener un éxito extraordinario durante los siguientes años, y Hunter en concreto ganó dos grandes torneos (incluido el campeonato del mundo de golf) en nuestros seis primeros meses de colaboración.

Durante ese tiempo recibí una llamada de David Novak, director general de Yum! Brands (Taco Bell, KFC, Pizza Hut), que había leído el libro y lo había compartido con sus ejecutivos. Hicimos un retiro de Excelencia interior para el equipo de liderazgo de KFC de Europa Occidental. Fue una semana excepcional, y dio lugar a más retiros y muchas relaciones importantes que se mantienen a día de hoy. Desde entonces he viajado por todo el mundo entrenando a deportistas y líderes de primer orden.

En 2018 me di cuenta de que había aprendido tanto en los nueve años anteriores que había llegado el momento de publicar una nueva edición. De modo que dediqué dos años más a escribir, entre veinte y treinta horas a la semana, para preparar esta edición corregida del libro.

Ahora puedo compartir *Excelencia interior* con muchos más lectores, y me siento muy honrado. Este libro es la obra de mi vida: lo que he aprendido y los principios que me han cambiado radicalmente la vida. Estoy deseando escuchar tu historia.

Preguntas más frecuentes sobre la excelencia interior

1. ¿Y si no me importa nada aparte de ganar una medalla de oro olímpico, convertirme en campeón del mundo o ser el mejor jugador de *Fortnite* de mi barrio? ¿Sigo necesitando aclarar el propósito de mi vida y centrarme en el amor, la sabiduría y el coraje?

    Lo entiendo perfectamente. Así es como yo he vivido la mayor parte de mi vida, obsesionado con el éxito. La respuesta es no; no tienes por qué hacer ninguna de esas cosas. Muchas personas han ganado campeonatos del mundo sin pararse a pensar en lo que más anhela su corazón o por qué quieren tener éxito. Sin embargo, si no eres una de las personas más dotadas del mundo por naturaleza y encima trabajas más que el resto, vas a necesitar toda la ventaja posible. Además, ¿de qué sirve ganar el mundo entero si pierdes tu alma? ¿No te gustaría tratar de obtener lo que más deseas, una vida satisfactoria y llena de sentido, con grandes experiencias y relaciones, serenidad y alegría, y TAMBIÉN resultados extraordinarios (la tienda de golosinas entera)? ¿Por qué conformarte con la medalla de oro olímpico o el campeonato del mundo (la piruleta pequeña) cuando puede que no te aporte alegría y satisfacción? Si persigues la excelencia interior, tendrás más oportunidades de conseguir todo lo que podrías desear, y tal vez más de lo que jamás hayas soñado.

2. **Siempre he pensado que la seguridad en uno mismo es decisiva para rendir bien bajo presión. ¿No debería tener algo de ego y orgullo que reforzasen mi seguridad?**
Depende de a qué te refieras con ego y orgullo. Si quieres decir: «¿No debería contarle a la gente lo bueno que soy?», normalmente solo intentas convencerte a ti mismo. Si es así, hay formas mucho mejores de hacerlo. En cambio, si quieres decir: «¿No debería ir con la cabeza bien alta y actuar con seguridad aunque no la sienta?». Sí, esa es una forma mucho más enriquecedora de estar seguro de ti mismo. Básicamente, cuando dices que deseas más seguridad, lo que verdaderamente quieres decir es que deseas rendir mejor, sobre todo cuando hay mucho en juego. Si ese es el caso, más enriquecedor aún que la seguridad en uno mismo resulta concentrarse plenamente en el momento, en corazón, mente y cuerpo. Puedes estar seguro de ti mismo y rendir mal, cosa que ocurre a menudo. ¿Cuántas veces has pensado: «Hoy estoy que me salgo: va a ser un gran día», y acaba no siendo lo que esperabas? Pero si aprendes lo que realmente desea tu corazón, más allá de los aplausos y los trofeos pasajeros, y lo buscas y aprendes a entrenar tu corazón y tu mente para implicarte plenamente, triunfarás con mucha más frecuencia.

3. **¿Cómo puedo perseguir sin descanso mi sueño de convertirme en campeón del mundo (o aquello con lo que sueñes) y al mismo tiempo estar contento? ¿No son cosas opuestas?**
Muy buena pregunta. Numerosos deportistas profesionales se preguntan lo mismo. Creo que lo que quieres decir es que para aprovechar al máximo tu potencial tienes que ser obsesivo en la búsqueda, no «contentarte» con el sofá. Estoy totalmente de acuerdo. Para hacer algo extraordinario, que es de lo que trata este libro, tienes que sacrificarte y estar dispuesto a sufrir, aprender continuamente, crecer y mejorar, con el fin de convertirte en alguien que no eras antes.

¿Y cuál es la mejor forma de hacerlo? ¿Cómo puedes aprovechar al máximo el entrenamiento diario de manera que mejores todo lo posible cada día? La manera más eficaz de lograrlo es superar tus miedos y tu inseguridad y tener la libertad necesaria para correr riesgos y perseguir valientemente tus sueños con pasión y perseverancia (lo que la profesora de Stanford Angela Duckworth llama «determinación»).

Si no estás contento, podría venirte bien levantarte antes, trabajar más duro, sacrificarte más, etc. De modo que nos conviene mantener ese ardor e ir un paso más allá. Debemos buscar la excelencia obsesivamente, sin dejarnos agobiar por la necesidad..., sin «necesitar» amor y aceptación de los demás, reconocimiento, dinero o estatus. Si estamos profundamente satisfechos, alegres y seguros de nosotros mismos, podemos tener grandes sueños, ver nuevos horizontes y no dejarnos arrastrar por las necesidades. La mayoría de las personas motivadas por el descontento acaban descubriendo que su malestar se debía a una profunda necesidad de amor y aceptación, que puede distraer enormemente del proceso de mejora diario.

4. **¿Cómo puedo tener un buen concepto de mí mismo si soy desinteresado?**
Irónicamente, la forma más efectiva de tener un buen concepto de uno mismo es ser totalmente desinteresado. Nuestro mayor reto en la vida es el egocentrismo. Nos ponemos trabas a nosotros mismos con la inseguridad y el exceso de análisis, y el apego a lo que deseamos pero no podemos controlar. Esas cosas nos provocan estrés, ansiedad y miedo.

Ser tú mismo es reconocer que fuiste creado para la gloria (el valor infinito e intrínseco) y que la vía para alcanzar esa gloria pasa por abandonar tu «yo» y todas tus necesidades, miedos y preocupaciones, por un fin mayor que tú mismo. ¿No sería increíble? Podrías vivir con compasión, serenidad y gozo, sin importar las circunstancias, porque ninguna parte de ti necesita esas cosas. Tendrías relaciones profundas con los demás y te costaría mucho menos implicarte de manera plena en corazón, mente y cuerpo a la hora de rendir, así como cuando estés... simplemente sentado en el sofá.

5. **¿Con qué tipo de clientes trabajas?**
   Trabajo con deportistas profesionales de todas las disciplinas, ejecutivos, intérpretes... cualquiera que quiera aprovechar al máximo su potencial en el trabajo y en la vida. A menudo contactan conmigo agentes de artistas con mucho talento que saben que sus clientes no están sacando el máximo partido de sus capacidades. Otras veces alguno de ellos puede sufrir un bloqueo mental que necesite ser resuelto de inmediato.

6. **Has hablado del rendimiento extraordinario de los clientes de Excelencia interior. ¿Puedes explayarte un poco más?**
   Aunque mi lista de clientes actual es privada, puedo decirte que desde que empecé a formar a deportistas profesionales y olímpicos con dedicación exclusiva hace más de once años, la mayoría de ellos (individuos y equipos) han vivido el mejor momento de sus carreras en el primer año de nuestra colaboración, o como mínimo en los últimos cinco años.

7. **¿Cómo empiezo a crear rutinas y costumbres para llevar una vida de excelencia interior?**
   1. Consulta www.innerexcellence.com y apúntate a la lista de correo de Excelencia interior.
   2. Suscríbete al pódcast *Excelencia interior*, de próximo estreno.

   Recibirás los últimos consejos y recursos que te ayudarán a llevar una vida extraordinaria. También serás el primero en enterarte de los próximos retiros de Excelencia interior, en todo el mundo, a los que puedes apuntarte, así como de los cursos online o los webinar que ofrezco de vez en cuando. Tendrás la seguridad de que recibes las últimas novedades, principios y técnicas que enseño a los mejores intérpretes y líderes del mundo. También puedes seguir las redes sociales de Excelencia interior.

8. ¿En qué se diferencia el programa Excelencia interior de la psicología deportiva?
   La psicología deportiva es importante porque enseña habilidades mentales básicas (como las que te he mostrado), entre las que están la visualización, el diálogo interior, las afirmaciones, las técnicas de relajación, etc. Excelencia interior toma lo mejor de la psicología deportiva y le aporta profundidad y plenitud vital, así como un método fabuloso para eliminar bloqueos mentales, miedos y recuerdos dolorosos de traumas. El entrenamiento en profundidad del corazón y la mente, junto con la supresión de bloqueos mentales derivados de traumas, es una combinación que ha transformado vidas en todo el mundo y que ha ayudado a deportistas y líderes a conseguir un éxito extraordinario.

9. Un retiro de Excelencia interior pinta muy bien. ¿Puedes contarme más?
   Aprendes más en un retiro de entre tres y siete días (dependiendo de la duración del retiro) de lo que aprenderías en un año de formación mensual. Comemos platos riquísimos, disfrutamos de una camaradería increíble, y cada persona aclara su propósito en la vida, además de aprender los principios, los recursos y las técnicas para llevar una vida extraordinaria. El *feedback* de esas iniciativas ha sido asombroso, la mayoría de las cuales se han materializado en retiros de liderazgo corporativo o retiros familiares.

10. ¿Qué es el Inner Excellence Freedom Project?
    El Inner Excellence Freedom Project (IXFP) es el nombre de la organización sin ánimo de lucro que fundé en 2019. La entidad se dedica a proporcionar alternativas a quienes viven en la pobreza o en la cárcel o carecen de libertad para hacer actividades

básicas. Cuando yo estoy enfermo, voy al médico. Cuando el tejado de mi casa tiene goteras, lo mando arreglar. Muchas personas del mundo no tienen esas opciones. Quiero cambiar eso.

Elegimos varios proyectos para ayudar a las personas que viven en la miseria proporcionando bienes tangibles como la construcción de una casa para una familia necesitada o la realización de un retiro de Excelencia interior en cárceles.

Mi propósito en la vida es compartir el amor de Dios, la sabiduría y el coraje con deportistas y líderes de todo el mundo. El IXFP es una de las principales formas en que lo hago (además de compartir con todos vosotros *Excelencia interior*). Un porcentaje de los beneficios de este libro va a parar a IXFP con el fin de seguir donando una proporción mayor con el tiempo.

Desde 2013 he sido miembro de la junta directiva de la Father's Heart Foundation, una organización sin ánimo de lucro/orfanato en El Salvador. También he hecho retiros en cárceles y construido viviendas en México con un grupo llamado Youth With a Mission, dentro de la iniciativa Homes of Hope.

Para más información, consulta
<www.innerexcellencefreedomproject.org>.

Apéndice
Los doce pasos de Alcohólicos Anónimos

1. Reconocemos que éramos impotentes ante el alcohol, que nuestra vida se había vuelto ingobernable.

2. Llegamos a creer que un poder superior a nosotros podía devolvernos el sano juicio.

3. Decidimos poner nuestra voluntad y nuestra vida al servicio de Dios como nosotros lo concebimos.

4. Sin miedo, hicimos un minucioso inventario moral de nosotros mismos.

5. Reconocimos ante Dios, ante nosotros mismos y ante otro ser humano la naturaleza exacta de nuestros errores.

6. Estuvimos totalmente dispuestos a que Dios nos liberase de nuestros defectos.

7. Humildemente le pedimos que nos liberase de nuestras lacras.

8. Hicimos una lista de todas aquellas personas a las que habíamos ofendido y estuvimos dispuestos a reparar el daño que les causamos.

9. Reparamos directamente el daño causado a cuantos nos fue posible, excepto cuando hacerlo implicaba perjuicio para ellos o para otros.

10. Seguimos haciendo nuestro inventario personal y si nos equivocábamos, lo admitíamos inmediatamente.

11. Buscamos a través de la oración y la meditación mejorar nuestro contacto consciente con Dios, como nosotros lo concebimos, pidiéndole solo que nos dejase conocer su voluntad para con nosotros y que nos diese la fortaleza para cumplirla.

12. Habiendo alcanzado un despertar espiritual como resultado de estos pasos, tratamos de llevar el mensaje a los alcohólicos y de practicar estos principios en todos nuestros asuntos.

Copyright 1952, 1953, 1981 de Alcoholics Anonymous Publishing

Nota: He incluido estos doce pasos porque han dado resultados extraordinarios a la hora de transformar vidas cuando ninguna otra solución funcionaba. Hablando con miembros de Alcohólicos Anónimos, he constatado que el elemento más importante que los ayudó a cambiar de vida fue la entrega. La entrega a un poder mayor que tú mismo que pueda regenerarte es la esencia de la excelencia. Dos de las mayores enseñanzas que uno puede aprender son el poder del desapego y del amor incondicional.

Agradecimientos

Dios me ha bendecido durante los últimos diez años desde que se publicó la primera edición de *Excelencia interior*. Gracias a todos los deportistas y todos los líderes —algunos de los mejores del mundo— que me han invitado a entrar en su vida para buscar juntos la excelencia.

Un agradecimiento especial a mi excompañero de equipo y de habitación en el béisbol profesional Ricky Scruggs, que me invitó al desierto en 2003 y me embarcó en este increíble viaje. Su invitación a pasar un fin de semana me empujó a correr el riesgo de dejar la seguridad de mi vida y mis amigos y a llevar una vida llena de sentido. Muchas de las ideas de este libro se gestaron durante las incontables horas de conversación con Ricky.

También quiero dar las gracias a:

Natasha McCartney, mi primera editora radicada en Vancouver, que me concedió gentil y desinteresadamente su tiempo, su energía y su talento cuando estaba empezando. La generosidad y el meticuloso cuidado de Natasha se han vuelto a poner de manifiesto en esta segunda versión del libro, pues ha pasado muchas noches haciéndome observaciones tremendamente valiosas. Natasha, eres un regalo de Dios.

James Carpenter, que me ha ayudado a simplificar esta versión de *Excelencia interior* y a dotarla de más fuerza. Tus ideas y comentarios han sido muy importantes.

Mi agente literaria, Rita Rosenkranz, que me ayudó a corregir la primera edición y me puso en contacto con McGraw-Hill, y ha compartido también sus conocimientos para la presente edición.

Los deportistas profesionales Ryan Dodd y Stewart Cink, con los que he mantenido muchas conversaciones fascinantes sobre el orgullo y el ego, el amor y el miedo, y todas las cosas con las que tropezamos en la búsqueda del rendimiento óptimo y una vida plena.

La deportista olímpica Heather Brand, que también aportó muchas cosas a la primera edición. Sus ideas, observaciones y apoyo han sido un regalo increíble.

Mis primeros lectores y grandes amigos Jamie Osborne, Lise Lavigne, Ricky Scruggs, Connie Geier y De Thompson. Gracias a Stacy Shaneyfelt, que también ha hecho comentarios y correcciones muy perspicaces.

Paola Zamudio, que tradujo generosamente la versión original del programa Excelencia interior al español.

David Bentall, que me contrató hace años cuando estaba buscando a un psicólogo deportivo cristiano. El tiempo que hemos pasado juntos me ha aportado experiencias increíbles y una relación profunda y apasionante tratando de compartir la excelencia interior con aquellos que más la necesitan.

Jude O'Reilly, *caddie*/entrenador del PGA Tour que me presentó a Henrik Stenson.

Los muchos otros *caddies* del PGA Tour que me acogieron en su mundo y me plantearon sagaces preguntas y conversaciones que han sido de gran ayuda, sobre todo Brandon Parsons, Teddy Scott, Mark Carens y John Wood.

El doctor Gaston Cordova, que investiga sin descanso técnicas e ideas de *biohacking* y las comparte conmigo.

También me gustaría dar las gracias a las siguientes personas:

Derin McMains, entrenador de habilidades mentales de los San Francisco Giants; el doctor Jack Curtis, entrenador de habilidades mentales que trabajó para los Seattle Mariners; Ronn Svetich, de los Colorado Rockies; y Tom Trebelhorn, mánager y entrenador de las ligas mayores de béisbol, por tantas conversaciones que hemos mantenido sobre el alto rendimiento. Trebelhorn, McMains y yo vimos muchos partidos de pretemporada en los que Tom respondió pacientemente a mis preguntas sobre el entrenamiento de béisbol.

Los doctores Cal Botterill, David Coppel, Ken Ravizza, Jim Bauman, Jim Loehr, Matt Brown y los muchos otros psicólogos deportivos que aportaron sus ideas y su sabiduría.

Los doctores Timothy Keller, Darrell Johnson y Dallas Willard, cuyos pensamientos e ideas han influido en mi vida más que ningún maestro.

Los Navy Seal que he conocido y todos los directivos de empresas, deportistas y entrenadores —muchos de mis propios clientes— que tanto me han ayudado.

Richard Lopez y Jonathan Michael, con los que he tenido muchas conversaciones interesantes sobre la excelencia y cómo buscar la plenitud vital. Henrik Stenson, mi primer cliente del PGA Tour, que negoció generosamente un contrato mejor a mi favor y me introdujo en el circuito del PGA Tour en otoño de 2011.

Joshua Medcalf por compartir conmigo sus experiencias y conocimientos como escritor.

Los equipos masculino y femenino de golf de la Universidad de la Columbia Británica de 2007 y 2008, por su motivación y dedicación en busca de una vida valiente.

Lewis Gordon Pugh, por animarnos a todos a buscar un propósito de valor más allá de nosotros y a dedicar la vida a él.

Los huteritas de toda Norteamérica (sobre todo la colonia de James Valley y la de Warden), que me han acogido en sus comunidades los últimos treinta y siete años y han compartido conmigo el amor de Dios, invitándome a alojarme entre ellos, a escribir y a experimentar su maravilloso estilo de vida.

Mis padres, por su amor y sus consejos dados durante toda mi vida, y por leer la primera edición de *Excelencia interior* y darme su opinión. Mis hermanos Dave, Pat y Mike, y mi hermana Naomi, una increíble fuente de inspiración. Y por encima de todo, gracias a Dios, que tanto me ha bendecido.

Notas

PRÓLOGO

1. Michiko Koyama, correspondencia privada.

PRESUPUESTOS DE PARTIDA (SUPOSICIONES Y CREENCIAS)

1. Darrell Johnson, *The Renewing of the Mind*, Vancouver, First Baptist Church, 2013.
2. Henry David Thoreau, *Walden. Resistance to Civil Government*, Nueva York, Norton, 1992.
3. Darrell Johnson, *Anxiety: Some Causes & Cures – Part 1*, Vancouver, First Baptist Church, 2012.

INTRODUCCIÓN

1. C. S. Lewis, *The Weight of Glory*, Nueva York, MacMillan, 1949. [Hay trad. cast.: *El peso de la gloria*, Madrid, Rialp, 2017].
2. Gracias a Ricky Scruggs por ayudarme a redactar esta parte de la mejor manera posible.

1. MASLOW Y EL MASERATI

1. George Leonard, *Mastery*, Nueva York, Plume, 1991.

2. Abraham Maslow, *The Farther Reaches of Human Nature*, Nueva York, Viking Press, 1971.
3. Marco Aurelio, <famousquotesandauthors.com>.
4. Abraham Maslow, *The Farther Reaches of Human Nature*, Nueva York, Viking Press, 1971.
5. @JohnPiper, tuit, 10 de enero de 2013.
6. San Agustín (trad. Red Warner), *The Confessions of St. Augustine*, Nueva York, Penguin, 1981. [Hay trad. cast.: *Confesiones*, Madrid, Alianza Editorial, 2011].
7. David Foster Wallace, *This is Water: some thoughts*, discurso de apertura de ceremonia de graduación en Kenyon College, 21 de mayo, 2005.
8. Jeffrey Marx, *Season of Life*, Nueva York, Simon and Schuster, 2003.
9. *Ibid*.
10. El Maserati GranTurismo MC de 2019 y 460 CV puede llegar de los 0 a los 100 km/h en 4,8 segundos, tiene una velocidad máxima de 300 km/h, y el modelo más barato cuesta 134.000 dólares, <www.maseratiusa.com/us/en/models/granturismo>.
11. Dean Smith, *The Carolina Way*, Nueva York, Penguin, 2004.
12. Rudyard Kipling, del poema «If», <kipling.org.uk/poems_if.htm>.
13. Mike Krzyzewski, *Leading with the Heart*, Nueva York, Warner Books, 2001.

2. EN LA FRONTERA DE LO CONOCIDO

1. Thomas R. Kelly, *A Testament of Devotion*, Nueva York, Harper, 1941.
2. David Foster Wallace, *This is Water: some thoughts*, discurso de apertura de ceremonia de graduación en Kenyon College, 21 de mayo, 2005.
3. Shunryu Suzuki, *Zen Mind, Beginner's Mind*, Nueva York, Weatherhill, 1970.
4. C. S. Lewis, *Mere Christianity*, Nueva York, Macmillan, 1960.

5. Timothy Keller, *The Freedom of Self-Forgetfulness: The Path to True Christian Joy*, Chorley, 10 Publishing, 2002. [Hay trad. cast.: *La libertad de olvidarse de uno mismo*, LifeWay Christian Resources, 2023].
6. Glennon Doyle Melton, *Love Warrior*, Nueva York, Flatiron Books, 2016.
7. Dean Smith, *The Carolina Way*, Nueva York, Penguin, 2004.
8. Abraham Maslow, *The Farther Reaches of Human Nature*, Nueva York, Viking Press, 1971.
9. Caroline Dweck, *Mindset*, Nueva York, Ballantine Books, 2006. [Hay trad. cast.: *Mindset. La actitud del éxito*, Sirio, Málaga, 2016].
10. David Foster Wallace, *This is Water*, discurso de apertura de ceremonia de graduación en Kenyon College, 21 de mayo, 2005.

3. Los mayores rivales a los que te enfrentarás

1. Theodore Roosevelt, *Citizen in a Republic*, discurso en la Sorbona, París, 23 de abril, 1910.
2. Empecé a pensar en la idea del Embaucador gracias a John Kehoe y su excelente libro *Mind Power Into the 21st Century*. John dice: «La mente consciente puede ser una gran embaucadora, y hemos de estar vigilantes y observar bien lo que está diciendo». Véase «The Fundamental Truth of Who We Are — Part II», *John Kehoe Mind Power*, <https://www.learnmindpower.com/article/fundamentaltruth-who-we-are-part-ii/>.
3. William Shakespeare, *Hamlet*.
4. Cal Botterill, correspondencia privada.
5. Charlie Maher, correspondencia privada.
6. David Coppel, correspondencia privada.
7. Henri Nouwen, *Life of the Beloved*, Cincinnati, St. Anthony Messenger Press, 2002. [Hay trad. cast.: *Tú eres mi amado*, Madrid, PPC, 2005].

4. Los que se atreven y los que se quedan en la penumbra

1. Lewis Gordon Pugh, correspondencia privada.
2. Tim Noakes, correspondencia privada.

3. Lewis Gordon Pugh y Tim Noakes, correspondencia privada.
4. Georges St. Pierre, pódcast *Finding Mastery*, 2 de julio, 2019.
5. Lewis Gordon Pugh, correspondencia privada.
6. *Ibid.*
7. Nicholas O'Connell, *Beyond Risk*, Seattle, Mountaineers Books, 1995.
8. Teddy Scott, correspondencia privada. (Scott afirma que irritarse puede ser el obstáculo más difícil de superar).
9. Timothy Keller, *The Freedom of Self-Forgetfulness, op. cit.*
10. Doug Newburg, *The Most Important Lesson No One Ever Taught Me*, Bloomington, Xlibris, 2006.
11. Mateo 10:39, NTV.
12. Phil Jackson y Hugh Delehanty, *Sacred Hoops*, Nueva York, Hyperion, 1995. [Hay trad. cast.: *Cestas sagradas*, Zaragoza, Paidotribo, 2003].
13. Mihaly Csikszentmihalyi, *Flow*, Nueva York, Harper and Row, 1990. [Hay trad. cast.: *Fluir*, Barcelona, Kairós, 1997].
14. David Becker, correspondencia privada.
15. George Leonard, *Mastery*, Nueva York, Plume, 1991.
16. Frosty Westering, correspondencia privada.

5. EL CÓDIGO DEL SAMURÁI

1. Thomas Cleary, *Code of the Samurai*, Boston, Tuttle, 1999. [Hay trad. cast.: *El código del samurái*, Barcelona, Kairós, 2008].
2. Yamamoto Tsunetomo, *Bushido: The Way of the Warrior*, Nueva York, Square One, 2003. [Hay trad. cast.: *Hagakure. El camino del samurái*, Barcelona, Debolsillo, 2017].
3. Lao-Tse, *Tao Te Ching*, Nueva York, Harper Perennial, 2006. [Hay trad. cast: *Tao Te King*, Madrid, Alianza Editorial, 2017].
4. Steve Jobs, discurso de apertura de ceremonia de graduación, 14 de junio, 2005, <http://news-service.stanford.edu/news/2005/june15/jobs-061505.html>.
5. Paul Kalanithi, *When Breath Becomes Air*, Nueva York, Random House, 2016. [Hay trad. cast.: *Recuerda que vas a morir. Vive*, Barcelona, Seix Barral, 2018].

6. Joshua Medcalf, correspondencia privada.
7. Apolo Anton Ohno, pódcast *Finding Mastery*, 1 de octubre, 2019.
8. *Ibid.*
9. Terry Orlick y Shauna Burke, «Mental Strategies of Elite Mount Everest Climbers», *Journal of Excellence*, n.º 8, 2003.
10. Elizabeth Rose, correspondencia privada.
11. Victor Frankl, *Man's Search for Meaning*, Boston, Beacon Press, 2006. [Hay trad. cast.: *El hombre en busca de sentido*, Barcelona, Herder, 2024].
12. *Zen Mind, Beginner's Mind*, Nueva York, Weatherhill, 1970. [Hay trad. cast.: *Mente zen, mente de principiante*, Madrid, Gaia, 2012].
13. Ricky Scruggs afirma que la determinación podría llegarte solo después de haber afrontado tus miedos. Correspondencia privada.
14. Ernest Kurtz, *Not-God: A History of Alcoholics Anonymous*, Filadelfia, Hazelden, 1991.
15. Ryan S. Correspondencia privada.
16. Joe Lapointe, «Hoping to Return, Tyree Keeps Faith», *New York Times*, 12 de octubre, 2008, <www.nytimes.com/2008/10/13/sports/football/13giants.html>
17. Chi-Chi Rodríguez, correspondencia privada (le pregunté a Chi-Chi por esta cita y me la confirmó; dijo que el golf y la fe van de la mano).
18. Sean Hurley, correspondencia privada.

6. CAMBIA DE ESTADO, CAMBIA DE VIDA

1. John Ortberg, *Soul Keeping*, Grand Rapids, Zondervan, 2014.
2. John Kehoe, *Mind Power into the Twenty-First Century*, Vancouver, Zoëtic, 1997.
3. Jim Loehr, *Mental Toughness Training for Sports*, Lexington, Stephen Greene Press, 1986.
4. Freddie Roach, entrevista de radio antes de un combate con Floyd Mayweather Jr., 2007.
5. Darrell Johnson, del sermón «Therefore, do not worry», *Tenth Avenue Alliance*, Vancouver, 11 de enero, 2009.

6. Gregory Ciotti, «Want to change your habits?», *Psychology Today*, <https://www.psychologytoday.com/us/blog/habits-not-hacks/201408/want-change-your-habitschange-your-environment>, 7 de agosto, 2014.

7. Lawrence E. Williams y John A. Bargh, «Experiencing Physical Warmth Promotes Interpersonal Warmth», *Science*, vol. 322, n.º 5901, pp. 606-607.

8. Dallas Willard, *Renovation of the Heart*, Colorado Springs, Van- Press, 2002. [Hay trad. cast.: *Renueva tu corazón*, Madrid, Clie, 2016].

9. Victor Frankl, *Man's Search for Meaning, op. cit.*

10. Gareth Bale, correspondencia privada.

11. Les Fehmi y Jim Robbins, *The Open-Focus Brain*, Boston, Trumpeter Books, 2007.

12. «Welcome to Open Focus», *OpenFocus*, <www.openfocus.com/home>.

13. Eric Maisel, *Coaching the Artist Within*, Novato, New World Library, 2005.

14. Erica K., correspondencia privada.

15. Más información sobre el condicionamiento clásico y lo que descubrió Pavlov en <www.verywellmind.com/classicalconditioning-2794859>.

7. LA TIERRA ES PLANA

1. Tyrone Bogues y David Levine, *In the Land of Giants*, Boston, Brown, 1994.

2. *Ibid*.

3. Andy Lopez, correspondencia privada.

4. Michelle Obama, *Becoming*, Nueva York, Crown, 2018. [Hay trad. cast.: *Mi historia*, Barcelona, Plaza & Janés, 2024].

5. Callista Balko, correspondencia privada.

6. El día de mi vista me enseñó las instalaciones un residente muy humilde y agradecido que trabajaba en su restaurante. Más información en <www.delanceystreetfoundation.org>.

8. Belleza presente

1. Musashi Miyamoto y Thomas Cleary, *The Book of Five Rings*, Boston, Shambhala, 2005. [Hay trad. cast.: *El libro de los cinco anillos*, Gijón, Satori, 2015].
2. Andrew Robb, correspondencia privada.
3. Bruce Lee, *Striking Thoughts: Bruce Lee's Wisdom for Daily Living*, Clarendon, Tuttle Publishing, 2002. [Hay trad. cast.: *Pensamientos extraordinarios: sabiduría para la vida*, Madrid, Dojo Ediciones, 2008].
4. *Ibid.*
5. NPR.org, 14 de agosto de 2016, <https://www.npr.org/sections/thetorch/2016/08/14/489832779/if-michael-phelps-were-a-country-where-would-his-gold-medal-tally-rank>.
6. Gaston Cordova, correspondencia privada.
7. Bruce Lee, *Striking Thoughts, op. cit.*
8. Ronn Svetich, correspondencia privada.
9. Ken Griffey Jr., correspondencia privada.
10. Reid Hoffman, «If There Aren't Any Typos in This Essay, We Launched Too Late», LinkedIn, 29 de marzo de 2017, <https://www.linkedin.com/pulse/arent-any-typos-essay-we-launched-too-late-reid-hoffman>.
11. Anne Lamott, *Bird by Bird*, Nueva York, Anchor, 1995. [Hay trad. cast.: *Pájaro a pájaro*, Málaga, Plankton Press, 2023].
12. Elisabeth Kübler-Ross y David Kessler, *Life Lessons*, Nueva York, Scribner, 2000. [Hay trad. cast.: *Lecciones de vida*, Barcelona, Luciérnaga CAS, 2001].
13. Viktor Frankl, *Man's Search for Meaning, op. cit.*
14. Konstantín Stanislavski, *An Actor Prepares*, Nueva York, Theater Arts, 1989. [Hay trad. cast.: *Un actor se prepara*, Valencina de la Concepción, Espuela de Plata, 2019].
15. Jonathan Abrams, «Louisville Has Too Much of Everything for Arizona», *New York Times*, 27 de marzo de 2009.
16. Jim Tressel, Chris Fabry y John Maxwell, *The Winner's Manual*, Carol Stream, Tyndale House, 2008.
17. Joe D., correspondencia privada.

18. C. S. Lewis, *The Screwtape Letters*, San Francisco, HarperOne, 2015 (reedición). [Hay trad. cast.: *Cartas del diablo a su sobrino*, Madrid, Rialp, 2015].

19. Doug Ferguson, «Tour Championship 2012: Brandt Snedeker pulls away to win FedEx Cup», *The Washington Times*, 23 de septiembre de 2012, <https://www.washingtontimes.com/news/2012/sep/23/tour-championship-2012-brandt-snedeker-pulls-away-/>.

20. Padraig Harrington, correspondencia privada.

21. John Ortberg, *The Life You've Always Wanted*, Zondervan, 1997. [Hay trad. cast.: *La vida que siempre has querido*, Madrid, Vida, 2004].

22. «How to Beat Hurry Sickness», *Mind Tools* <https://www.mindtools.com/pages/article/how-to-beat-hurry-sickness.htm>. Véase también: Mark P. Petticrew *et al.*, «Type A Behavior Pattern and Coronary Heart Disease: Philip Morris's Crown Jewel», NCBI, Biblioteca Nacional de Medicina de Estados Unidos, <https://www.ncbi.nlm.nih.gov/pmc/articles/PMC3477961/>.

23. Oí esta frase por primera vez en el pódcast «I Quit Hurrying», de Scott Scruggs, Menlo. Church, 17 de agosto de 2015.

24. Anne Fisher, «Too busy to think? You may suffer from "hurry sickness"», *Fortune*, 4 de febrero de 2015, <https://fortune.com/2015/02/04/busy-hurry-work-stress/>.

25. Timothy J. Wilson *et al.*, *Harvard.edu*, 2014, <https://wjh-www.harvard.edu/~dtg/WILSON%20ET%20AL%202014.pdf>.

26. Thomas Merton, *The Conjectures of a Guilty Bystander*, Nueva York, Image Books, 1968.

27. John Ortberg, *Soul Keeping*, Grand Rapids, Zondervan, 2014. [Hay trad. cast.: *Guarda tu alma*, Madrid, Vida, 2014].

28. Oí por primera vez esa frase en un pódcast con Abby Odio, Menlo. Church. Lamentablemente, no encuentro el episodio. Perdona, Abby.

29. Henri Nouwen, *Life of the Beloved*, op. cit.

9. Imparable

1. Ken Ravizza, correspondencia privada.
2. Steve Sax, *Shift: Change Your Mindset and You Change Your World*, Charleston, Advantage Media, 2010.
3. La neuroplasticidad nos han enseñado que el cerebro sigue adaptándose y creando nuevas vías neuronales. Para obtener más información, consulta Alison Pearce Stevens, «Learning Rewires the Brain», *Science News for Students*, <www.sciencenewsforstudents.org/article/learning-rewires-brain>, 2 de septiembre de 2014. Y también el artículo «The Adult Brain Does Grow New Neurons After All, Study Says», *Scientific American*, <www.scientificamerican.com/article/the-adult-brain-does-grow-new-neurons-after-all-study-says/>.
4. Sara Bernard, «Neuroplasticity: Learning Physically Changes the Brain», <www.edutopia.org/neuroscience-brain-based-learning-neuroplasticity>, 1 de diciembre de 2010.
5. <https://en.wikipedia.org/wiki/Yips>.
6. «Rick Ankiel's Battle with The Yips», *Real Sports with Bryant Gumbel*, documental de HBO. Si deseas más información, consulta <https://www.npr.org/2017/04/24/525369133/for-baseballs-rick-ankiel-losing-his-pitching-ability-led-to-an-unusual-comeback>.
7. Michael Bennet me enseñó una versión de esta técnica en la Universidad Stellar, donde asistí a cursos durante unos diez años. Bennet Stellar enseñaba coaching neurolingüístico. Para más detalles, consulta <www.thrivelearningcollective.com>.

10. El héroe y el chivo

1. Karen Crouse, «Coach Keeps Truths and Swim Titles Flowing», *New York Times*, 24 de febrero, 2009.
2. «Flight 1549: A Routine Takeoff Turns Ugly», CBS, 2009, <www.cbsnews.com/stories/2009/02/08/60minutes/main4783580_page3.html>.
3. Timothy Keller, *The Freedom of Self-Forgetfulness, op. cit.*
4. Stewart Cink, correspondencia personal.

5. «After Returning Home, Jaromir Jagr Says He's Far From Finished», *Sports Illustrated*, Associated Press, 2 de febrero de 2018, <https://www.si.com/nhl/2018/02/02/jaromir-jagr-czech-republic-return>.

6. «Why Mental Tougness Starts With Why, with Simon Sinek», pódcast *Mental Toughness for Mavericks*, 22 de diciembre de 2015.

7. Cal Botterill y Tom Patrick, *Perspective*, Winnipeg, Lifeskills, 2003.

8. Jim Bauman, correspondencia privada.

9. Gichin Funakoshi, *Karate-Do Kyohan*, Nueva York, Kodansha International, 1973. [Hay trad. cast.: *Karate-Do Kyohan: El texto maestro*, Madrid, Dojo Ediciones, 2010].

10. Phil Jackson y Hugh Delehanty, *Sacred Hoops, op. cit.*

11. *Ibid.*

12. Ryan Dodd, correspondencia privada.

13. Derin McMains, correspondencia privada.

14. Georges St. Pierre, *The Way of the Fight*, Nueva York, William Morrow Paperbacks, 2013.

15. Ryan Dodd, correspondencia privada.

16. Apolo Anton Ohno, pódcast *Finding Mastery, op. cit.*

17. Bill Saporito, «Rebel on the Edge», *Time*, 23 de enero de 2006.

18. Cal Botterill, correspondencia privada.

19. Nolan Bushnell, pódcast *Finding Mastery*, 2 de julio de 2019.

20. Georges St. Pierre, pódcast *Finding Mastery*, 2 de julio de 2019.

21. Lewis Gordon Pugh, correspondencia privada.

22. Doug Newburg, *The Most Important Lesson No One Ever Taught Me, op. cit.*

23. «Flight 1549», CBS.

24. Ryan Dodd, correspondencia privada.

25. Curt Tribble y Doug Newburg, «Learning to Fly: Teaching Mental Strategies to Future Surgeons», *Journal of Excellence*, n.º 1, 1998.

11. MASLOW, MICHAEL JORDAN Y LOS NAVY SEAL

1. Karen Crouse, «Coach Keeps Truths and Swim Titles Flowing», *op. cit.*
2. Phil Jackson y Hugh Delehanty, *Sacred Hoops*, *op. cit.*
3. Dick Vermeil, discurso pronunciado en el Bellevue Community College, Bellevue, Washington, alrededor de 1987.
4. John Wooden, *Wooden on Leadership*, Nueva York, McGraw-Hill, 2005.
5. Stewart Mandel, «Best Around? These Three Qualities Have Made Tressel Great Coach», *Sports Illustrated*, <http://sportsillustrated.cnn.com/2007/wirters/stewart_mandel/01/07/tressel>.
6. Frosty Westering, correspondencia privada.
7. John Wooden, *Wooden on Leadership*, *op. cit.*
8. W. Chan Kim y Renee Mauborgne, *Blue Ocean Strategy*, Boston, Harvard Business School Press, 2005. [Hay trad. cast.: *La estrategia del océano azul*, Barcelona, Profit, 2020].
9. Jim Collins, *Built to Last*, Nueva York, HarperCollins, 1997.
10. Steve Kerr, pódcast *Finding Mastery*, 22 de enero de 2019.
11. Jim Tressel, Chris Fabry y John Maxwell, *The Winner's Manual*, *op. cit.*
12. Dabo Sweeney, entrevista de televisión después del campeonato nacional de 2017, ESPN.
13. Jeff N., correspondencia privada.
14. Albert Mehrabian llevó a cabo estudios sobre la comunicación y la influencia de los mensajes no verbales que han pasado a ser conocidos como la regla 7-38-55, <http://en.wikipedia.org/wiki/albert_mehrabian>.
15. Karen Crouse, «Coach Keeps Truths and Swim Titles Flowing», *op. cit.*
16. Joe Drape, «College Football: This Time, Coker and Tressel Meet on the Field», *New York Times*, 3 de enero, 2023.
17. Phil Jackson y Hugh Delehanty, *Sacred Hoops*, *op. cit.*

Glosario

abnegación: anteponer el honor, la virtud y el bienestar de los demás a uno mismo. No es autorrechazo, sino una forma de renovación bastante desinteresada para transformarse en una persona de amor incondicional. Como dijo León Tolstói: «Todo el mundo sabe que la virtud consiste en el sometimiento de las pasiones o en la abnegación».

afirmación: declaración positiva sobre quién eres, cómo deseas ser o qué quieres conseguir en el futuro, como si fuese cierto hoy. Por ejemplo: «Soy un orador increíble», «Vivo en un mundo de abundancia», «Tengo aplomo bajo presión».

afluencia: inseguridad resultante de definir la identidad propia por las posesiones, los logros, el aspecto, el dinero o el estatus. Este «virus» provoca un deseo inagotable de conseguir más de cualquiera de esos cinco símbolos porque nunca llega a satisfacerse del todo. Muchas personas son portadoras de este virus sin saberlo hasta que mueren.

amor: dedicación altruista al bien común; poderosa energía concentrada en anteponer el propósito y los demás al interés propio; el amor (enfocado a los demás) supera el miedo (enfocado a uno mismo). El amor incondicional es la fuerza más poderosa del universo; es audaz e imparable.

ansiedad: sensación general de inquietud o aprensión basada en un peligro desconocido; a menudo asociada a una amenaza para el sentido de identidad. En un electroencefalograma, la ansiedad aparece como una mente que examina el entorno demasiado a menudo, una actitud normalmente relacionada con el análisis excesivo (mientras que en un encefalograma, la depresión se refleja como una mente que analiza el entorno muy pocas veces).

autoaceptación: tranquilidad de quien descubre su valor exclusivo independientemente del dinero, las posesiones, los éxitos o el estatus.

autocuidado: control de la energía propia para dar lo mejor de uno mismo. Comer de forma saludable, hacer ejercicio con regularidad, amar a los demás, visualizar y centrarse son ejemplos de autocuidado.

autodominio: autocontrol y presencia que surgen cuando tu vida se centra en el amor, la sabiduría y el coraje. Es la búsqueda de la conciencia de uno mismo, la autodisciplina y el autodidactismo con el fin de crecer para ser tu mejor versión. El viaje hacia la *zoé* que sustituye los logros externos y el éxito mundano. Estrechamente relacionado con el dominio del ego de tres formas: para no avergonzarse, no ofenderse y no irritarse.

autorrealización: viaje hacia la *zoé*; vida experimentada de forma plena, intensa y desinteresada, con la máxima concentración y una entrega absoluta; sensación de satisfacción a largo plazo, acompañada de un propósito mayor que uno mismo; serenidad y plenitud presentes cuando se dedica la vida a aprender y a acrecentar el amor, la sabiduría y el coraje con el fin de servir a los demás.

autorrechazo: personalización de la imposibilidad de estar a un nivel exigido. En lugar de analizar objetivamente un revés o un resultado no deseado, no solo te sientes como si fracasases en una empresa, sino como si fueses un fracasado como persona; verse a uno mismo como alguien menos valioso por un hecho u opinión externos (véase «vergüenza»).

centrado (centrarse): proceso consistente en llevar la energía al centro del cuerpo, justo debajo del ombligo; calmar la mente a través de la respiración profunda y la concentración focalizada.

compasión: sufrir juntos; la compasión es el amor, la sabiduría y el coraje que resultan de la humildad; la compasión interrumpe nuestra vida; no puedes ser compasivo cuando estás ocupado o tienes prisa; extensión de la empatía (con la que te pones en la piel del otro) que te permite acompañar a la persona para ayudarla.

concepto de uno mismo: sensación de valor propio; sensación de identidad propia. Si tienes un sólido concepto de ti mismo, te sientes cómodo con lo que te incomoda, no necesitas validación, estás a gusto en tu pellejo y no dependes exclusivamente de los buenos resultados para sentirte bien como persona. Un individuo con un pobre concepto de sí mismo vive comparándose constantemente con los demás y trata continuamente de satisfacer las necesidades del ego. Solo es posible tener un buen concepto de uno mismo entregando el ego por entero al poder y la gracia del amor, la sabiduría y el coraje.

conciencia de uno mismo: conocimiento de tus pensamientos, sentimientos y actos y capacidad de verlos objetivamente para crecer. Capacidad de ver tus creencias, patrones de pensamiento, sentimiento y conducta y cómo afectan a tu vida y a aquellos que te rodean. La conciencia de uno mismo es el primer paso hacia el crecimiento y la *zoé*.

convicción: idea que el subconsciente tiene por cierta sobre quién eres y lo que puedes y no puedes conseguir; relato subconsciente que tienes de ti mismo en todos los ámbitos de tu vida.

coraje: capacidad de estar plenamente presente cuando más importa, sobre todo en medio de las distracciones, la tentación o el miedo.

Crítico: parte de la mente que lo juzga todo y emite un veredicto negativo, ante el que luego reaccionas emocionalmente. El Crítico está ligado a tus circunstancias.

culpa: sensación de arrepentimiento por alguna ofensa (real o imaginaria) contra los valores propios cometida a otra persona; normalmente conectada a un suceso (véase «vergüenza»).

desapego: priorizar el bien común y lo que es justo por encima de los deseos o las necesidades individuales; desarrollarse uno mismo continuamente al mismo tiempo que se olvida el yo.

diálogo interior: conversación interna que se lleva a cabo en la mente consciente; esas palabras que se convierten en pensamientos crean vías neuronales que se transforman a su vez en convicciones y dan forma a nuestro corazón de manera continua.

discernimiento: uso de la sabiduría para decidir la mejor vía de actuación en cualquier circunstancia.

ego: parte de la mente más susceptible al virus de la afluencia, que forja la identidad a través de las posesiones, los logros, el aspecto, el dinero o el estatus. Es el mayor obstáculo para llevar una vida extraordinaria porque está continuamente comparando, siempre en peligro, eternamente insatisfecho y a un paso del miedo.

egocentrismo: apego al pasado de uno; obsesión con uno mismo; punto de vista natural limitado que estimula la inseguridad y el ego; viviendo en un ensimismamiento continuo, las limitaciones y los fracasos surgen continuamente.

Embaucador: voz engañosa que te recuerda todos tus fracasos y proyectos como probabilidades futuras; parte de la mente que te dice por qué no puedes mejorar, ganar el partido o alcanzar tus metas; el Embaucador cuenta con dos instrumentos principales: el engaño y la acusación, que dan lugar al autorrechazo («No eres suficiente»).

emociones: subconjunto de sentimientos; hay siete emociones básicas: felicidad, interés, sorpresa, miedo, ira, culpa y tristeza.

empatía: capacidad de adoptar la perspectiva de otra persona y experimentar lo que siente; puerta de acceso a la compasión.

entrega: renuncia de las necesidades, miedos, preocupaciones y apegos por el bien común; desapego del amor incondicional; cambiar la piruleta pequeña por la tienda de golosinas entera.

estado: disposición conjunta del corazón, la mente y el cuerpo en un momento dado; cómo te sientes en general: física, mental, emocional y espiritualmente (véase «sentimientos»).

fe: confianza en lo que esperamos; seguridad en lo que no podemos ver; es lo único que realmente importa (expresado con amor). Regirse por la fe es dejarse guiar por una verdad que no se ve, y también por el propósito y las convicciones más profundas; es más poderosa cuando la impulsa el amor, la sabiduría y el coraje.

felicidad: sentimiento positivo temporal ligado a las circunstancias; sentimientos positivos basados en circunstancias positivas (lo que está pasando). Cuando las circunstancias son negativas no hay felicidad (aunque puede haber sonrisas forzadas); la felicidad siempre es resultado de las circunstancias (véase «gozo»).

gloria: esplendor y trascendencia del valor esencial infinito para el que has sido creado.

gozo: sensación profunda y generalizada de bienestar, libertad y gratitud, con independencia de las circunstancias (más profunda y más global que cualquier placer); sensación de regocijo que deriva de la conciencia y la anticipación de la belleza, la gracia y la gloria para las que has sido creado.

Nota: El gozo, consecuencia del amor, es el atributo fundamental que da lugar a las demás cualidades de la mejor vida posible: serenidad, paciencia, amabilidad, bondad (integridad), lealtad, gentileza y autocontrol. El gozo es posible estando descontento con las circunstancias (véase «felicidad»), incluso en medio del sufrimiento; de hecho, es la fuerza para superarlo.

homeostasis: equilibrio interior; esfuerzos de la mente subconsciente por mantener cierto grado de realización, el que consideras adecuado para ti. Por ejemplo, si estás rindiendo por encima de lo que crees que eres capaz, tu subconsciente intentará bajar el desempeño al nivel en que te sientas a gusto; también funciona a la inversa cuando rindes poco.

humildad: perspectiva precisa de uno mismo; ser libre del engreimiento y el autorrechazo; producto de una mente serena y un corazón comprensivo.

Nota: Una persona humilde sabe que la fuerza interior y el coraje provienen del desapego. También sabe que todas las cosas buenas de la vida son en gran parte resultado directo o indirecto de aquello con lo que ellos no han tenido nada que ver: el siglo en el que nacieron, su país, sus padres, sus entrenadores, sus amigos..., así como su mente, su corazón y su salud física; una persona verdaderamente humilde es alguien muy agradecido; la humildad y la gratitud, la sabiduría y la entrega están estrechamente ligadas; dan lugar al gozo y a la serenidad. Una persona humilde sabe que nuestra estancia en la tierra es como la hierba; como las flores silvestres, brotamos y morimos. Cuando el viento sopla desaparecemos como si nunca hubiésemos estado aquí.

indiferencia: lo contrario del amor, el otro extremo del odio. Martin Luther King Jr. consideraba la afición de los moderados blancos al orden por encima de la justicia un obstáculo mayor que el Ku Klux Klan.

inseguridad: preocupación por lo que los demás piensan de ti; sensación de malestar de ser observado por los demás y sentirse juzgado por ellos.

juzgar/prejuicioso: emitir un veredicto (negativo) sobre una persona, una cosa o uno mismo (aunque no tengamos toda la información... por mucho que a menudo así lo creamos). La medida que usas para juzgar a los demás se utilizará para medirte a ti mismo; cuando juzgas a los demás, te estás juzgando también a ti mismo (véase «discernimiento»).

mejor vida posible: vida llena de amor, gozo, serenidad, paciencia, amabilidad, bondad, lealtad, gentileza y autocontrol; la prolongación total de la belleza, la gracia y la gloria para la que has sido creado; consecuencia de tener un corazón íntegro y comprensivo (pleno); plenitud vital absoluta (*zoé*).

mejor yo: personalidad interior que surge cuando te deshaces de todo lo que no eres tú; tú cuando eres más poderoso; tu yo verdadero, el del corazón íntegro y comprensivo que vive con plenitud y ama con intensidad.

mentalidad: motivo por el que haces lo que haces y cómo lo llevas a cabo; actitud general y forma de pensar que deriva de cómo te percibes a ti mismo y al mundo.

mentalidad de abundancia: marco de referencia que permite ver posibilidades, oportunidades y plenitud vital. La mentalidad de abundancia deriva de la gratitud, la humildad y el aprendizaje continuo.

mentalidad de crecimiento: mentalidad según la cual las dotes, aptitudes y capacidades natas solo son un punto de partida; todo se puede mejorar; tu éxito lo determinan principalmente el esfuerzo, la perseverancia y el aprendizaje.

mentalidad de escasez: creencia en que existe una cantidad limitada de recursos y que uno debe acumularlos para sí; mentalidad temerosa que ve primero los problemas y a la que le pesan los pensamientos poco constructivos.

mentalidad fija: mentalidad según la cual las dotes, aptitudes y capacidades personales son casi todas genéticas. Por ejemplo, el coeficiente intelectual no se puede mejorar. Para una persona con una mentalidad fija, el fracaso es resultado de una falta de talento o de aptitud y no se puede hacer gran cosa al respecto (véase «mentalidad de crecimiento»).

mente consciente: parte del mecanismo de la mente de la que eres consciente y que se encarga de pensar.

mente de mono: flujo interminable de pensamientos; mente desordenada. La mayoría de las veces esos pensamientos desordenados son una forma de egoísmo o protección.

mente inconsciente: véase «subconsciente».

mente subconsciente: parte de la mente que opera fuera de la conciencia y te permite funcionar y no pensar en cada pequeño detalle (como atarte los cordones, andar y respirar). Muchísimo más poderosa que la mente consciente, está siendo programada sin cesar para hacer realidad tus pensamientos y convicciones. El subconsciente y el corazón colaboran estrechamente.

metas: objetivos externos que te marcas para vivir tus sueños. Hay metas de resultados (que no controlas del todo) y metas de proceso (centradas en el proceso para lograr un resultado; mucho más controlables).

miedo: 1) desagradable emoción centrada en uno mismo y orientada al futuro que está provocada por la creencia de que se corre peligro; consecuencia de una obsesión (normalmente inconsciente) con la propia persona; separa y aísla. 2) temor reverencial al Creador del universo que nace de la sabiduría y la humildad.

Nota: Como todas las emociones básicas, el miedo es intrínsecamente bueno y fue creado para protegerte. Existen dos tipos de miedo: el que nace del egocentrismo y da lugar a un ego amenazado (cómo te comparas) y el miedo que provoca el crecimiento de la entrega personal.

orgullo: interés excesivo por uno mismo o, en palabras del estudioso de Oxford C. S. Lewis, «implacable, insomne y crispada concentración en sí mismo». Ensimismamiento; da lugar a comparaciones e inseguridades, y la necesidad de tener más o ser más que el vecino. Con el orgullo, uno está continuamente calculando cómo es percibido. El orgullo supone la gran barrera de la excelencia porque es el obstáculo que más impide aprender del fracaso. Al orgullo le preocupa cómo es percibida la persona porque su máxima intranquilidad es la protección del ego, y al ego solo le inquietan las comparaciones (véase «ego»). Como el aprendizaje y el crecimiento son las metas más importantes en el proceso de transformación de la mente y el corazón (para la excelencia interior), el orgullo constituye una gran traba. Una persona orgullosa se puede enfurecer o avergonzar con facilidad, mientras que una persona humilde no se puede humillar. El orgullo y el resentimiento van de la mano porque no existe resentimiento sin orgullo. El orgullo y el miedo también van de la mano; por eso la autoprotección y la humillación son siempre un problema (véase «humildad»).

plenamente presente: momento de serenidad, concentración y claridad; conciencia elevada sin necesidades, preocupaciones o pensamientos sobre el pasado o el futuro.

preocupación por uno mismo: atención a uno mismo que da lugar a la inseguridad, las dudas, la ansiedad y, con el tiempo, el miedo.

propósito mayor que tú: finalidad que dirige tu vida y le da sentido y valor. Con un propósito lo bastante firme, la gente estará dispuesta a dar la vida.

rectitud: ser honrado (conceder a las relaciones el lugar y la prioridad que les corresponde), sobre todo en las cuatro grandes relaciones: con Dios, contigo mismo, con los demás y con el trabajo; ser honrado proporciona una mente serena y un corazón íntegro, y por encima de todo, alegría y serenidad.

reinicio: técnica de *Excelencia interior* (también conocida como reajuste) empleada cuando uno no está presente o no se siente como quiere; consiste en respirar una o dos veces inspirando por la nariz y expandiendo el abdomen, y luego hacer una espiración el doble de larga mientras miras un punto situado por encima del horizonte, relajando la mandíbula y los músculos faciales, y abandonando todas las preocupaciones y deseos. Al hacerlo se pone freno a la mente de mono; forma parte del proceso de centrado.

resentimiento: rencor e ira por lo que consideras un trato injusto. El resentimiento es el resultado natural del ego descontrolado que permite que aumenten el orgullo y la prepotencia; con el tiempo, alguien hará o dirá algo, u ocurrirá o no ocurrirá algo que no puedas controlar que despertará rencor e ira por tu trato injusto. Si la reputación o el éxito son lo más importante de tu vida, una palabra, una frase o un accidente te pueden hacer caer en el resentimiento.

resonancia: estado en el que las frecuencias se alinean; emoción y presencia resultantes de estar plenamente inmerso en tu estado natural (tu verdadero yo); cuando estás plenamente presente puedes experimentar resonancia; a menudo se produce cuando te guías por el corazón, amplias tus miras y estás plenamente presente.

sabiduría: aguda intuición sobre cómo vivir con plenitud vital absoluta; corazón comprensivo; amplitud de miras que permite ver panorámicas despejadas de belleza, oportunidades y conexiones con los demás; saber quién es Dios y por lo tanto quién eres tú, qué hace Dios en el mundo y cómo tú puedes intervenir; estrechamente relacionada con el amor (incondicional) y el coraje; lo máximo que uno puede ambicionar.

satisfacción: libertad; esperanza, serenidad y gratitud resultantes del amor, la sabiduría y el coraje; libertad de espíritu (C. S. Lewis).

sentimientos: estado o condición de tu yo mental, físico y emocional. Los sentimientos incluyen emociones, sensaciones y deseos. En nuestro análisis hemos usado los sentimientos y el estado como sinónimos para facilitar las cosas (véase «estado»).

serenidad: intensa satisfacción, asombro y maravilla; profundo descanso y armonía que resulta de mantener relaciones como corresponde (véase «recto»); fruto del gozo.

sueños: intensas sensaciones que brotan cuando estás plenamente presente haciendo lo que te gusta. Las metas se fijan para experimentar el sueño.

verdadero yo: tener el corazón íntegro, uno cuya máxima meta es acrecentar el amor, la sabiduría y el coraje, tratando continuamente de librarse del miedo y el aislamiento propios del egocentrismo. La mejor parte de ti que surge cuando te deshaces de todo lo que no eres tú; la parte de ti desvinculada del éxito mundano; tu mejor yo se vuelve intrépido amando a los demás más que a ti mismo (véase «mejor yo»).

vergüenza: intensa sensación de ser imperfecto e indigno. Mientras que la culpa está ligada a un incidente («He hecho algo malo»), la vergüenza está ligada a una persona («Soy malo»).

vida extraordinaria: vida llena de profunda satisfacción, gozo y confianza en uno mismo con independencia de las circunstancias; rebosar amor, gozo, serenidad, paciencia, amabilidad, bondad, lealtad, gentileza y autocontrol.

***zoé*:** plenitud vital absoluta; estado en el que se está dotado de vitalidad; vida, auténtica y genuina; vigor y dinamismo; culminación del amor, la sabiduría y el coraje; autorrealización.

JIM MURPHY es un entrenador de alto rendimiento que trabaja con los mejores deportistas y líderes del mundo, incluidos campeones mundiales y números uno. Murphy fue jugador de béisbol profesional en los Chicago Cubs y entrenador de los Texas Rangers, además de participar en los Juegos Olímpicos. La mayoría de sus clientes, tanto en deportes individuales como de equipo, logran el mejor resultado de su carrera durante su primer año trabajando con Murphy.

Además de entrenar a atletas profesionales, Jim dirige retiros para ejecutivos en diferentes destinos del mundo. Es presidente de Inner Excellence Freedom Project, cuya misión es crear comunidades para combatir la pobreza.

Excelencia interior se convirtió en el n.º 1 de *The New York Times* y de otras listas de los libros más vendidos tras viralizarse como la «receta del éxito» de algunos de los deportistas y líderes más destacados en todo el mundo.

www.innerexcellence.com